Physique Chimie

Objectif BAC

2nde

Michel BARDE

Nathalie BARDE

Fabrice FERRANTI

Laurent GARRABOS

Antoine LA PIANA

Anne-Laure RAMON

hachette
ÉDUCATION

MODE D'EMPLOI

Chacun des 12 chapitres de cet ouvrage comporte 5 grandes parties :

LE COURS

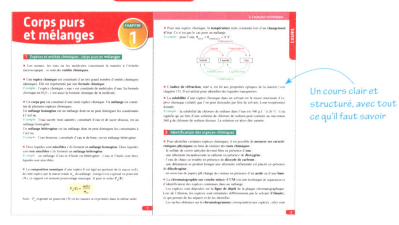

Un cours clair et structuré, avec tout ce qu'il faut savoir

COMMENT FAIRE

Intitulé de la méthode à acquérir

Énoncé de l'exercice illustrant la méthode

Corrigé détaillé et commenté

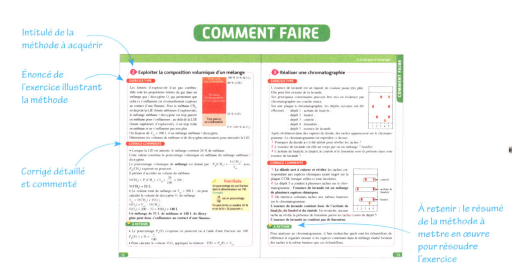

À retenir : le résumé de la méthode à mettre en œuvre pour résoudre l'exercice

---

Conception graphique

Couverture : Stéphanie Benoit
Intérieur : Alicia Dassonville

Composition, schémas et mise en pages : Grafatom
Édition : Adeline Pécout
Illustrations : Jonathan Jacovetti
p. 209 : © Shutterstock/KirillS

I.S.B.N. 978-2-01-708212-5
© HACHETTE LIVRE 2019, 58, rue Jean Bleuzen, CS70007, 92178 VANVES Cedex
www.hachette-education.com

LES EXERCICES

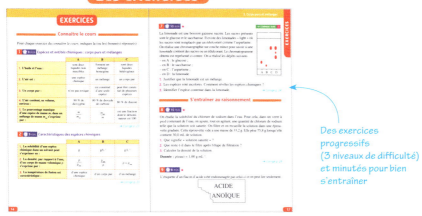

Des exercices
progressifs
(3 niveaux de difficulté)
et minutés pour bien
s'entraîner

L'INTERROGATION ÉCRITE

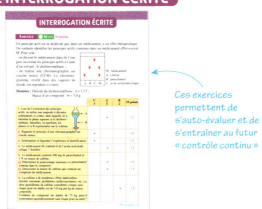

Ces exercices
permettent de
s'auto-évaluer et de
s'entraîner au futur
« contrôle continu »

TOUS LES CORRIGÉS

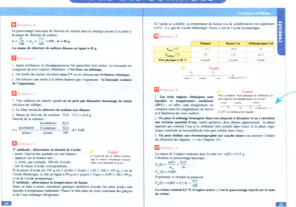

De nombreuses
aides (rappels de
cours, conseils,
pièges à éviter…)
complètent
utilement les
corrigés détaillés

SOMMAIRE

1. Corps purs et mélanges

Cours 7
Comment faire 11
  1. Calculer la densité d'un liquide 11
  2. Exploiter la composition volumique
     d'un mélange 12

3. Réaliser une chromatographie 13
Exercices 14
Interrogation écrite 22
Corrigés 23

2. Les solutions aqueuses

Cours 29
Comment faire 32
  1. Calculer une concentration en masse 32
  2. Mettre en œuvre des protocoles
     de dissolution et de dilution 33

3. Utiliser une échelle de teintes 35
4. Tracer et exploiter une courbe d'étalonnage ... 36
Exercices 38
Interrogation écrite 43
Corrigés 45

3. Atome et élément chimique

Cours 51
Comment faire 53
  1. Déterminer la constitution d'un atome
     ou d'un ion 53
  2. Évaluer la masse d'un atome 54

3. Convertir et utiliser les puissances de 10 55
4. Exploiter l'électroneutralité de la matière 56
Exercices 57
Interrogation écrite 61
Corrigés 62

4. Le tableau périodique des éléments

Cours 65
Comment faire 69
  1. Utiliser la configuration électronique pour
     déterminer la position d'un élément 69
  2. Déterminer les électrons de valence
     d'un atome 69
  3. Localiser les familles dans le tableau
     périodique 70

4. Retrouver la charge électrique des ions
   monoatomiques 71
5. Utiliser le schéma de Lewis d'une molécule
   pour justifier sa stabilité 72
Exercices 73
Interrogation écrite 77
Corrigés 78

5. La mole

Cours 82
Comment faire 83
  1. Déterminer la masse d'une entité chimique .. 83
  2. Déterminer le nombre d'entités chimiques
     et la quantité de matière dans une masse
     d'échantillon 84

Exercices 85
Interrogation écrite 89
Corrigés 90

6. Les transformations physiques

Cours 95
Comment faire 98
1. Calculer l'énergie thermique échangée lors d'un changement d'état 98
2. Exploiter la relation entre énergie échangée et énergie massique de changement d'état ... 99
Exercices 102
Interrogation écrite 106
Corrigés 107

7. Les transformations chimiques

Cours 111
Comment faire 114
1. Établir l'équation d'une réaction chimique .. 114
2. Identifier un réactif limitant par une étude qualitative 116
3. Identifier un réactif limitant par une étude quantitative 117
4. Étudier des effets thermiques 118
Exercices 120
Interrogation écrite 124
Corrigés 125

8. Synthèse chimique

Cours 131
Comment faire 133
1. Peser un liquide pour en prélever un volume donné 133
2. Expliquer le protocole expérimental d'une synthèse 134
3. Interpréter un chromatogramme pour comparer une espèce synthétisée et une espèce naturelle 136
Exercices 137
Interrogation écrite 142
Corrigés 144

9. Transformations nucléaires

Cours 148
Comment faire 151
1. Identifier la nature d'une transformation 151
2. Déterminer la composition de noyaux isotopes 152
3. Écrire de façon symbolique des équations de réactions nucléaires 153
4. Calculer l'énergie libérée par une transformation nucléaire 154
Exercices 156
Interrogation écrite 161
Corrigés 162

10. Mouvement

Cours 167
Comment faire 171
1. Identifier les échelles spatiales et temporelles 171
2. Décrire un mouvement dans un référentiel donné 172
3. Caractériser un mouvement. Représenter un vecteur vitesse 173
Exercices 176
Interrogation écrite 182
Corrigés 183

11. Actions mécaniques

Cours 189
Comment faire 193
1. Identifier des actions mécaniques 193
2. Modéliser une force par un vecteur 193
3. Appliquer le principe des actions réciproques 195
4. Déterminer et représenter la force d'attraction gravitationnelle 195
5. Utiliser l'expression du poids 197
Exercices 198
Interrogation écrite 203
Corrigés 204

12. Principe d'inertie

Cours 209
Comment faire 212
  1. Exploiter le principe d'inertie
    ou sa contraposée 212

  2. Relier variation du vecteur vitesse
    et résultante des forces 213
Exercices 216
Interrogation écrite 220
Corrigés 221

13. Émission et perception d'un son

Cours 225
Comment faire 228
  1. Mesurer la vitesse d'un signal sonore 228
  2. Déterminer les caractéristiques
    d'un signal périodique 229

  3. Caractériser un son (hauteur, timbre,
    niveau d'intensité sonore) 231
Exercices 233
Interrogation écrite 239
Corrigés 241

14. La lumière

Cours 245
Comment faire 248
  1. Comparer vitesse de la lumière aux vitesses
    couramment rencontrées 248
  2. Caractériser le spectre du rayonnement
    émis par un corps chaud 249

  3. Exploiter un spectre de raies 251
Exercices 253
Interrogation écrite 257
Corrigés 258

15. Lumière et milieux transparents

Cours 261
Comment faire 263
  1. Exploiter les lois de Snell-Descartes
    pour la réflexion et la réfraction 263

Exercices 265
Interrogation écrite 269
Corrigés 270

16. Lentilles minces convergentes

Cours 275
Comment faire 278
  1. Déterminer graphiquement
    les caractéristiques d'une image 278
  2. Déterminer géométriquement
    un grandissement 280

Exercices 282
Interrogation écrite 286
Corrigés 287

17. Signaux et capteurs

Cours 291
Comment faire 295
  1. Exploiter le schéma d'un circuit électrique .. 295
  2. Appliquer la loi des nœuds 296
  3. Exploiter la loi des mailles 297
  4. Connaître et exploiter la loi d'Ohm 298

  5. Exploiter la courbe d'étalonnage
    d'un capteur résistif 300
Exercices 302
Interrogation écrite 309
Corrigés 310

Annexes 315

Corps purs et mélanges

1 | Espèces et entités chimiques ; corps purs et mélanges

■ Les atomes, les ions ou les molécules constituent la matière à l'échelle microscopique : ce sont des **entités chimiques.**

■ Une **espèce chimique** est constituée d'un très grand nombre d'entités chimiques identiques. Elle est représentée par une **formule chimique**.
Exemple : l'espèce chimique « eau » est constituée de molécules d'eau. Sa formule chimique est H_2O ; c'est aussi la formule chimique de la molécule.

■ Un **corps pur** est constitué d'une seule espèce chimique. Un **mélange** est constitué de plusieurs espèces chimiques.
Un **mélange homogène** est un mélange dont on ne peut distinguer les constituants à l'œil nu.
Exemple : l'eau sucrée (non saturée), constituée d'eau et de sucre dissous, est un mélange homogène.
Un **mélange hétérogène** est un mélange dont on peut distinguer les constituants à l'œil nu.
Exemple : l'eau boueuse, constituée d'eau et de terre, est un mélange hétérogène.

■ Deux liquides sont **miscibles** s'ils forment un **mélange homogène**. Deux liquides sont **non miscibles** s'ils forment un **mélange hétérogène**.
Exemple : un mélange d'eau et d'huile est hétérogène ; l'eau et l'huile sont deux liquides non miscibles.

■ La **composition massique** d'un mélange en espèce E est égal au quotient de la masse $m(E)$ de cette espèce par la masse totale m_{tot} du mélange ; lorsqu'il est exprimé en pourcent (%), ce rapport est nommé pourcentage massique. Il peut se noter $P_m(E)$:

$$P_m(E) = \frac{m(E)}{m_{tot}}$$

Avec : P_m exprimé en pourcent (%) et les masses m exprimées dans la même unité.

La **composition volumique** d'un mélange en espèce E est égal au quotient du volume $V(E)$ de cette espèce par le volume total V_{tot} du mélange ; lorsqu'il est exprimé en pourcent (%), ce rapport est nommé pourcentage volumique. Il peut se noter $P_v(E)$:

$$P_v(E) = \frac{V(E)}{V_{tot}}$$

Avec : P_v exprimé en pourcent (%) et les volumes V exprimés dans la même unité.

Les pourcentages $P_m(E)$ et $P_v(E)$ sont compris entre 0 et 1 : ils **correspondent à des fractions dont le dénominateur est 100**.

Exemple : l'air contient, en volume, environ 80 % $\left(\dfrac{80}{100}\right)$ de diazote N_2 et 20 % $\left(\dfrac{20}{100}\right)$ de dioxygène O_2 ; cela signifie que 100 L d'air contiennent 80 L de diazote et 20 L de dioxygène.

2 | Caractéristiques des espèces chimiques

■ Chaque espèce chimique possède des caractéristiques physiques qui lui sont propres comme la **densité** (ou la **masse volumique**), les **températures de changement d'état,** la **solubilité,** l'**indice de réfraction**.

■ La **masse volumique** ρ d'une espèce ou d'un mélange de masse m et de volume V dépend de la température et s'exprime par :

$$\rho = \frac{m}{V}$$

Avec : ρ en g.L^{-1}, m en g et V en L.

■ La **densité**, par rapport à l'eau, d'un corps solide ou d'un liquide, est le quotient de la **masse volumique** ρ du corps par la masse volumique ρ_{eau} de l'eau (prises dans les mêmes conditions de température et de pression) :

$$d = \frac{\rho}{\rho_{eau}}$$

– la densité n'a pas d'unité et $\rho_{eau} = 1{,}0$ g.mL^{-1} (à 4 °C et sous une pression de 1,013 bar).
– la densité s'exprime par le même nombre que la masse volumique lorsque celle-ci est exprimée en g.cm^{-3} ou en g.mL^{-1}.

Exemple : l'éthanol a pour masse volumique $\rho = 0{,}780$ g.cm^{-3} ; sa densité est $d = 0{,}780$.
– si la densité d'un liquide est inférieure à 1, on dit qu'il est moins dense que l'eau.

■ Pour une espèce chimique, la **température reste constante lors d'un changement d'**état. Ce n'est pas le cas pour un mélange.
Exemple : pour l'eau, $\theta_{fusion} = \theta_{solidification} = 0\ °C$.

■ L'**indice de réfraction**, noté *n*, est lié aux propriétés optiques de la matière (voir Chapitre 15). Il est utilisé pour identifier des liquides transparents.

■ La **solubilité** d'une espèce chimique dans un solvant est la masse maximale d'espèce chimique (soluté) que l'on peut dissoudre par litre de solution, à une température donnée.
Exemple : la solubilité du chlorure de sodium dans l'eau est 360 g.L⁻¹ à 20 °C. Cela signifie qu'un litre d'une solution de chlorure de sodium peut contenir au maximum 360 g de chlorure de sodium dissous. La solution est alors dite saturée.

3 Identification des espèces chimiques

■ Pour identifier certaines espèces chimiques, il est possible de **mesurer ses caractéristiques physiques** ou bien de réaliser des **tests chimiques** :
– le sulfate de cuivre anhydre devient bleu en présence d'**eau** ;
– une allumette incandescente se rallume en présence de **dioxygène** ;
– l'eau de chaux se trouble en présence de **dioxyde de carbone** ;
– une détonation se produit lorsqu'une allumette enflammée est placée en présence de **dihydrogène** ;
– un morceau de papier pH change de couleur en présence d'un **acide** ou d'une **base**.

■ La **chromatographie sur couche mince** (**CCM**) est une technique de séparation et d'identification des espèces contenues dans un mélange.
– Les espèces sont déposées sur la **ligne de dépôt** de la plaque chromatographique.
– Lors de l'élution, les espèces sont entraînées différemment par le solvant (**l'éluant**), ce qui permet de les séparer et de les identifier.

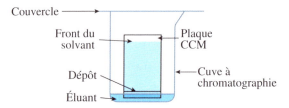

– Les taches obtenues sur le **chromatogramme** correspondent aux espèces ; elles sont détectées, soit directement par leur couleur, soit par action d'un révélateur chimique ou de la lumière ultraviolette.

– Sur le chromatogramme :
  • si un dépôt conduit à plusieurs taches, alors le dépôt est constitué de plusieurs espèces chimiques ;
  • deux espèces chimiques identiques donnent des taches à la même hauteur.

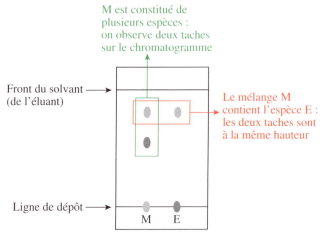

Un mélange a été déposé en M.
Un corps pur a été déposé en E.

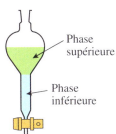

1 ▶ Calculer la densité d'un liquide

EXERCICE TYPE

L'eau et l'éther diéthylique sont deux solvants non miscibles :
1. Déterminer, à l'aide des données, la masse volumique de l'eau.
2. Calculer, à l'aide des données, la densité de l'éther diéthylique.
3. On introduit les deux liquides dans une ampoule à décanter. L'eau constituera-t-elle la phase inférieure ou la phase supérieure ?

Phase supérieure

Phase inférieure

Données : Densité de l'eau : $d_{eau} = 1,0$.
Un volume de 10,0 mL d'éther diéthylique a une masse de 7,1 g.

CORRIGÉ COMMENTÉ

1. La densité de l'eau s'exprime par le même nombre que la masse volumique lorsque celle-ci est exprimée en g.mL^{-1}. Ainsi, comme la densité de l'eau d_{eau} est égale à 1,0, **la masse volumique de l'eau est égale à : $\rho_{eau} = 1,0$ g.mL^{-1}.**

2. La densité d'un liquide par rapport à l'eau est le quotient de la masse volumique de ce liquide par celle de l'eau : $d_{éther} = \dfrac{\rho_{éther}}{\rho_{eau}}$.

Il nous faut calculer la masse volumique $\rho_{éther}$ de l'éther diéthylique :

$$\rho_{éther} = \frac{m_{éther}}{V_{éther}} = \frac{7,1}{10,0} \; ; \rho_{éther} = 0,71 \text{ g.mL}^{-1}.$$

On en déduit la densité de l'éther diéthylique :

$$d_{éther} = \frac{\rho_{éther}}{\rho_{eau}} = \frac{0,71}{1,0} \; ; \boldsymbol{d_{éther} = 0,71}.$$

> **Rappel**
> Un liquide moins dense que l'eau flotte sur l'eau. Un liquide plus dense que l'eau coule dans l'eau.

3. Dans une ampoule à décanter, le liquide de plus grande densité se trouve dans la phase inférieure : **l'eau se trouve donc dans la phase inférieure et l'éther diéthylique dans la phase supérieure.**

💡 À RETENIR

• Pour situer une phase par rapport à une autre, il faut comparer les densités des liquides constituant ces phases. Le liquide le moins dense constitue la phase supérieure.
• La densité d'un liquide s'exprime par le même nombre que la masse volumique lorsque celle-ci est exprimée en g.mL^{-1} ou en g.cm^{-3}.

2 Exploiter la composition volumique d'un mélange

Les limites d'explosivité d'un gaz combustible sont les proportions limites du gaz dans un mélange gaz / dioxygène O_2 qui permettent que celui-ci s'enflamme (et éventuellement explose) au contact d'une flamme. Pour le méthane CH_4, en deçà de la LIE (limite inférieure d'explosivité), le mélange méthane / dioxygène est trop pauvre en méthane pour s'enflammer ; au-delà de la LSE (limite supérieure d'explosivité), il est trop riche en méthane et ne s'enflamme pas non plus.

Trop riche en combustible — 100 % (0 % de O_2)
88 % (LSE)

Domaine d'inflammabilité (ou d'explosivité)

26 % (LIE)

Trop pauvre en combustible

0 % (100 % de O_2)

On dispose de V_{tot} = 200 L d'un mélange méthane / dioxygène.
Déterminer les volumes de méthane et de dioxygène nécessaires pour atteindre la LIE.

CORRIGÉ COMMENTÉ

• Lorsque la LIE est atteinte, le mélange contient 26 % de méthane.
Cette valeur constitue le pourcentage volumique en méthane du mélange méthane / dioxygène.
Le pourcentage volumique du **mélange** est donné par : $P_v(CH_4) = \dfrac{V(CH_4)}{V_{tot}}$ avec $P_v(CH_4)$ exprimé en pourcent.
Il permet d'accéder au volume du méthane :

$V(CH_4) = P_v(CH_4) \times V_{tot} = \dfrac{26}{100} \times 200$;

$V(CH_4)$ = 52 L.

• Le volume total du mélange est V_{tot} = 200 L ; on peut calculer le volume de dioxygène O_2 du mélange :

$V_{tot} = V(CH_4) + V(O_2)$;
$V(O_2) = V_{tot} - V(CH_4)$;
$V(O_2) = 200 - 52$; $V(O_2)$ = 148 L.

Un mélange de 52 L de méthane et 148 L de dioxygène peut donc s'enflammer au contact d'une flamme.

> **Point Maths**
> Un pourcentage est une fraction dont le dénominateur est 100.
> *Exemple :*
> $\dfrac{26}{100}$ est un pourcentage.
> On peut écrire ce nombre 26 % et on le lit « 26 pourcent ».

À RETENIR

• Le pourcentage $P_v(E)$ s'exprime en pourcent ou à l'aide d'une fraction sur 100 :
$P_v(E) = x \% = \dfrac{x}{100}$.
• Pour calculer le volume $V(E)$, appliquer la relation : $V(E) = P_v(E) \times V_{tot}$.

3 Réaliser une chromatographie

L'essence de lavande est un liquide de couleur jaune très pâle. Elle peut être extraite de la lavande.

Ses principaux constituants peuvent être mis en évidence par chromatographie sur couche mince.

Sur une plaque à chromatographie, les dépôts suivants ont été effectués : – dépôt 1 : acétate de linalyle ;

– dépôt 2 : linalol ;

– dépôt 3 : cinéole ;

– dépôt 4 : limonène ;

– dépôt 5 : essence de lavande.

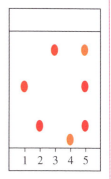

Après révélation dans des vapeurs de diiode, des taches apparaissent sur le chromatogramme. Le chromatogramme est reproduit ci-dessus.

1. Pourquoi du diiode a-t-il été utilisé pour révéler les taches ?

2. L'essence de lavande est-elle un corps pur ou un mélange ? Justifier.

3. L'acétate de linalyle, le linalol, le cinéole et le limonène sont-ils présents dans cette essence de lavande ?

1. Le diiode sert à colorer et révéler les taches correspondant aux espèces chimiques ayant migré sur la plaque CCM, lorsque celles-ci sont incolores.

2. Le dépôt 5 a conduit à plusieurs taches sur le chromatogramme : **l'essence de lavande est un mélange de plusieurs espèces chimiques.**

3. On retrouve certaines taches aux mêmes hauteurs sur le chromatogramme.

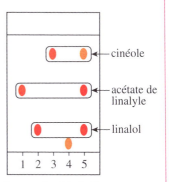

L'essence de lavande contient donc de l'acétate de linalyle, du linalol et du cinéole. En revanche, aucune tache ne révèle la présence de limonène parmi les taches issues du dépôt 5. **L'essence de lavande ne contient pas de limonène.**

 À RETENIR

Pour analyser un chromatogramme, il faut rechercher quels sont les échantillons de référence et regarder ensuite si les espèces contenues dans le mélange étudié forment des taches à la même hauteur que ces échantillons.

EXERCICES

Connaître le cours

Pour chaque exercice du *connaître le cours*, indiquer la (ou les) bonne(s) réponse(s) :

1 ⏱ **3 min** Espèces et entités chimiques ; corps purs et mélanges

	A	B	C
1. L'huile et l'eau :	sont deux liquides non miscibles	forment un mélange homogène	sont deux liquides hétérogènes
2. L'air est :	une espèce chimique	un mélange	un corps pur
3. Un corps pur :	n'est pas toxique	est constitué d'une seule espèce	peut être constitué de plusieurs espèces
4. L'air contient, en volume, environ :	80 % de dioxygène	80 % de dioxyde de carbone	80 % de diazote
5. Le pourcentage massique d'une espèce de masse m, dans un mélange de masse m_{tot}, s'exprime par :	$\dfrac{m}{m_{tot}}$	$\dfrac{m_{tot}}{m}$	est une fraction dont le dénominateur est 100

➜ *Corrigé p. 23*

2 ⏱ **5 min** Caractéristiques des espèces chimiques

	A	B	C
1. La solubilité d'une espèce chimique dans un solvant peut s'exprimer en :	g	g/L^{-1}	g.L^{-1}
2. La densité, par rapport à l'eau, d'un corps de masse volumique ρ s'exprime par :	$\dfrac{\rho}{\rho_{eau}}$	$\dfrac{\rho_{eau}}{\rho}$	$\rho \times \rho_{eau}$
3. La température de fusion est caractéristique :	d'une espèce chimique	d'un corps pur	d'un mélange

➜ *Corrigé p. 23*

3 ⏱ 5 min Identification des espèces chimiques

	A	B	C
1. Pour identifier une espèce chimique, on peut mesurer :	sa masse volumique	sa masse	son volume
2. L'eau peut être mise en évidence :	par l'eau de chaux	à l'aide de papier pH	par le sulfate de cuivre anhydre
3. Le dioxygène :	explose en présence d'une flamme	rallume une allumette incandescente	ne peut être identifié que par ses caractéristiques physiques
4. Une chromatographie :	sépare les espèces contenues dans un mélange	ne permet pas d'identifier les espèces contenues dans un mélange	est une technique réservée aux espèces colorées
5. Lors d'une chromatographie :	les espèces contenues dans un mélange peuvent être séparées	une espèce chimique peut être révélée par plusieurs taches	une espèce chimique migre à la même hauteur, qu'elle soit seule ou dans un mélange
6. Dans ce chromatogramme :	C est un mélange	C contient l'espèce A	C contient l'espèce B

→ *Corrigé p. 23*

Appliquer le cours et les savoir-faire

4 ⏱ **5** min ★   → COMMENT FAIRE **1**

Le cyclohexane est un liquide incolore et insoluble dans l'eau. On réalise la manipulation suivante :

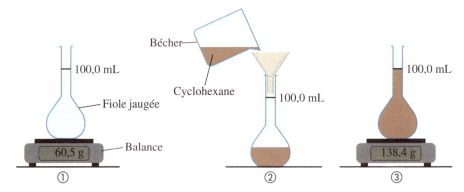

Bécher

100,0 mL

Cyclohexane

Fiole jaugée

100,0 mL

100,0 mL

100,0 mL

60,5 g

138,4 g

Balance

①   ②   ③

• Déterminer la densité du cyclohexane.

Donnée : Masse volumique de l'eau ρ_{eau} = 1,0 g.mL^{-1}.

→ *Corrigé p. 23*

5 ⏱ **7** min ★   → COMMENT FAIRE **1**

Les masses de 50 mL d'eau et de 50 mL d'éthanol sont respectivement égales à 50 g et 39 g. Les deux liquides sont miscibles.

1. Calculer les masses volumiques de chacun de ces liquides.

2. Déterminer puis comparer les densités de l'eau et de l'éthanol.

3. Schématiser le contenu d'un bécher contenant un mélange de ces deux liquides.

→ *Corrigé p. 23*

6 ⏱ **5** min ★   → COMMENT FAIRE **2**

En médecine vétérinaire, des solutions de chlorure de sodium (eau « salée ») sont utilisées pour soigner les animaux. En cas d'hémorragie, des solutions à 7,5 % (en masse) sont injectées pour augmenter rapidement le volume de sang.

• Calculer la masse de chlorure de sodium dissous dans une poche de réhydratation de 600 g.

→ *Corrigé p. 24*

7  **10** min ⭐

→ **COMMENT FAIRE** 3

La limonade est une boisson gazeuse sucrée. Les sucres présents sont le glucose et le saccharose. Il existe des limonades « light » où les sucres sont remplacés par un édulcorant comme l'aspartame. On réalise une chromatographie sur couche mince pour savoir si une limonade contient des sucres ou un édulcorant. Le chromatogramme obtenu est représenté ci-contre. On a réalisé les dépôts suivants :

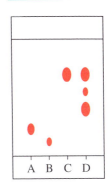

– en A : le glucose ;
– en B : le saccharose ;
– en C : l'aspartame ;
– en D : la limonade.

1. Justifier que la limonade est un mélange.

2. Les espèces sont incolores. Comment révéler les espèces chimiques ?

3. Identifier l'espèce contenue dans la limonade.

→ *Corrigé p. 24*

S'entraîner au raisonnement

8 **10** min ⭐

On étudie la solubilité du chlorure de sodium dans l'eau. Pour cela, dans un verre à pied contenant de l'eau, on ajoute, tout en agitant, une quantité de chlorure de sodium telle que la solution soit saturée. On filtre et on recueille la solution dans une éprouvette graduée. Cette éprouvette vide a une masse de 33,2 g. Elle pèse 75,8 g lorsqu'elle contient 30,0 mL de solution.

1. Que signifie « solution saturée » ?

2. Que reste-t-il dans le filtre après l'étape de filtration ?

3. Calculer la densité de la solution.

Donnée : ρ(eau) = 1,00 g.mL^{-1}.

→ *Corrigé p. 24*

9 **8** min ⭐

L'étiquette d'un flacon d'acide a été endommagée et on peut lire seulement :

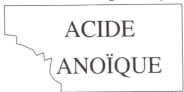

ACIDE
ANOÏQUE

Il peut s'agir d'acide éthanoïque ou propanoïque.

• À partir des données physiques suivantes, proposer deux méthodes pour déterminer de quel acide il s'agit.

On choisira des méthodes ne nécessitant qu'un appareillage très simple (verre doseur, balance, thermomètre, glace, tube à essais).

Acide	Densité	Température de fusion (°C)	Température d'ébullition (°C)
Éthanoïque	1,05	16	117
Propanoïque	0,99	− 23	142

→ Corrigé p. 24

10 ⏱ **3 min** ★

Le tableau ci-dessous indique les températures de fusion et d'ébullition de trois alcools.

• Indiquer, dans la quatrième ligne du tableau, leur état physique à 20°C.

	Éthanol	Butan-1-ol	Méthylpropan-1-ol
θ_{fusion} (°C)	− 117	− 69,5	25
$\theta_{ébullition}$ (°C)	78	118	82,5
État physique à 20°C			

→ Corrigé p. 25

11 ⏱ **15 min** ★★

Un mélange homogène est constitué de méthanal et de benzaldéhyde.

1. À partir du tableau ci-dessous, préciser l'état physique des trois espèces chimiques à 20°C.

2. Proposer un protocole expérimental pour séparer le méthanal du benzaldéhyde en utilisant de l'eau.

3. On souhaite vérifier que l'on a bien séparé le benzaldéhyde du méthanal. Proposer une méthode.

Espèce chimique	Eau	Méthanal	Benzaldéhyde
Température d'ébullition (°C)	100	97	178
Température de fusion (°C)	0	− 15	− 26
Densité à 20 °C	1,00	1,08	1,04
Indice de réfraction	1,330	1,372	1,545
Solubilité dans l'eau	-	Grande	Très faible

→ Corrigé p. 25

12  **5 min** ★

Il existe des crèmes préconisées en traitement local d'appoint des traumatismes bénins (bleus, coups). L'espèce active dans ces crèmes est le polyester sulfurique de pentosane sodique. Un tube de 30 g contient 0,15 g de cette espèce.

• Retrouver, par le calcul, le pourcentage massique inscrit sur la boîte reproduite ci-dessous.

→ *Corrigé p. 25*

13 **8 min** ★

On dépose, sur du papier filtre, une goutte de chacun des colorants alimentaires jaune (J), bleu (B) et vert (V), et on réalise la chromatographie avec l'eau salée comme éluant.

1. Schématiser l'expérience.

2. Le chromatogramme est reproduit ci-contre. Indiquer, pour chaque colorant, s'il s'agit d'un corps pur ou d'un mélange.

3. Que peut-on conclure sur la composition du colorant vert ?

4. Des deux espèces, bleue et jaune, quelle est la plus soluble dans l'éluant ?

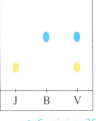

→ *Corrigé p. 26*

14 **6 min** ★

La recherche de certains acides dans le vin par chromatographie permet de savoir si la transformation de l'acide malique en acide lactique (fermentation malolactique) a eu lieu. Sur une plaque CCM, ont été effectués les dépôts suivants :
– dépôt 1 : acide malique ;
– dépôt 2 : acide lactique ;
– dépôt 3 : vin.
La plaque a été introduite dans une cuve contenant un solvant à base de butanol. Après élution et séchage, elle a ensuite été pulvérisée avec une solution de vert de bromocrésol (indicateur de pH).
Le chromatogramme obtenu est représenté sur la figure ci-après.

1. Quel est le rôle :

a) de la solution de butanol ?

b) de la solution de vert de bromocrésol ?

2. Le vin étudié contient-il :

a) de l'acide malique ?

b) de l'acide lactique ?

3. La fermentation malo-lactique a-t-elle eu lieu ?

4. Pourquoi observe-t-on d'autres taches que celles de l'acide malique ou de l'acide lactique ?

→ Corrigé p. 26

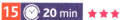 **20** min ★★★

L'extrait naturel de vanille est obtenu à partir des gousses séchées et fermentées. Il est principalement constitué de quatre espèces : la vanilline, l'acide vanillique, l'aldéhyde para-hydroxybenzoïque et l'acide para-hydroxybenzoïque.

Cet extrait est très coûteux car ces espèces sont présentes en faible quantité dans les gousses. Certains fabricants peu scrupuleux ont vendu l'arôme synthétique de vanille pour de l'extrait naturel.

Si cette activité a été lucrative pendant quelques années, les formidables avancées techniques ont permis d'identifier les fraudeurs.

On réalise une chromatographie en phase liquide de l'extrait : les pics correspondent chacun à une molécule différente et l'aire de ces pics est proportionnelle à leur quantité.

● Allures des deux chromatogrammes :

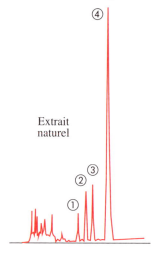

Extrait naturel

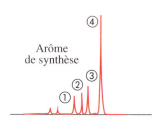

Arôme de synthèse

• Aires des pics pour chaque espèce dans les chromatogrammes :

Espèces	Numéros des pics	Aires des pics dans l'arôme naturel	Aires des pics dans l'arôme de synthèse
Vanilline	①	6 429 893	2 258 301
Acide vanillique	②	1 186 459	417 786
Aldéhyde para-hydroxybenzoïque	③	957 743	338 745
Acide para-hydroxybenzoïque	④	446 240	158 081

1. L'extrait naturel contient 2 % de vanilline, en masse.

a) Déterminer la masse de vanilline contenue dans un extrait naturel de 20 g.

b) Connaissant l'aire de ce pic, calculer le pourcentage des 3 autres espèces contenues dans l'extrait naturel.

2. Sachant que les fraudeurs ont réalisé un mélange des 4 espèces avec 2 % de vanilline, calculer les pourcentages des espèces contenues dans l'arôme synthétique et les comparer avec ceux de l'arôme naturel.

3. Comparer l'allure des deux chromatogrammes.

4. Que peut-on en déduire quant à la richesse en espèces chimiques de l'extrait naturel ?

→ *Corrigé p. 26*

Exercice ⏱ **30 min** **10 points**

Un principe actif est la molécule qui, dans un médicament, a un effet thérapeutique. On souhaite identifier les principes actifs contenus dans un médicament effervescent noté M. Pour cela :

– on dissout le médicament dans de l'eau puis on extrait les principes actifs à l'aide d'un solvant : le dichlorométhane ;
– on réalise une chromatographie sur couche mince (CCM). Le chromatogramme, révélé dans des vapeurs de diiode, est reproduit ci-contre.

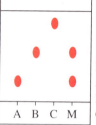

M : médicament
A : caféine
B : paracétamol
C : acide acétylsalicylique

Données : Densité du dichlorométhane : $d = 1,33$.
Masse d'un comprimé : $m = 5,0$ g.

	C 3	A 5	R 2	10 points
1. Lors de l'extraction des principes actifs, on utilise une ampoule à décanter schématisée ci-contre, dans laquelle on a introduit la phase aqueuse et le dichlorométhane. Identifier, en justifiant, les phases A et B représentées sur le schéma.		×		/ 1
2. Rappeler le principe d'une chromatographie sur couche mince.	×			/ 2
3. Schématiser et légender l'expérience d'identification.	×			/ 1
4. Le médicament M contient-il de l'acide acétylsalicylique ? Justifier.		×		/ 1
5. Le médicament contient 500 mg de paracétamol et 1 % en masse de caféine. **a)** Déterminer le pourcentage massique en paracétamol contenu dans le comprimé.		×		/ 2
b) Déterminer la masse de caféine que contient un comprimé du médicament.		×		/ 1
6. La caféine a de nombreux effets indésirables : anxiété, insomnie, problèmes cardiovasculaires, etc. La dose quotidienne de caféine considérée comme sans risque pour un adulte est de 3,0 mg par kg de masse corporelle. Combien de comprimé un adulte de 75 kg peut-il consommer quotidiennement sans risque pour sa santé ?			×	/ 2

→ Corrigé p. 28

1 → *Énoncé p. 14*

1. A ; **2.** B ; **3.** B ; **4.** C ; **5.** A & C

Remarque

On dit d'un mélange qu'il est hétérogène. Pas de deux liquides qui eux sont non-miscibles.

2 → *Énoncé p. 14*

1. C ; **2.** A ; **3.** A & B

3 → *Énoncé p. 15*

1. A ; **2.** C ; **3.** B ; **4.** A ; **5.** A & C ; **6.** A & B

4 → *Énoncé p. 16*

On calcule la masse de cyclohexane versé :
$m_{cyclo} = 138,4 - 60,5$; $m_{cyclo} = 77,9$ g.
On peut en déduire la masse volumique du cyclohexane :

$$\rho_{cyclo} = \frac{m_{cyclo}}{V_{cyclo}} = \frac{77,9}{100,0} \; ; \rho_{cyclo} = 0,779 \text{ g.mL}^{-1}.$$

On en déduit la densité du cyclohexane :

$$d_{cyclo} = \frac{\rho_{cyclo}}{\rho_{eau}} = \frac{0,779}{1,0} \; ; \mathbf{d_{cyclo} = 0,78.}$$

Aide

0,**779** comporte 3 chiffres significatifs (**7**, **7**, **9**).
1,**0** en comporte 2 (**1** et **0**).
Le résultat du calcul doit donc en comporter 2. Le chiffre des millièmes (**9**) étant supérieur à 5, on arrondit au chiffre supérieur pour les centièmes (**7** → **8**) : 0,**78**.

5 → *Énoncé p. 16*

1. Masse volumique de l'eau : $\rho_{eau} = \dfrac{m_{eau}}{V_{eau}} = \dfrac{50}{50}$; $\mathbf{\rho_{eau} = 1,0 \text{ g.mL}^{-1}.}$

Masse volumique de l'éthanol : $\rho_{ol} = \dfrac{m_{ol}}{V_{ol}} = \dfrac{39}{50}$; $\mathbf{\rho_{ol} = 0,78 \text{ g.mL}^{-1}.}$

2. La densité d'un liquide s'exprime par le même nombre que la masse volumique en g.mL^{-1} ;

ainsi, $d_{eau} = 1,0$ et $d_{ol} = 0,78$. Il vient : $\mathbf{d_{eau} < d_{ol}.}$

3. Les deux liquides sont miscibles : **on n'observe qu'une seule phase**.

Remarque

Même si la densité de l'éthanol est plus petite que celle de l'eau, ce liquide ne flotte pas sur l'eau car ils sont miscibles entre eux.

6 → *Énoncé p. 16*

Le pourcentage massique de chlorure de sodium dans le mélange permet d'accéder à la masse de chlorure de sodium :

$$m = P_m \times m_{tot} = \frac{7,5}{100} \times 600 \; ; \; m = \textbf{45 g.}$$

La masse de chlorure de sodium dissous est égale à 45 g.

7 → *Énoncé p. 17*

1. Après révélation, le chromatogramme fait apparaître trois taches. La limonade est composée de trois espèces chimiques ; **c'est donc un mélange.**

2. On révèle des taches incolores **sous UV** ou en utilisant **un révélateur chimique.**

3. On retrouve une tache à la même hauteur que l'aspartame : **la limonade contient de l'aspartame.**

8 → *Énoncé p. 17*

1. Une solution est saturée quand **on ne peut pas dissoudre davantage de soluté** (révision de collège).

2. Le filtre retient **le chlorure de sodium non dissous.**

3. Masse de 30,0 mL de solution : 75,8 – 33,2 = 42,6 g.
Densité de la solution :

$$d = \frac{\rho(\text{solution})}{\rho(\text{eau})} = \frac{\dfrac{m(\text{solution})}{V(\text{solution})}}{\rho(\text{eau})} = \frac{\dfrac{42,6}{30,0}}{100} \; ; \; d = \textbf{1,42.}$$

9 → *Énoncé p. 17*

1ʳᵉ méthode : déterminer la densité de l'acide
– poser l'éprouvette graduée sur une balance ;
– appuyer sur le bouton tare ;
– y verser, par exemple, 100 mL d'acide ;
– lire la masse d'acide correspondante.

> **Rappel**
> d s'exprime par le même nombre que la masse volumique lorsque celle-ci est exprimée en g.mL⁻¹.

Si la masse d'acide est 105 g ($m = \rho(\text{eth}) \times V(\text{eth}) = 1,05 \times 100 = 105$ g), c'est de l'acide éthanoïque ; si elle est égale à 99 g ($m = \rho(\text{pro}) \times V(\text{pro}) = 0,99 \times 100 = 99$ g), c'est de l'acide propanoïque.

2ᵉ méthode : déterminer la température de fusion
Dans un tube à essais, introduire quelques millilitres d'acide (les deux acides sont liquides à température ambiante). Placer le tube dans un verre contenant des glaçons et de l'eau (mélange réfrigérant).

Si l'acide se solidifie, sa température de fusion (ou de solidification) est supérieure à 0°C : il s'agit de l'acide éthanoïque. Sinon, c'est de l'acide propanoïque.

10 → *Énoncé p. 18*

	Éthanol	**Butan-1-ol**	**Méthylpropan-1-ol**
θ_{fusion} (°C)	– 117	– 69,5	25
$\theta_{\text{ébullition}}$ (°C)	78	118	82,5
État physique à 20 °C	Liquide	Liquide	Solide

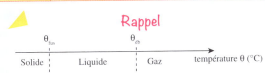

Rappel

11 → *Énoncé p. 18*

1. Les trois espèces chimiques sont liquides à température ambiante (20°C) ; en effet, cette température est comprise entre les températures de fusion et d'ébullition des trois espèces.

Aide

Pour connaître l'état physique du méthanal, on peut reporter les températures sur un axe :

À 20°C, le méthanal est liquide.

2. On place le mélange homogène dans une ampoule à décanter et on y introduit une certaine quantité d'eau. Après agitation, deux phases apparaissent : la phase aqueuse qui contient l'eau et le méthanal (très soluble dans l'eau), et la phase organique constituée du benzaldéhyde (très peu soluble dans l'eau).

3. On peut réaliser une chromatographie sur couche mince (ou mesurer l'indice de réfraction des liquides → voir Chapitre 15).

12 → *Énoncé p. 19*

La masse de l'espèce contenue dans le tube est : $m(\text{E}) = 0,15$ g.
Calculons le pourcentage massique :

$$P_{\text{m}}(\text{E}) = \frac{m(\text{E})}{m_{\text{tot}}} = \frac{0,15}{30} \; ;$$

$P_{\text{m}} (\text{E}) = 0,005.$

Exprimons ce résultat en pourcent :

$$P_{\text{m}}(\text{E}) = 0,005 = \frac{0,5}{100} = 0,5 \%.$$

La crème contient 0,5 % d'espèce active ; c'est le pourcentage inscrit sur le tube de crème.

13 → *Énoncé p. 19*

1.

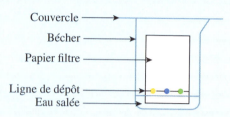

Couvercle

Bécher

Papier filtre

Ligne de dépôt

Eau salée

2. Les colorants jaune et bleu ne donnent qu'une seule tache : **ce sont des corps purs. Le colorant vert**, donnant deux taches, **est un mélange**.

3. Le colorant vert est obtenue grâce à **un mélange de colorant bleu et de colorant jaune**.

4. Le colorant bleu est le plus soluble dans l'éluant car c'est lui qui migre le plus haut.

14 → *Énoncé p. 19*

1. a) Le butanol entre dans la composition de l'éluant.
b) Le vert de bromocrésol sert de **révélateur**, il change de couleur en présence d'un acide.

2. a) Le vin ne forme pas de tache à la hauteur de l'acide malique (dépôt 1) :
il ne contient pas cet acide.
b) Le vin forme une tache à la même hauteur que l'acide lactique (dépôt 2) :
il contient cet acide.

3. La transformation malolactique a donc eu lieu.

4. Le vin contient d'autres espèces chimiques acides car elles modifient la couleur du vert de bromocrésol.

15 → *Énoncé p. 20*

1. a) Le pourcentage massique de la vanilline dans le mélange permet d'accéder à la masse de vanilline :

$m = P_m \times m_{tot} = \dfrac{2}{100} \times 20$;

m = 0,4 g.

La masse de vanilline est égale à 0,4 g.

b) Pour l'arôme naturel, l'aire des pics et les pourcentages sont des grandeurs proportionnelles :

$$\dfrac{Pourcentage}{Aire\ du\ pic} = \dfrac{2\ \%}{6\ 429\ 893} = \dfrac{a\ \%}{1\ 186\ 459} = \dfrac{b\ \%}{957\ 743} = \dfrac{c\ \%}{446\ 240}$$

Espèces	Pics	Aires des pics dans l'arôme naturel	Aires des pics dans l'arôme de synthèse	Pourcentage dans l'arôme naturel
Vanilline	①	6 429 893	2 258 301	2 %
Acide vanillique	②	1 186 459	417 786	$a = 0,37$ %
Aldéhyde para-hydroxybenzoïque	③	957 743	338 745	$b = 0,30$ %
Acide para-hydroxybenzoïque	④	446 240	158 081	$c = 0,14$ %

Point Maths

La quatrième proportionnelle se calcule par :

Aires des pics dans l'arôme naturel	6 429 893	2 %
Aires des pics dans l'arôme de synthèse	1 186 459	a %

$\times \dfrac{1\ 186\ 459}{6\ 429\ 893}$

$$a = \frac{1\ 186\ 459}{6\ 429\ 893} \times 2 = 0,37\ \%$$

2. Pour l'arôme de synthèse :

$$\frac{Pourcentage}{Aire\ du\ pic} = \frac{2\ \%}{2\ 258\ 301} = \frac{d\ \%}{417\ 786} = \frac{e\ \%}{338\ 745} = \frac{f\ \%}{158\ 081}.$$

Espèces	Pics	Aires des pics dans l'arôme naturel	Aires des pics dans l'arôme de synthèse	Pourcentage dans l'arôme naturel	Pourcentage dans l'arôme de synthèse
Vanilline	①	6 429 893	2 258 301	2 %	2 %
Acide vanillique	②	1 186 459	417 786	$a = 0,37$ %	$d = 0,37$ %
Aldéhyde para-hydroxybenzoïque	③	957 743	338 745	$b = 0,30$ %	$e = 0,30$ %
Acide para-hydroxybenzoïque	④	446 240	158 081	$c = 0,14$ %	$f = 0,14$ %

Les espèces ont la même teneur dans l'extrait naturel et dans l'arôme de synthèse.

3. Sur le chromatogramme de l'extrait naturel, **on voit de nombreux pics supplémentaires** avant le pic de l'acide para-hydroxybenzoïque.

4. L'extrait naturel est plus riche que l'arôme de synthèse.

Remarque

Les nombreux pics détectés sont dus en fait à la présence d'espèces appelées précurseurs : elles correspondent aux espèces présentes dans les gousses fraîches qui disparaissent petit à petit lors de la fermentation naturelle pour former les quatre espèces principales identifiées sur le chromatogramme de l'extrait naturel. Toutes les techniques d'analyse ne permettant pas la mise en évidence de ces précurseurs, les fraudeurs ont eu intérêt à réaliser des mélanges exacts des quatre espèces.

Exercice → *Énoncé p. 22*

1. L'eau ($d = 1,0$) est moins dense que le dichlorométhane ($d = 1,33$). La phase aqueuse constitue la phase supérieure. Ainsi :
A : Phase aqueuse ; B : Dichlorométhane.

2. La chromatographie sur couche mince (CCM) est **une technique de séparation et d'identification des espèces** contenues dans un mélange.
– Les espèces sont déposées sur la ligne de dépôt de la plaque chromatographique. Lors de l'élution, les espèces sont entraînées différemment par le solvant (l'éluant), ce qui permet de les séparer et de les identifier.
– Les espèces sont détectées par les taches qu'elles forment sur le chromatogramme obtenu, soit directement par leur couleur, soit par action d'un révélateur chimique ou de la lumière ultraviolette.

3.

Couvercle

Front du solvant

Dépôt

Éluant

Plaque CCM

Cuve à chromatographie

4. Le médicament ne contient pas d'acide acétylsalicylique puisqu'aucune tache du dépôt M n'est à la même hauteur que celle du dépôt C.

5. a) Calculons le pourcentage massique :
$$P_m(E) = \frac{m(E)}{m_{tot}} = \frac{0,500}{5,0} \; ; P_m(E) = 0,10 = \frac{10}{100}$$
Le comprimé contient 10 % en masse de paracétamol.

Point Physique
Le pourcentage massique peut s'exprimer par une fraction sur 100.

b) Le pourcentage massique de la caféine dans le mélange permet d'accéder à la masse de caféine :
$$m = P_m \times m_{tot} = \frac{1}{100} \times 5,0 \; ; m = 0,050 \text{ g. La masse de caféine est égale à 0,050 g.}$$

6. L'adulte pèse 75 kg. Il peut donc ingérer une masse de caféine égale à :
$m(caf) = 75 \times 0,0030$; $m(caf) = 0,23$ g.

L'adulte peut donc en consommer : $\frac{m(caf)}{m} = \frac{0,23}{0,050} = 4,6$ comprimés par jour.

L'adulte pourra consommer au maximum 4 comprimés par jour ; s'il en consomme 5 il dépasse la dose.

Les solutions aqueuses

CHAPITRE 2

1 Solutions

■ Une **solution** est un mélange homogène obtenu par dissolution d'espèces dans un **solvant**. Lorsque le **solvant** est l'**eau**, on l'appelle **solution aqueuse**.

■ L'espèce dissoute (solide, liquide ou gaz) est le **soluté**. Les espèces dissoutes peuvent être des ions ou des molécules.

■ Une solution est **saturée** quand il n'est plus possible de dissoudre le soluté dans la solution.

2 Concentration en soluté A d'une solution

■ La **concentration en masse** $t(A)$ d'une espèce A dans une solution s'exprime par le rapport :

$$t(A) = \frac{m(A)}{V_S}$$

Avec : $m(A)$ masse du soluté en g ; V_S volume de la solution en L, $t(A)$ en $g.L^{-1}$.

■ La **solubilité** d'une espèce chimique dans un solvant correspond à la masse maximale d'espèce chimique que l'on peut dissoudre par litre de solvant.
Généralement, elle augmente avec la température.
Exemple : la solubilité du chlorure de sodium dans l'eau est :
$s(NaCl) = 360 \ g.L^{-1}$ à 20°C. Cela signifie qu'un litre d'eau salée saturée ne peut pas contenir plus de 360 g de chlorure de sodium dissous à cette température.

■ Il faut bien distinguer la concentration en masse $t(A)$ d'un soluté A dans une solution et la masse volumique ρ_{sol} de la solution. Il s'agit de deux grandeurs différentes pouvant s'exprimer dans la même unité :

$V_{solution}$

□ soluté
□ solvant
□ solution

$$t(A) = \frac{m_{solution}}{V_{solution}} = \frac{m(A)}{V_S}$$

$$\rho_{sol} = \frac{m_{solution}}{V_{solution}} = \frac{m_S}{V_S}$$

$$t(A) = \frac{m(\boxtimes)}{V(\boxdot)}$$

$$\rho_{sol} = \frac{m(\boxdot)}{V(\boxdot)}$$

3 Préparation d'une solution de concentration donnée

■ Un volume V de solution, de concentration en masse $t(A)$ en soluté A dissous, peut se préparer :
– par **dissolution** d'une masse $m(A)$ ou d'un volume $V(A)$ de soluté ;
– par **dilution** d'une solution mère de concentration en masse $t(A)$.

■ La **dilution** d'une solution aqueuse consiste à ajouter de l'eau à un volume V_1 d'une **solution mère** de concentration en masse t_1, pour obtenir un volume V_2 d'une **solution fille** de concentration plus faible t_2.
La masse m de soluté se conserve au cours de la dilution : elle se calcule par la relation $m = t_1 \times V_1$ dans la solution mère et $m = t_2 \times V_2$ dans la solution fille. Ainsi :

$$t_1 \times V_1 = t_2 \times V_2$$

■ Le facteur de dilution F, toujours supérieur à 1, se déduit de l'égalité précédente. Il est tel que :

$$F = \frac{V_2}{V_1} = \frac{t_1}{t_2}$$

Les grandeurs intervenant aux numérateur et dénominateur sont exprimées dans la même unité (L ou bien mL pour les volumes et $g.L^{-1}$ ou bien $g.mL^{-1}$ pour les concentrations en masse).
Exemple : si une solution fille S_2 est obtenue en diluant 10 fois une solution mère S_1, $F = 10$ et $t_2 = \dfrac{t_1}{10}$.

■ Pour préparer une solution, on utilise la verrerie de précision :

Fiole jaugée	Burette graduée	Pipettes jaugées	Pipette graduée
	20 10 0	pipettes jaugées Pipette 1 trait Pipette 2 traits	

COURS

4 Détermination d'une concentration

■ Doser un soluté en solution, c'est déterminer, avec la plus grande précision, sa concentration dans la solution étudiée.

■ Lorsque la quantité de matière de l'espèce considérée est reliée à une grandeur physique facilement accessible (telle la masse volumique) ou à une caractéristique (telle la couleur de la solution), on peut réaliser un **dosage par étalonnage**.
Le dosage par étalonnage consiste à comparer une caractéristique de la solution étudiée à la même caractéristique pour des solutions de référence (solutions étalons). La détermination de la concentration se fait soit par lecture sur le graphe d'une courbe d'étalonnage, soit en utilisant une échelle de teintes.

■ Deux solutions contenant le **même soluté coloré** à la **même concentration**, ont la **même teinte** si elles sont observées dans les **mêmes conditions** (récipients identiques et même éclairage).

■ Deux solutions contenant le même soluté coloré à **des concentrations différentes**, ont des **teintes différentes** si elles sont observées dans les **mêmes conditions** (récipients identiques et même éclairage). La solution la plus concentrée en soluté est la plus colorée.

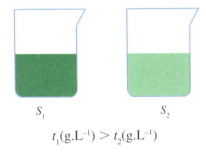

$t_1(\text{g.L}^{-1}) > t_2(\text{g.L}^{-1})$

1 Calculer une concentration en masse

EXERCICE TYPE

En médecine, des solutions aqueuses de glucose sont utilisées en perfusion pour hydrater et stabiliser la glycémie de patients. Une poche pour perfusion contenant une solution de glucose est étiquetée *« glucose à 20,0 % »*.

Le pourcentage correspond à la masse de glucose présent dans 100 mL de solution.

1. Identifier le solvant et le soluté de la solution.

2. Calculer la concentration en masse t(gluc) de glucose dans cette solution.

CORRIGÉ COMMENTÉ

1. • Le soluté est l'espèce chimique dissoute. Plusieurs indications permettent d'identifier le soluté : « solution **de glucose** », « **masse de glucose présent** dans 100 mL de solution ». **Le soluté est le glucose**.

• La solution est appelée solution aqueuse donc **le solvant est l'eau**.

2. La solution est à 20,0 % de glucose : il y a donc 20,0 g de glucose dans 100 mL de solution.

La masse de soluté dans 100 mL de solution est m(gluc) = 20,0 g.

Le volume de solution est V = 100 mL de solution.

$$t(\text{gluc}) = \frac{m(\text{gluc})}{V_S} \; ;$$

$$t(\text{gluc}) = \frac{20,0}{0,100}$$

$$\mathbf{t(gluc) = 200 \ g.L^{-1}.}$$

Remarque

La concentration en masse est anciennement nommée « concentration massique ».

Point Maths

Le **centimètre cube** (cm³) est l'unité de mesure du volume dans le système CGS (Centimètre Gramme Seconde). Un centimètre cube est le volume occupé par un cube de 1 cm de côté. Il représente le même volume que 1 mL.

$$1 \ cm^3 = 1 \ mL = 1 \times 10^{-3} \ L.$$

À RETENIR

• Il faut toujours préciser les grandeurs écrites dans une relation : m_{glucose}, $m(\text{glucose})$, $m(\text{G})$, m_1 et non m qui pourrait caractériser n'importe quelle espèce.

• Attention aux unités : le volume des solutions étant souvent exprimé en mL ou en cm³, une conversion en L s'impose.

2 Mettre en œuvre des protocoles de dissolution et de dilution

1. Proposer un protocole expérimental pour préparer 50,0 mL d'une solution aqueuse de saccharose de concentration en masse $t_1 = 41,0$ g.L^{-1}.

2. À partir d'une solution aqueuse S_1 de saccharose, de concentration en masse $t_1 = 41,0$ g.L^{-1}, on veut préparer 0,500 L d'une solution aqueuse S_2 de saccharose de concentration $t_2 = 8,20 \times 10^{-1}$ g.L^{-1}.

a) Déterminer le volume V_1 de solution mère S_1 à prélever pour réaliser la solution S_2.

b) Pour réaliser cette dilution, on dispose d'une pipette jaugée de 10,0 mL, munie d'une propipette, d'un bécher et d'une fiole jaugée de 500,0 mL.
Décrire le mode opératoire pour réaliser cette dilution.

1. La concentration en masse t_1 de saccharose dans la solution s'exprime par le rapport :

$$t_1 = \frac{m_1}{V}$$

La masse de saccharose à dissoudre est donnée par la relation :
$m_1 = t_1 \times V = 41,0 \times 50,0 \times 10^{-3}$; $\boldsymbol{m_1 = 2,05}$ **g**.

> ### Astuce
> Pour exprimer une grandeur en fonction des deux autres, on peut utiliser la table des relations :
>
> $$\frac{m}{t \diagdown V}$$
>
> Ainsi : $m = t \times V$; $t = \dfrac{m}{V}$; $V = \dfrac{m}{t}$.

La dissolution est effectuée dans une fiole jaugée de 50,0 mL.
– Placer une **coupelle** sur le plateau de la **balance** et appuyer sur le bouton « tare » pour amener l'affichage à zéro.
– À l'aide d'une **spatule** propre et sèche, peser 2,05 g de saccharose.
– À l'aide d'un **entonnoir**, introduire le solide dans une **fiole jaugée** de 50,0 mL.
– Rincer la coupelle et l'entonnoir avec de l'eau distillée puis remplir la fiole aux trois quarts.
– Boucher et agiter pour dissoudre le solide.
– Ajouter de l'eau distillée jusqu'au trait de jauge.
– Boucher la fiole et agiter.

2. a) La masse de soluté est conservée lors de la dilution.

La masse $m = t_1 \times V_1$ contenue dans le volume prélevé V_1 de solution mère se retrouve dans le volume V_2 de solution fille. Par conséquent, $t_1 \times V_1 = t_2 \times V_2$

D'où : $V_1 = t_2 \times \dfrac{V_2}{t_1}$

$V_1 = 8{,}20 \times 10^{-1} \times \dfrac{0{,}500}{41{,}0} = 1{,}00 \times 10^{-2}$ L, soit : $V_1 = \mathbf{10{,}0\ mL}$.

Rappel

On peut aussi utiliser le facteur de dilution :

$F = \dfrac{t_1}{t_2} = \dfrac{V_2}{V_1}$

$t_1 \times V_1 = t_2 \times V_2$

D'où : $V_1 = t_2 \times \dfrac{V_2}{t_1}$

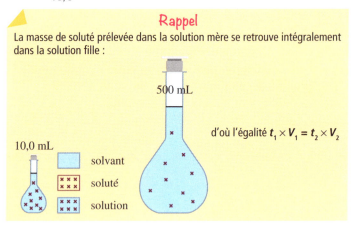

Rappel

La masse de soluté prélevée dans la solution mère se retrouve intégralement dans la solution fille :

500 mL

d'où l'égalité $\boldsymbol{t_1 \times V_1 = t_2 \times V_2}$

10,0 mL

solvant
soluté
solution

b) – Transvaser une partie de la solution mère dans un bécher.

– Prélever 10,0 mL de solution mère à l'aide de la pipette jaugée munie d'un dispositif d'aspiration.

– Les verser dans la fiole jaugée de 0,500 L.

– Ajouter de l'eau distillée aux trois quarts de la fiole.

– Boucher et agiter.

– Ajouter de l'eau distillée à la pissette jusqu'au trait de jauge.

– Homogénéiser la solution.

💡 À RETENIR

• Pour trouver les volumes des solutions mère ou fille, appliquer l'égalité $\boldsymbol{t_1 \times V_1 = t_2 \times V_2}$. Cette égalité ne permet pas de déterminer directement le volume d'eau à rajouter à la solution mère.

• Pour préparer une solution fille, utiliser toujours une **fiole jaugée**. Le volume de solution fille correspond à celui de la fiole jaugée.

• Pour prélever le volume de solution mère, utiliser une **pipette jaugée**. Si le volume de la pipette jaugée n'est pas adapté, utiliser de la verrerie graduée (pipette graduée ou burette graduée).

③ Utiliser une échelle de teintes

EXERCICE TYPE

On cherche à doser une solution colorée d'éosine utilisée pour ses propriétés asséchantes. Pour cela, on utilise une échelle de teintes. À partir d'une solution mère S_0 de concentration en masse $t_0 = 0,69$ g.L^{-1} en éosine, on prépare des solutions filles S_1, S_2, S_3, S_4 de concentrations respectives t_1, t_2, t_3, t_4 en éosine, correspondant au facteur de dilution $F = \dfrac{t_0}{t_{\text{fille}}}$ indiqué dans le tableau ci-dessous :

Solution	S_1	S_2	S_3	S_4
F	2	3	4	6
t (g.L^{-1})	0,35	0,23	0,17	

1. Compléter le tableau en calculant la concentration en masse t_4 d'éosine dans la solution S_4.

2. On introduit respectivement dans des tubes à essai identiques, 10 mL de chacune des solutions. La solution d'éosine, de concentration inconnue, est placée dans un tube à essai identique aux autres après avoir été diluée 100 fois. On compare, dans les mêmes conditions d'éclairage, sa couleur à celle des autres solutions. Sa teinte est comprise entre celles de S_2 et S_3.

a) En déduire un encadrement de la concentration en masse t_d d'éosine dans la solution diluée.

b) En déduire un encadrement de la concentration en masse t d'éosine dans la solution commerciale sachant qu'elle est 100 fois plus concentrée.

3. a) À partir de l'indication figurant sur la notice ci-dessous, calculer la concentration en masse d'éosine dans la solution.

b) L'encadrement trouvé de la concentration en masse d'éosine est-il compatible avec l'indication figurant sur la notice ?

	Par 100 mL
Éosine disodique	2,0 g

CORRIGÉ COMMENTÉ

1. On utilise le facteur de dilution : $F = \dfrac{t_0}{t_4}$. Il vient : $t_4 = \dfrac{t_0}{6} = \dfrac{0,69}{6}$.

$t_4 = \mathbf{0,12}$ **g.L^{-1}.**

2. a) La concentration en masse d'éosine dans la solution diluée étant comprise entre celles des solutions S_2 et S_3, l'encadrement s'écrit :

$\mathbf{0,17}$ **g.L^{-1}** $\leqslant t_d \leqslant \mathbf{0,23}$ **g.L^{-1}.**

b) L'encadrement de la concentration en masse d'éosine dans la solution commerciale s'écrit : $(0,17 \times 100)$ g.L^{-1} $\leqslant t \leqslant (0,23 \times 100)$ g.L^{-1} soit :

17 g.L^{-1} $\leqslant t \leqslant$ 23 g.L^{-1}.

3. On calcule la concentration en masse d'éosine dans la solution à partir des informations lues sur l'étiquette :

$t = \dfrac{m(\text{éosine})}{V_S} = \dfrac{2,0}{0,100}$; **t = 20 g.L^{-1}.**

Il y a **accord** entre la valeur de la concentration annoncée par la notice et l'encadrement obtenu.

> **Remarque**
>
> Dans le cas d'une multiplication ou d'une division, le résultat du calcul ne doit pas comporter plus de chiffres significatifs que la donnée qui en comporte le moins.
> $m(\text{éosine})$ = **2,0** g (2 **chiffres significatifs** : **2 et 0**)
> V = **0,100** L (**3 chiffres significatifs** : **1, 0 et 0**)
> ⇒ Le résultat comporte **2 chiffres significatifs** : t = **20** g.L^{-1}.

À RETENIR

• Une échelle de teintes est constituée par un ensemble de solutions colorées contenant un seul et même soluté à des concentrations différentes.

• Le facteur de dilution est une conséquence de la conservation de la quantité de matière lors d'une dilution :

$F = \dfrac{V_{\text{fille}}}{V_{\text{mère}}} = \dfrac{t_{\text{mère}}}{t_{\text{fille}}}$ et $t_{\text{mère}} \times V_{\text{mère}} = t_{\text{fille}} \times V_{\text{fille}}.$

• Le facteur de dilution est toujours supérieur à 1.

4 Tracer et exploiter une courbe d'étalonnage

EXERCICE TYPE

Pour doser le sucre d'un soda, on prépare une gamme de solutions étalons d'eau sucrée. La masse volumique de chacune des solutions étalons est mesurée. On obtient les résultats suivants :

Solutions	S_1	S_2	S_3	S_4	S_5
t_i (g.L^{-1})	0	40	80	120	160
ρ_i (g.mL^{-1})	1,000	1,015	1,028	1,044	1,059

1. Tracer la courbe $\rho_i = f(t_i)$.

2. La masse volumique du soda est ρ = 1,050 g.mL^{-1}.

Déterminer la concentration en masse t de sucre dans le soda.

3. Peut-on utiliser la courbe précédente pour déterminer la concentration en masse d'une solution d'eau salée ?

CORRIGÉ COMMENTÉ

1. La courbe obtenue est une droite.

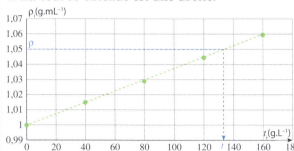

2. a) La masse volumique du soda est dans la gamme des masses volumiques mesurées pour les solutions étalons. Par lecture graphique (voir les **pointillés bleus** sur le graphe précédent) : $t = 137 \text{ g.L}^{-1}$.

> ### Conseil
> Pour tracer un graphe, il faut :
> – indiquer, sur chacun des axes, la grandeur et l'unité choisie ;
> – graduer les axes en choisissant un rapport simple entre la grandeur et la longueur qui lui correspond, et en tenant compte de la valeur la plus grande à reporter ; l'échelle choisie doit être facile à lire et doit permettre d'obtenir un graphe suffisamment grand ;
> – placer les points représentant chaque couple de valeurs (ici, concentration massique et masse volumique) ;
> – tracer la courbe de manière régulière (pas de points anguleux) ; si les points semblent s'aligner selon une droite, tracer la « droite moyenne » qui passe au plus près de chacun de ces points.

> ### Remarque
> Si la courbe d'étalonnage est une droite, on peut aussi déterminer la concentration à partir de l'équation modélisant la droite.
> Pour cela, on peut utiliser un tableur-grapheur pour modéliser les mesures grâce à une droite d'équation ρ (g.mL^{-1}) $= k \times t$ (g.L^{-1}) $+ b$
> $y = 0{,}000368x + 1$ avec $k = 0{,}000368$ et $b = 1$ g/mL
> Ainsi $t = \dfrac{(\rho - b)}{k}$; $t = \dfrac{(1{,}050 - 1)}{0{,}000368}$; $t = 136$ g.L^{-1}.
> On peut aussi déterminer manuellement le coefficient directeur (voir Point Maths)
> $$k = \frac{\text{ordonnée (B)} - \text{ordonnée (A)}}{\text{abscisse (B)} - \text{abscisse (A)}}$$
> Les points A et B choisis appartiennent à la droite d'étalonnage.
> Si A (0 ; 1) et B (160 ; 1,059) alors $k = \dfrac{(1{,}059 - 1)}{(160 - 0)} \Rightarrow k = 0{,}000369$.

> ### Point Maths
> **L'équation de la droite** correspondant à une fonction affine s'écrit :
> $$y = kx + b$$
> b est l'ordonnée à l'origine ;
> k est le coefficient directeur de la droite.
> **Relation donnant le cœfficient directeur :**
> $$k = \frac{y(B) - y(A)}{x(B) - x(A)}.$$

3. La courbe d'étalonnage a été établie pour des solutions à la même température, contenant le soluté « sucre ». **Cette courbe ne peut donc pas être utilisée pour déterminer la concentration d'une solution contenant un soluté différent.**

À RETENIR

• Une courbe d'étalonnage ρ en fonction de t est établie à partir de solutions de concentrations différentes et contenant la même espèce chimique. Elle ne peut pas être utilisée pour déterminer la concentration d'une solution contenant une espèce chimique différente.

• Pour déterminer la concentration inconnue d'une solution, il faut que cette concentration soit inférieure à la concentration maximale des solutions étalons.

EXERCICES

Connaître le cours

Pour chaque exercice du *connaître le cours*, indiquer la (ou les) bonne(s) réponse(s) :

1 ⏱ **1 min** Solutions

	A	B	C
1. Une solution aqueuse :	est un mélange	contient de l'eau	est toujours incolore
2. Dans une solution alcoolique de diiode, l'alcool est :	le soluté	le solvant	la solution

Corrigé p. 45

2 ⏱ **2 min** Concentration en soluté A d'une solution

	A	B	C
1. Une concentration en masse peut s'exprimer en :	$g.L^{-1}$	g/L	$L.g^{-1}$
2. La concentration en masse t d'un soluté dans une solution, le volume V et la masse m de soluté sont liés par :	$t = m \times V$	$t = \dfrac{m}{V}$	$t = \dfrac{V}{m}$
3. La solubilité d'une espèce chimique dans un solvant est identique à :	la concentration maximale du soluté dans la solution	la masse volumique de l'espèce chimique	la concentration du soluté dans la solution

→ Corrigé p. 45

3 ⏱ **2 min** Préparation d'une solution de concentration donnée

	A	B	C
1. Quand on introduit un morceau de sucre dans le café :	le sucre se dilue	le sucre fond	le sucre se dissout
2. Un volume précis de 10,0 mL peut se mesurer avec :	une pipette jaugée	une éprouvette graduée	un bécher gradué
3. Diluer 10 fois une solution signifie :	diviser le volume de la solution par 10	effectuer dix dilutions successives	diviser la concentration du soluté par 10

→ Corrigé p. 45

4 ⏱ **2 min** Détermination d'une concentration

	A	**B**	**C**
1. Pour comparer la couleur de deux solutions, celles-ci :	peuvent être dans deux récipients différents	doivent être dans deux récipients identiques	doivent être observées dans les mêmes conditions d'éclairage
2. La couleur d'une solution dépend :	de la masse de soluté	du volume de solution	de la concentration en soluté
3. Un dosage par étalonnage nécessite de :	tracer une courbe d'étalonnage	mesurer une grandeur physique liée à la concentration	disposer de plusieurs solutions de concentrations connues du soluté considéré

→ *Corrigé p. 45*

Appliquer le cours et les savoir-faire

5 ⏱ **10 min** ★

Le choléra est une maladie qui peut se transmettre par les fruits et les légumes contaminés. Dans les pays tropicaux, on utilise des solutions de permanganate de potassium pour laver et désinfecter les fruits et les légumes. En pharmacie, on peut trouver le permanganate de potassium sous forme de poudre dans des sachets de 0,25 g qui, dissous dans de l'eau, permettent d'obtenir un litre de solution.

1. Identifier le solvant et le soluté de la solution servant à laver les fruits et légumes.

2. Déterminer la concentration en masse du soluté dans cette solution.

3. Quelle masse $m(S)$ de soluté faut-il dissoudre dans de l'eau pour préparer 250 mL de cette solution ?

→ *Corrigé p. 45*

6 ⏱ **10 min** ★

On veut préparer 0,500 L d'une solution colorée de concentration en masse 3,16 g.L⁻¹ de soluté, à partir d'une solution mère de concentration en masse 79,0 g.L⁻¹.
On dispose de pipettes jaugées de 10,0 mL et 20,0 mL, d'un bécher gradué et d'une fiole jaugée de 500,0 mL.

• Rédiger un protocole expérimental permettant de réaliser cette solution.

→ *Corrigé p. 45*

Certains collyres, utilisés pour traiter des conjonctivites, contiennent du bleu de méthylène aux propriétés antiseptiques. La concentration du bleu de méthylène dans un collyre peut être déterminée en utilisant une échelle de teintes préparée à partir d'une solution mère de bleu de méthylène S_0, de concentration en masse $t_0 = 1{,}9 \times 10^{-2}$ g.L^{-1}. On introduit, dans quatre tubes à essai identiques, 10,0 mL de solution fille.

Solution	S_1	S_2	S_3	S_4
Facteur de dilution	10		3,33	2
t (g.L^{-1})	$1{,}9 \times 10^{-3}$	$3{,}8 \times 10^{-3}$	$5{,}7 \times 10^{-3}$	$9{,}5 \times 10^{-3}$
V_{S_0} (mL)				

1. Calculer la valeur du facteur de dilution F_2.

2. Compléter le tableau en calculant le volume V_{S_0} de solution mère qui a été prélevé pour :

a) préparer 10,0 mL de la solution S_1.

b) préparer 10,0 mL de chacune des autres solutions S_2, S_3, S_4.

3. Le collyre commercial est dilué vingt fois. La solution diluée est placée dans un tube à essai identique aux quatre autres. On compare, dans les mêmes conditions d'éclairage, sa couleur à celle des solutions filles. Sa teinte est comprise entre celle des tubes 2 et 3.

a) Donner un encadrement de la concentration en masse t_d du bleu de méthylène dans le collyre dilué.

b) En déduire un encadrement de la concentration en masse t_c du bleu de méthylène dans le collyre commercial.

→ *Corrigé p. 46*

Les boissons énergétiques sont destinées aux sportifs car elles apportent les glucides, les vitamines et les sels minéraux perdus en cas d'effort physique intense et prolongé. Le glucide essentiellement présent dans l'une d'entre elles est le glucose de formule $C_6H_{12}O_6$: c'est un sucre à absorption rapide par l'organisme. Il sert de source d'énergie pour les muscles.

Indications de l'étiquette de la boisson énergétique étudiée :

INFORMATION NUTRITIONNELLE POUR 100 ml :			
VALEUR ÉNERGÉTIQUE	86 kj 20,3 Kcal	LIPIDES :	0 g
PROTÉINES :	0 g	DONT ACIDES GRAS SATURÉS :	0 g
GLUCIDES	4,7 g	FIBRES ALIMENTAIRES :	0 g
DONT SUCRES :	3,7 g	SODIUM :	0,05 g

Ingrédients :
Eau ; glucose ; maltodextrine ; acidifiant : acide citrique ; correcteurs d'acidité : citrate de sodium, citrate de potassium ; arômes ; stabilisants : gomme arabique, esters glycériques de résine de bois ; édulcorants : aspartame, acésulfame-K ; colorant : bleu brillant. Contient une source de phénylalanine.

Un ▭ de 250 ml contient :

	Calories	Sucres	Lipides	dont saturés	Sodium
	51 Kcal	9,3 g	0 g	0 g	0,13 g
	3 %	10 %	0 %	0 %	5 %

% des Repères Nutritionnels Journaliers pour un adulte avec un apport moyen de 2 000 kcal par jour. Pendant l'effort, vous pouvez avoir besoin de plus de 250 ml d'eau et de nutriments essentiels (les glucides pour l'énergie et le sodium pour une hydratation efficace).

On détermine la masse volumique de solutions aqueuses de glucose de concentrations en masse de glucose différentes. La courbe ci-après représente les valeurs de la masse volumique ρ_i pour les différentes concentrations en masse t_i.

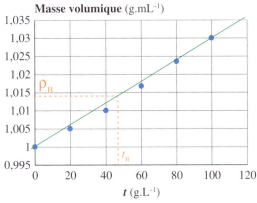

Masse volumique (g.mL^{-1})

On détermine, dans les mêmes conditions, la masse volumique ρ_B de la boisson énergétique. On trouve $\rho_B = 1{,}013$ g.mL^{-1}.

1. Proposer un protocole expérimental permettant de déterminer avec précision la masse volumique de la boisson énergétique.

2. Déterminer la concentration en masse du glucose dans la boisson énergétique.

3. Comparer le résultat obtenu aux indications de l'étiquette. On peut considérer que le contrôle de qualité est satisfaisant si l'écart relatif e entre la mesure effectuée et l'indication du fabricant est inférieur à 10 %. Le résultat obtenu répond-il à ce critère ? Analyser les éventuelles causes d'erreur.

Donnée : l'écart relatif d'une valeur expérimentale par rapport à une valeur théorique s'exprime en pourcent ; il est donné par la relation :

$$e = \frac{\left|t_{\text{exp}} - t_{\text{théo}}\right|}{t_{\text{théo}}} \times 100 \ .$$

➔ Corrigé p. 46

9 ⏱ **5** min ★★

1. À un volume $V_1 = 15{,}0$ mL d'une solution de concentration en masse $t_1 = 0{,}10$ g.L^{-1} de glucose, on ajoute un volume $V = 35{,}0$ mL d'eau. Calculer la concentration en masse t_2 du glucose dans la solution fille obtenue. On admettra que dans les conditions de l'exercice, les volumes de liquides s'additionnent.

2. Choisir, dans la liste suivante, la verrerie nécessaire pour préparer la solution fille et justifier les choix effectués : *éprouvette graduée de 20 mL, éprouvette graduée de 50 mL, fiole jaugée de 50,0 mL, bécher, pipette jaugée de 10,0 mL, pipette jaugée de 50,0 mL, burette graduée de 20,0 mL.*

➜ Corrigé p. 47

10 ⏱ **15** min ★★

Le bleu patenté (colorant E131) est un colorant alimentaire présent dans le sirop de menthe glaciale. On cherche à déterminer la concentration en masse de ce colorant. Pour cela, on réalise une échelle de teintes.
À partir d'une solution mère S_0 de concentration en masse $t_0 = 11{,}6$ mg.L^{-1} du colorant E131, on prépare des solutions filles S_1, S_2, S_3, S_4, S_5 de concentrations respectives t_1, t_2, t_3, t_4, t_5 en colorant E131, correspondant au facteur de dilution F indiqué dans le tableau ci-dessous :

Solution	S_1	S_2	S_3	S_4	S_5
F	1,1	1,7	2	3,3	10
t (mg.L^{-1})	10,5	6,8	5,8	3,5	

1. Compléter le tableau en calculant la concentration en masse t_5 du colorant E131 dans la solution S_5.

2. On introduit respectivement dans des tubes à essai identiques, 10 mL de chacune des solutions. Le sirop de menthe, de concentration inconnue, est placé dans un tube à essai identique aux autres. On compare, dans les mêmes conditions d'éclairage, sa couleur à celle des autres solutions. Sa teinte est comprise entre celles de S_3 et S_4.
En déduire un encadrement de la concentration en masse t_{E131} du colorant E131 dans le sirop de menthe glaciale.

3. Le bleu patenté est un colorant pouvant provoquer des allergies. La dose journalière admissible (DJA) de ce colorant est de 2,5 mg par kilogramme de masse corporelle. Un élève de seconde, de masse 50 kg, aura-t-il dépassé la dose journalière admissible (DJA) en colorant E131 en buvant 0,25 L de sirop de menthe glaciale ?

➜ Corrigé p. 48

INTERROGATION ÉCRITE

Exercice  **30** min **10 points**

L'obésité chez les jeunes est un phénomène préoccupant. Par la seule consommation de sodas, les adolescents avalent chaque jour jusqu'à 14 cuillères de sucre.
L'étiquette d'une boisson énergisante gazeuse, indique la composition suivante pour 100 mL de boisson :

Eau gazéifiée	Caféine	Sucres	Sodium	Vitamines (B2, B3, P4, B12)	Taurine	Ginseng	L-carnitine
–	32 mg	11 g	0,08 g	10 mg	423 mg	81 mg	41 mg

On suppose que le saccharose, espèce notée S par la suite, est le constituant principal des sucres. Pour vérifier la masse de saccharose contenue dans cette boisson :
– on prépare quatre solutions aqueuses de saccharose de concentration en masse $t(S)$ de saccharose et de masse volumique $\rho(S)$ connues.
– on trace la courbe d'étalonnage $\rho(S)$ en fonction de $t(S)$.
– on détermine expérimentalement la masse volumique ρ_{ME} de la boisson puis, à l'aide de la courbe d'étalonnage, on calcule la concentration en masse du saccharose dans la boisson.
On en déduit la masse de saccharose dans 100,0 mL de boisson.

	C 1	A 4	R 5	10 points
1. Proposer un protocole expérimental pour préparer 100,0 mL d'une solution aqueuse de concentration en masse du saccharose égale à $t_1(S) = 50,0$ g.L^{-1}.			×	/ 2
2. Calculer la masse volumique $\rho_1(S)$, en g.L^{-1}, de la solution précédente sachant que la masse de 100,0 mL de cette solution est égale à 101,1 g.	×	×		/ 2
3. Pour les quatre solutions préparées, on obtient les résultats suivants :		×		/ 2

Solution préparée	S_1	S_2	S_3	S_4
Concentration en masse $t(S)$ (g.L^{-1})	50,0	100,0	150,0	200,0
Masse volumique $\rho(S)$ (g.L^{-1})	1011	1030	1046	1068

Tracer la courbe d'étalonnage $\rho(S)$ en fonction de $t(S)$.

4. La masse de 1,0 L de boisson dégazée est égale à 1 036 g. Déterminer graphiquement la concentration en masse t_{ME} du saccharose dans la boisson.		×		/ 1
5. Exprimer puis calculer la masse de saccharose dans 100 mL de la boisson et comparer avec l'indication de l'étiquette. Quelles peuvent être les causes de l'écart obtenu entre la valeur affichée et la valeur obtenue expérimentalement ?			×	/ 3

→ *Corrigé p. 49*

1 → *Énoncé p. 38*

1. A & B ; **2. B**

2 → *Énoncé p. 38*

1. A & B ; **2. B** ; **3. A**

3 → *Énoncé p. 38*

1. C ; **2. A** ; **3. C**

4 → *Énoncé p. 39*

1. B & C ; **2. A & C** ; **3. A, B & C**

5 → *Énoncé p. 39*

1. Les indications *« solutions de permanganate de potassium »* et *« permanganate de potassium dissous dans de l'eau »* nous permettent d'identifier le soluté et le solvant de la solution servant à laver les fruits et légumes. **Le soluté est le permanganate de potassium et le solvant est l'eau.**

2. Il faut 0,25 g de permanganate de potassium, dissous dans de l'eau, pour former un litre de solution. La concentration en masse de permanganate de potassium apporté dans cette solution est : **$t = 0{,}25$ g.L^{-1}.**

3. La concentration en masse est $t = 0{,}25$ g.L^{-1} et le volume de solution est $V_S = 250$ mL.

$t = \dfrac{m(S)}{V_S}$ donc la masse de soluté s'exprime par la relation : $m(S) = t \times V_S$;

$m(S) = 0{,}25 \times 0{,}250$; **$m(S) = 0{,}063$ g.**

6 → *Énoncé p. 39*

Il s'agit d'une **dilution**. La masse de soluté se conserve au cours de la dilution :

$$t_1 \times V_1 = t_2 \times V_2$$

On en déduit le volume de solution mère à prélever :

$$V_1 = t_2 \times \dfrac{V_2}{t_1}$$

$V_1 = 3{,}16 \times \dfrac{0{,}500}{79{,}0} = 2{,}00 \times 10^{-2}$ L ; soit : **$V_1 = 20{,}0$ mL.**

Remarque

Le verbe « fondre » est lié à un changement d'état physique : la fusion d'une espèce chimique est le passage de son état solide à son état liquide.
Il ne faut pas le confondre avec le verbe « dissoudre » qui est lié à l'obtention d'une solution homogène, même si dans le langage courant on emploie abusivement le verbe « fondre » à la place du verbe « dissoudre ».

Remarque

La précision des balances de lycée ne dépassant pas 0,01 g, la masse de soluté que l'on peut peser est 0,06 g.

Remarque

Lorsque l'on mélange deux liquides miscibles, les volumes ne s'additionnent pas 0,50 L d'eau + 0,50 L d'éthanol ne donnent pas 1 L.

– Transvaser une partie de la solution mère dans le **bécher** ;

– Prélever 20,0 mL de solution mère, à l'aide d'une **pipette jaugée** de 20,0 mL munie d'une propipette ;

– Verser le prélèvement dans **la fiole jaugée** de 0,500 L ;

– Ajouter de l'eau distillée aux trois quarts de la fiole ;

– Boucher et agiter ;

– Ajouter de l'eau distillée jusqu'**au trait de jauge** ;

– Boucher et agiter pour homogénéiser.

7 → *Énoncé p. 40*

1. $F = \dfrac{t_0}{t_2}$; d'où : $F = \dfrac{1,9 \times 10^{-2}}{3,8 \times 10^{-3}}$; $F = 5,0$.

2. $F = \dfrac{V}{V_{S_0}}$; donc : $V_{S_0} = \dfrac{V}{F} = \dfrac{10,0}{F}$.

a) Pour préparer la solution S_1, on prélève $V_{S_0} = \dfrac{10,0}{10} = 1,00$ **mL.**

b)

S_i	S_1	S_2	S_3	S_4
F_i	10	5	3,33	2
t (g.L^{-1})	$1,9 \times 10^{-3}$	$3,8 \times 10^{-3}$	$5,7 \times 10^{-3}$	$9,5 \times 10^{-3}$
V_{S_0} (mL)	1,0	2,0	3,0	5,0

3. a) La concentration en masse du bleu de méthylène dans le collyre dilué étant comprise entre celles des solutions S_2 et S_3, l'encadrement s'écrit :

$$3,8 \times 10^{-3}\,\text{g.L}^{-1} \leqslant t_d \leqslant 5,7 \times 10^{-3}\,\text{g.L}^{-1}.$$

b) La concentration en masse du bleu de méthylène dans le collyre commercial est vingt fois plus grande que celle du collyre dilué donc l'encadrement s'écrit :

$$7,6 \times 10^{-2}\,\text{g.L}^{-1} \leqslant t_c \leqslant 1,14 \times 10^{-1}\,\text{g.L}^{-1}.$$

8 → *Énoncé p. 40*

1. – Mesurer la masse m_{vide} d'un **bécher** à l'aide d'une balance.

– Prélever précisément à l'aide d'une **pipette jaugée** un volume $V = 20,0$ mL de la boisson et les verser dans le bécher.

– Mesurer la masse m_{plein} du bécher contenant les 20,0 mL de la boisson à l'aide d'une balance.

– En déduire la masse m_{sol} de 20,0 mL de la boisson.

– Calculer le rapport de la masse m_{sol} sur le volume V de la boisson afin d'obtenir la masse volumique de la boisson.

2. La masse volumique ρ_B de la boisson énergétique est $\rho_B = 1{,}013$ g.mL^{-1}. Graphiquement, on détermine la concentration en masse de glucose dans la boisson énergétique. On trouve : $t_B = \textbf{45 g.L}^{-1}$.

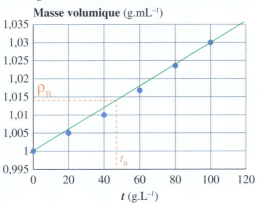

3. Concentration en masse déclarée par le fabricant : 4,7 g pour 100 mL de boisson donc $t = 47$ g.L^{-1}.

$$e = \frac{|t_{exp} - t_{théo}|}{t_{théo}} \times 100 = \frac{47 - 45}{47} = 0{,}043$$

soit **4,3 % < 10 %.**
Le produit testé est conforme.
L'écart obtenu peut provenir :
– des **incertitudes liées au mauvais ajustement des niveaux lors des pipetages**,
– des **incertitudes liées à la lecture graphique**,
– des **incertitudes liées à la pipette et à la balance**,
– de **la présence d'autres espèces chimiques**,
– des **incertitudes liées au tracé de la droite d'étalonnage**.

Rappel

Quels que soient les soins apportés et la précision des appareils, il y a toujours un léger écart entre l'indication d'une étiquette et la valeur obtenue expérimentalement.
On peut calculer l'écart relatif d'une valeur expérimentale par rapport à une valeur théorique :

$$e = \frac{|t_{exp} - t_{théo}|}{t_{théo}} \times 100$$

Il s'exprime en pourcentage.
Si $e < 10$ % la mesure est acceptable.
Si $e < 5$ % la mesure est faite avec précision.

9 → *Énoncé p. 42*

1. La masse de soluté est conservée au cours de la dilution. Les masses de soluté $m_1 = t_1 \times V_1$ contenue dans le volume V_1 prélevé et $m_2 = t_2 \times V_2$ contenue dans la solution fille de volume V_2 sont égales :

$t_1 \times V_1 = t_2 \times V_2$; d'où : $t_2 = t_1 \times \dfrac{V_1}{V_2}$

Ici, $V_2 = V_1 + V$

soit $V_2 = \textbf{50,0 mL.}$

Rappel

Le rapport $\dfrac{V_1}{V_2}$ a la même valeur que les volumes soit exprimés en L ou en mL.

$$t_2 = 0,10 \times \frac{15,0}{50,0}$$

soit $t_2 = 3,0 \times 10^{-2}$ **g.L⁻¹**.

2. On prélève précisément $V_1 = 15,0$ mL de solution mère avec une ***pipette graduée de 20,0 mL*** car ici le volume de la pipette jaugée n'est pas adapté. Le volume V_2 de solution fille correspond à celui de la fiole jaugée. On choisit donc une ***fiole jaugée de 50,0 mL***.

Remarque
Il est inutile de chercher à prélever 35,0 mL d'eau distillée : après avoir versé la solution mère dans la fiole jaugée, on verse de l'eau distillée jusqu'au trait de jauge, en agitant la solution.

10 → *Énoncé p. 42*

1. On utilise le facteur de dilution :

$$F = \frac{t_0}{t_5}.$$

Il vient $t_5 = \dfrac{t_0}{F} = \dfrac{11,6}{10}$;

$t_5 = $ **1,16 mg.L⁻¹**.

2. La concentration en masse de E131 dans le sirop de menthe glaciale étant comprise entre celles des solutions S_3 et S_4, l'encadrement s'écrit :

$$3,5 \text{ mg.L}^{-1} \leqslant t_{E131} \leqslant 5,8 \text{ mg.L}^{-1}.$$

3. En buvant $V = 0,25$ L de ce sirop de menthe glaciale, l'élève ingère une masse de colorant égale à :

$m(E131) = t_{E131} \times V$.

Masse minimale de colorant ingéré :
$m(E131) = 3,5 \times 10^{-3} \times 0,25 = 0,88 \times 10^{-3}$ g soit 0,88 mg.

Masse maximale de colorant ingéré :
$m(E131) = 5,8 \times 10^{-3} \times 0,25 = 1,5 \times 10^{-3}$ g soit 1,5 mg.

La masse de colorant ingéré est comprise entre :
$$0,88 \text{ mg} \leqslant m(E131) \leqslant 1,5 \text{ mg}.$$

La DJA étant de 2,5 mg de colorant par kilogramme de masse corporelle, l'élève de 50 kg peut ingérer jusqu'à $50 \times 2,5 = 125$ mg de colorant E131 par jour.
Ainsi, il ne dépassera pas la DJA s'il ingère 0,25 L de ce sirop.

INTERROGATION ÉCRITE

Exercice → *Énoncé p. 43*

1. La concentration en masse t_1 du saccharose dans la solution s'exprime par le rapport :

$$t_1 = \frac{m_1}{V_S}$$

La masse de saccharose à dissoudre est donnée par la relation :
$m_1 = t_1 \times V_S = 50{,}0 \times 100{,}0 \times 10^{-3}$; $\boldsymbol{m_1 = 5{,}00}$ **g**.
La dissolution est effectuée dans une fiole jaugée de 100,0 mL.
– Placer **une coupelle** sur le plateau de la **balance** et appuyer sur le bouton « tare » pour amener l'affichage à zéro.
– À l'aide d'une **spatule** propre et sèche, peser 5,00 g de saccharose.
– À l'aide d'un **entonnoir**, introduire le solide dans une **fiole jaugée** de 100,0 mL.
– Rincer la coupelle et l'entonnoir avec de l'eau distillée puis remplir la fiole aux trois quarts.
– Boucher et agiter pour dissoudre le solide.
– Ajouter de l'eau distillée jusqu'au **trait de jauge**.
– Boucher la **fiole** et agiter.

2. La masse volumique $\rho_1(S)$ de la solution est donnée par :

$\rho_1(S) = \dfrac{m(S)}{V_S} = \dfrac{101{,}1}{100{,}0 \times 10^{-3}}$;

$\boldsymbol{\rho_1(S) = 1\ 011}$ **g.L^{-1}.**

3.

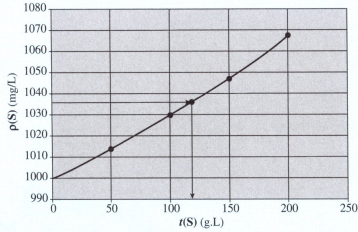

4. Graphiquement, on trouve : $t_{ME} = \textbf{117 g.L}^{-1}$.

5. $m_{ME} = t_{ME}(S) \times V_S = 117 \times (100 \times 10^{-3})$;

$m_{ME} = \textbf{11,7 g.}$

La valeur trouvée est supérieure à celle donnée par l'étiquette : il y a environ 0,7 g de différence.

L'écart obtenu est dû au fait que **la lecture graphique est approximative** et que **la solution ne contient pas que du saccharose**.

De plus, la masse de 1,0 L de la solution prend en compte **les autres espèces présentes** (caféine, taurine, ginseng, L-carnitine, vitamine…). Enfin, **la solution n'est peut-être pas complètement dégazée.**

Atome et élément chimique

CHAPITRE 3

1 Espèces et entités chimiques

■ Les atomes, les ions ou les molécules constituent la matière à l'échelle microscopique : ce sont des **entités chimiques**.

■ Une **espèce chimique** est constituée d'un très grand nombre d'entités chimiques identiques.
Exemple : l'espèce chimique « eau » est constituée d'un très grand nombre de molécules d'eau qui sont des entités chimiques.

■ La **matière est électriquement neutre**.
Exemple : l'espèce chimique « chlorure de sodium », de formule chimique NaCℓ, est formée d'un très grand nombre d'ions sodium Na$^+$ et d'ions chlorure Cℓ$^-$, de telle sorte que le nombre d'ions sodium est égal au nombre d'ions chlorure. Ainsi, les charges électriques positives et négatives se compensent exactement.

2 L'atome

■ Un atome est formé d'un **noyau** autour duquel se déplacent des **électrons** (particules chargées négativement). Les électrons forment le **cortège électronique** de l'atome. Le noyau est formé de **protons** (particules chargées positivement) et de **neutrons** (particules électriquement neutres).
Les protons et les neutrons sont appelés **nucléons**.

■ Le nombre de protons que comporte un noyau est noté **Z**. On l'appelle **numéro atomique**.
Le nombre de nucléons (protons + neutrons) est noté **A**. On l'appelle aussi **nombre de masse.**

■ Le noyau est représenté par un symbole :

$$^A_Z X$$

X : symbole de l'élément.
A : nombre de nucléons (ou nombre de masse).
Z : numéro atomique.

■ Chaque proton porte une **charge électrique élémentaire e** positive (**e = 1,60 × 10⁻¹⁹ C** ; C est le symbole du coulomb) et chaque électron porte une charge électrique élémentaire négative (−e). L'atome est **électriquement neutre**.

Le noyau d'un atome contenant Z protons (Z charges +) est donc entouré de Z électrons (Z charges −).

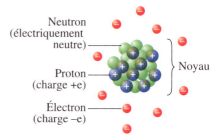

Neutron (électriquement neutre)

Proton (charge +e)

Électron (charge −e)

Noyau

■ Le proton et le neutron ont sensiblement la même masse ($1,67 \times 10^{-27}$ kg). Cette masse est environ 2 000 fois plus grande que celle de l'électron ($9,11 \times 10^{-31}$ kg). Il en résulte que la masse d'un atome peut être confondue avec celle de son noyau. **La masse du noyau est pratiquement égale à la somme des masses des nucléons**.

■ L'ordre de grandeur du **rayon d'un atome est de 10⁻¹⁰ m**. Le rayon du noyau est environ 100 000 fois plus petit que le rayon de l'atome : les électrons se déplacent donc à grande distance du noyau. L'espace entre les électrons et le noyau est constitué de **vide**. On dit que l'atome a une **structure lacunaire**.

3 | L'ion

■ Un atome peut soit perdre un ou plusieurs électrons pour donner un **ion positif** (**cation**), soit gagner un ou plusieurs électrons pour donner un **ion négatif** (**anion**).
Exemple : l'ion chlorure $C\ell^-$ possède 1 électron de plus que l'atome de chlore $C\ell$.

■ Un ion peut être polyatomique lorsqu'il est formé de plusieurs atomes.
Exemple : l'ion sulfate SO_4^{2-} est formé de 1 atome de soufre S et de 4 atomes d'oxygène O. Il porte deux charges négatives.

■ La matière étant électriquement neutre, un solide ionique est constitué d'un nombre d'anions et de cations tel que la neutralité électrique du solide est assurée.

4 | L'élément chimique

■ **Un élément est caractérisé par son numéro atomique Z.**
Il existe une centaine d'éléments (voir classification périodique page 320).
Exemple : l'atome de chlore $C\ell$ et l'ion chlorure $C\ell^-$ appartiennent au même élément chimique chlore caractérisé par son numéro atomique $Z = 17$: l'élément chlore est noté $_{17}C\ell$.

COMMENT FAIRE

1 Déterminer la constitution d'un atome ou d'un ion

EXERCICE TYPE

1. Le noyau de l'atome d'aluminium a pour symbole

$$^{27}_{13}\text{A}\ell .$$

Pour l'atome d'aluminium, donner son :
– numéro atomique ;
– nombre de nucléons ;
– nombre de protons ;
– nombre de neutrons ;
– nombre d'électrons.

2. Répondre aux mêmes questions pour l'ion aluminium de formule $\text{A}\ell^{3+}$.

CORRIGÉ COMMENTÉ

1. – Le numéro atomique est indiqué en bas à gauche du symbole :
$Z = \mathbf{13}$.
– Le nombre de nucléons est indiqué en haut à gauche :
$A = \mathbf{27}$.
– Le nombre de protons est égal au numéro atomique soit **13** protons.
– Le nombre de neutrons est obtenu par différence entre A (total des protons et neutrons) et Z (nombre de protons) :
$A - Z = 27 - 13$;
$A - Z = \mathbf{14}$ **neutrons**.
– Le nombre d'électrons est égal au nombre de protons puisque l'atome est électriquement neutre soit **13 électrons**.

2. L'atome d'aluminium a perdu 3 électrons pour former l'ion aluminium $\text{A}\ell^{3+}$; il lui reste donc **10 électrons**. Seul le nombre d'électrons a changé : tout le reste (protons, neutrons) est identique.

💡 À RETENIR

• Les nombres A et Z du symbole $^A_Z X$ caractérisent la constitution du noyau (que ce soit de l'atome ou de l'ion correspondant).
• La composition d'un ion ne diffère de celle de l'atome que par le nombre d'électrons.
• Un ion positif a moins d'électrons que l'atome correspondant. Un ion négatif a plus d'électrons que l'atome correspondant.

② Évaluer la masse d'un atome

Un atome de cuivre contient 29 protons, 34 neutrons et 29 électrons :

1. Calculer la masse d'un noyau de cuivre.

2. Calculer la masse de son cortège électronique.

3. Pourquoi dit-on que la masse d'un atome est concentrée dans son noyau ?

4. En déduire la masse de l'ion cuivre (II) Cu^{2+}.

Données : $m_p = 1{,}67 \times 10^{-27}\,\text{kg}$.
$m_n = 1{,}67 \times 10^{-27}\,\text{kg}$.
$m_{e^-} = 9{,}11 \times 10^{-31}\,\text{kg}$.

> **Point Maths**
> Une calculatrice pourra afficher :
> $1{,}05_E - 25$
> L'affichage E signifie : $\times 10$

CORRIGÉ COMMENTÉ

1. Le noyau contient 29 protons et 34 neutrons :
$m_{noyau} = 29 \times 1{,}67 \times 10^{-27} + 34 \times 1{,}67 \times 10^{-27}$.
$m_{noyau} = \mathbf{1{,}05 \times 10^{-25}\,kg}$.

2. Le cortège électronique contient 29 électrons :
$m_{cortège} = 29 \times 9{,}11 \times 10^{-31}$;
$m_{cortège} = \mathbf{2{,}64 \times 10^{-29}\,kg}$.

3. La masse d'un atome de cuivre est égale à :
$m_{atome} = m_{noyau} + m_{cortège} = 1{,}05 \times 10^{-25} + 2{,}64 \times 10^{-29}$;
$m_{atome} \approx \mathbf{1{,}05 \times 10^{-25}\,kg}$.

On constate que $\boldsymbol{m_{atome} \approx m_{noyau}}$: on dit que **la masse de l'atome est concentrée dans son noyau**.

4. L'ion cuivre (II) Cu^{2+} provient d'un atome de cuivre qui a perdu deux électrons. On vient de voir que **la masse des électrons était négligeable devant la masse du noyau** : l'ion cuivre (II) a donc pratiquement la même masse que l'atome de cuivre Cu, soit : $\mathbf{1{,}05 \times 10^{-25}\,kg}$.

À RETENIR

- Il est inutile de calculer la masse totale des électrons : $m_{atome} \approx m_{noyau}$.
- La masse d'un ion est égale à la masse de l'atome correspondant.
- Les masses des protons et des neutrons sont pratiquement les mêmes.
- $m_{noyau} = Z \times m_p + (A - Z) \times m_n = A \times m_p$ car $m_p \approx m_n$
- Attention à l'utilisation des puissances de 10 à la calculatrice.

3 Convertir et utiliser les puissances de 10

EXERCICE TYPE

Le rayon d'un atome de fer est $r = 126$ pm.
Convertir, en mètre, ce rayon et exprimer le résultat en notation scientifique (voir l'annexe page 317).

Données : Écrire un nombre en notation scientifique, c'est l'écrire sous la forme :

$$a \times 10^n$$

• a est un nombre décimal $1 \leqslant a < 10$ (le premier chiffre avant la virgule est donc forcément différent de 0) ;
• n est un nombre entier positif ou négatif.

CORRIGÉ COMMENTÉ

Pour convertir 126 pm en m :
– commencer par identifier le préfixe associé au mètre : préfixe p, soit pico ;
– donner son équivalence en puissance de 10 : soit p $\Leftrightarrow 10^{-12}$;
– multiplier ensuite le nombre 126 par 10^{-12}.
Ainsi $r = 126$ pm $= 126 \times 10^{-12}$ m.
Le rayon d'un atome de fer est : $r = 126 \times 10^{-12}$ m.

Pour écrire 126×10^{-12} sous la forme $a \times 10^n$:
écrire une virgule après le chiffre des unités : 126**,** ;

– décaler la virgule de **2 rangs** vers la gauche pour avoir $1 \leqslant a < 10$ et mettre une puissance de 10 avec un exposant positif égal à **2** : **$1{,}26 \times 10^2$** ;

– remplacer 126 par son équivalent en puissance de 10 :
126 $\times 10^{-12}$ m $=$ **$1{,}26 \times 10^2$** $\times 10^{-12}$ m ;

– effectuer le calcul de puissance :
$r = 1{,}26 \times 10^2 \times 10^{-12}$ m $= 1{,}26 \times 10^{(2-12)}$ m.
Le rayon de l'atome de fer s'exprime donc en notation scientifique :
$r = 1{,}26 \times 10^{-10}$ m.

> **Point Maths**
> En cas de **multiplication** de puissances de 10, il faut **ajouter** les exposants.
> $$10^a \times 10^b = 10^{(a+b)}$$
> En cas de **division** de puissances de 10, il faut **soustraire** les exposants.
> $$\frac{10^a}{10^b} = 10^{(a-b)}.$$

À RETENIR

Pour convertir les unités et écrire un nombre sous forme scientifique : $a \times 10^n$, se reporter à l'annexe « Notation scientifique et ordre de grandeur » en fin d'ouvrage.

4 ▸ Exploiter l'électroneutralité de la matière

1. Des cristaux sulfate de cuivre (II) sont constitués d'ions sulfate SO_4^{2-} et d'ions cuivre (II) Cu^{2+}. Déterminer la formule chimique du sulfate de cuivre (II).

2. Des cristaux de sulfate de fer (III) ont pour formule chimique $Fe_2(SO_4)_3(s)$. Déterminer la formule chimique des ions fer (III).

3. Les ions chlorure ont pour formule chimique $C\ell^-$. Écrire les formules chimiques du chlorure de cuivre (II) et du chlorure de fer (III).

CORRIGÉ COMMENTÉ

1. Un cristal ionique étant électriquement neutre, les entités ioniques portent chacune deux charges opposées : les ions cuivre (II) Cu^{2+} portent **deux charges positives** et les ions sulfate SO_4^{2-} portent **deux charges négatives**.

La matière étant électriquement neutre, les deux charges positives compensent exactement les deux charges négatives : la formule du solide ionique est **$CuSO_4$ (s)**.

2. Dans la formule chimique $Fe_2(SO_4)_3(s)$, les proportions relatives des ions sont de **3** ions sulfate SO_4^{2-} (**3** × **2** = 6 charges élémentaires négatives) pour **2** ions fer (III). Les ions fer (III) ont donc pour formule chimique **Fe^{3+}** (**2** × **3** = 6 charges élémentaires positives).

3. Avec un raisonnement similaire, les ions cuivre (II) Cu^{2+} portent **deux charges positives**, les ions fer (III) Fe^{3+} portent **trois charges positives** et les ions chlorure $C\ell^-$ portent **une charge négative**. Un cristal de chlorure de cuivre (II) contient deux fois plus d'ions chlorure que d'ions cuivre (II) pour respecter l'électroneutralité de la matière. De même, un cristal de chlorure de fer (III) contient trois fois plus d'ions chlorure que d'ions fer (III). Ainsi, on peut écrire les formules chimiques des solides ioniques :

Chlorure de cuivre (II) : **$CuC\ell_2$ (s)** ; Chlorure de fer (III) : **$FeC\ell_3$ (s)**

💡 À RETENIR

• Pour écrire la formule d'un solide ionique, il faut :
– écrire la formule des ions présents ;
– rechercher le plus petit commun multiple des nombres de charges positives portées par le cation et négatives portées par l'anion ;
– respecter l'électroneutralité ;
– écrire la formule statistique en indiquant, par des nombres placés en indice, les proportions relatives des ions dans le cristal.

• Un cristal ionique est un solide. On écrit l'abréviation (**s**) à droite de sa formule chimique pour préciser son état physique.

EXERCICES

Connaître le cours

Pour chaque exercice du *connaître le cours*, indiquer la (ou les) bonne(s) réponse(s) :

1 ⏱ 2 min Espèces et entités chimiques

	A	B	C
1. Une entité chimique :	peut être chargée	est constituée d'espèces chimiques	est forcément neutre
2. Une molécule est :	une espèce chimique	chargée	formée d'atomes liés entre eux

→ Corrigé p. 62

2 ⏱ 5 min L'atome

	A	B	C
1. Un proton est :	chargé positivement	chargé négativement	neutre
2. Un électron est :	chargé positivement	chargé négativement	neutre
3. Un neutron est :	chargé positivement	chargé négativement	neutre
4. Un noyau est :	chargé positivement	chargé négativement	neutre
5. Un atome est :	chargé positivement	chargé négativement	neutre
6. Un noyau est constitué :	de protons	de neutrons	d'électrons
7. La masse d'un électron est :	très inférieure à la masse d'un proton	égale à la masse d'un proton	très supérieure à la masse d'un proton
8. Le rayon d'un atome est :	10 fois plus grand que le rayon du noyau	1 000 fois plus grand que le rayon du noyau	100 000 fois plus grand que le rayon du noyau

→ Corrigé p. 62

3 ⏱ **2 min** L'ion

	A	B	C
1. Un ion positif a :	gagné un ou plusieurs électrons	gagné un ou plusieurs protons	perdu un ou plusieurs électrons
2. Une entité possède 10 électrons et 8 protons. C'est :	un atome	un cation	un anion
3. Un cation :	est un ion positif	a perdu un ou plusieurs électrons	n'est formé que d'un seul atome
4. L'ion phosphate PO_4^{3-} :	est un cation	porte une charge égale à 3e	est formé de plusieurs atomes

➜ *Corrigé p. 62*

4 ⏱ **1 min** L'élément chimique

	A	B	C
1. Un élément chimique est caractérisé par son nombre :	d'électrons	de protons	de neutrons
2. L'atome de carbone C et l'ion chlorure $C\ell^-$:	appartiennent au même élément	ont le même numéro atomique	ont des nombres de protons différents

➜ *Corrigé p. 62*

Appliquer le cours et les savoir-faire

5 ⏱ **10 min** ★

Compléter le tableau suivant :

Nom	Symbole	A	Z	Protons	Neutrons	Électrons
	Cu	63	29			
Oxygène			8		8	
Chlore				17	18	

➜ *Corrigé p. 62*

6 ⏱ **3 min** ★

Déterminer la composition (protons, neutrons, électrons) des atomes suivants :

$$^{12}_{6}C \; ; \; ^{32}_{16}S .$$

➜ *Corrigé p. 62*

 **7** ⏱ **3 min** ★ → COMMENT FAIRE **1**

L'ion calcium a pour formule Ca^{2+} :

1. A-t-il perdu ou gagné des électrons ?

2. Combien en a-t-il perdu ou gagné ? → *Corrigé p. 62*

 8 ⏱ **10 min** ★ → COMMENT FAIRE **2 et 3**

Un atome d'uranium U est constitué de 92 électrons, 92 protons et 143 neutrons.

• Calculer la masse de son noyau en kilogramme (kg) puis l'exprimer en gramme (g).

Données : $m_p = 1,67 \times 10^{-27}$ kg ; $m_n = 1,67 \times 10^{-27}$ kg ; $m_e = 9,11 \times 10^{-31}$ kg.

→ *Corrigé p. 62*

 9 ⏱ **5 min** ★ → COMMENT FAIRE **4**

Le sulfate d'ammonium de formule chimique $(NH_4)_2SO_4$ est formé d'ions sulfate SO_4^{2-} et d'ions ammonium.

• Déterminer la formule des ions ammonium.

→ *Corrigé p. 63*

S'entraîner au raisonnement

 10 ⏱ **5 min** ★

Parmi les espèces suivantes, quelles sont celles qui contiennent l'élément carbone ?

Cu^{2+}; $HC\ell O$; CO_2 ; Cu_2O ; $NaHCO_3$; Ca^{2+} ; CH_4.

→ *Corrigé p. 63*

 11 ⏱ **5 min** ★

Déterminer la composition (protons, neutrons, électrons) des ions suivants :

$$^{40}_{20}Ca^{2+} \; ; \; ^{32}_{16}S^{2-}.$$

→ *Corrigé p. 63*

12 ⏱ **5 min** ★

Le noyau d'un atome de zinc Zn contient 64 nucléons. Sa charge électrique est égale à $4,80 \times 10^{-18}$ C.

• Déterminer la notation symbolique du noyau de l'atome de zinc.

Donnée : Charge élémentaire e = $1,6 \times 10^{-19}$ C.

→ *Corrigé p. 63*

13 ⏱ **3 min** ★

Deux atomes de même numéro atomique Z mais de nombres de masse A différents sont appelés isotopes du même élément.

• Rechercher, parmi les notations symboliques ci-dessous, celles qui correspondent à des isotopes.

$$^{24}_{12}\text{Mg} \; ; \; ^{32}_{16}\text{S} \; ; \; ^{32}_{15}\text{P} \; ; \; ^{23}_{12}\text{Mg} \, .$$

→ *Corrigé p. 63*

14 ⏱ **5 min** ★

La masse d'un atome de carbone est $m(\text{C}) = 2,0 \times 10^{-23}$ g.

• Déterminer le nombre d'atomes contenus dans une mine de crayon de masse $m = 600$ mg.

→ *Corrigé p. 63*

INTERROGATION ÉCRITE

Exercice ⏱ **30 min** **10 points**

La « feuille aluminium alimentaire » est formée d'atomes d'aluminium Aℓ.

Un atome d'aluminium possède 13 électrons et 14 neutrons.

La notation symbolique d'un noyau d'atome d'aluminium est :

$$^{27}_{13}\text{Aℓ}.$$

Un rouleau d'aluminium de 200 m de longueur et de 10 μm d'épaisseur a une masse de 1 760 g.

Données : Masse d'un proton ou d'un neutron : $m_p = m_n = 1,67 \times 10^{-27}$ kg.

Masse d'un électron : $m_{e^-} = 9,11 \times 10^{-31}$ kg.

Rayon d'un atome d'aluminium $r = 143$ pm.

1 μm $= 10^{-6}$ m ;

1 pm $= 10^{-12}$ m.

	C 1,5	A 5,5	R 3	10 points
1. Pourquoi dit-on que la masse d'un atome est concentrée dans son noyau ?	×			/ 1
2. Définir le numéro atomique Z d'un atome.	×			/ 0,5
3. Déterminer le numéro atomique de l'atome d'aluminium.		×		/ 0,5
4. Justifier la notation symbolique du noyau de cet atome.		×		/ 1
5. Calculer la masse d'un atome d'aluminium.		×		/ 2
6. Déterminer le nombre d'atomes d'aluminium contenus dans un rouleau alimentaire.		×		/ 2
7. En modélisant les atomes d'aluminium par des sphères superposées, calculer le nombre d'atomes d'aluminium superposés sur l'épaisseur d'une feuille d'aluminium.			×	/ 3

➜ Corrigé p. 64

CORRIGÉS

1 → *Énoncé p. 57*

1. A ; **2.** C

2 → *Énoncé p. 57*

1. A ; **2.** B ; **3.** C ; **4.** A ; **5.** C ; **6.** A & B ; **7.** A ; **8.** C

3 → *Énoncé p. 58*

1. C ; **2.** C ; **3.** A & B ; **4.** C

4 → *Énoncé p. 58*

1. B ; **2.** C

5 → *Énoncé p. 58*

Nom	Symbole	A	Z	Protons	Neutrons	Électrons
Cuivre	Cu	63	29	**29**	**34**	**29**
Oxygène	**O**	**16**	8	**8**	8	**8**
Chlore	**Cℓ**	**35**	**17**	17	18	**17**

6 → *Énoncé p. 58*

	$^{12}_{6}\text{C}$	$^{32}_{16}\text{S}$
Protons	**6**	**16**
Neutrons	**6**	**16**
Électrons	**6**	**16**

7 → *Énoncé p. 59*

1. C'est un ion positif : l'atome correspondant a **perdu** des électrons.

2. Il est chargé 2+ : il a donc **2 électrons de moins que l'atome correspondant**.

8 → *Énoncé p. 59*

La masse d'un proton et celle d'un neutron sont égales.
Le noyau contient 92 protons et 143 neutrons :

$m_{\text{noyau}} = 92 \times 1,67 \times 10^{-27} + 143 \times 1,67 \times 10^{-27}$;

$m_{\text{noyau}} = (92 + 143) \times 1,67 \times 10^{-27}$; $m_{\text{noyau}} = \mathbf{3,92 \times 10^{-25}}$ **kg**.

$m_{\text{noyau}} = 3,92 \times 10^{-25} \times 10^3$ g $= 3,92 \times 10^{(-25+3)}$ g ; $m_{\text{noyau}} = \mathbf{3,92 \times 10^{-22}}$ **g**.

9 → *Énoncé p. 59*

La matière étant électriquement neutre, un solide ionique est constitué d'un nombre d'anions et de cations tel que la neutralité électrique du solide est assurée. Ainsi, un anion SO_4^{2-} compense la charge de deux cations ammonium. **Un ion ammonium a donc pour formule chimique NH_4^+.**

10 → *Énoncé p. 59*

Les espèces **CO_2 ; $NaHCO_3$; CH_4** contiennent l'élément carbone.

11 → *Énoncé p. 59*

	$^{40}_{20}\text{Ca}^{2+}$	$^{32}_{16}\text{S}^{2-}$
Protons	20	16
Neutrons	20	16
Électrons	18	18

12 → *Énoncé p. 59*

La charge Q du noyau est due aux protons puisque les neutrons ne sont pas chargés, donc :

$Q = Z \times e$ donc $Z = \dfrac{Q}{e} = \dfrac{4,80 \times 10^{-18}}{1,6 \times 10^{-19}}$; $Q = \mathbf{30.}$

La notation symbolique du noyau de zinc est donc : $^{64}_{30}\text{Zn}$.

13 → *Énoncé p. 60*

Parmi les notations symboliques $^{24}_{12}\text{Mg}$ et $^{23}_{12}\text{Mg}$ **sont des isotopes**.

14 → *Énoncé p. 60*

On convertit : 600 mg $= 600 \times 10^{-3}$ g.

Le nombre d'atomes est :

$N = \dfrac{m}{m(\text{C})} = \dfrac{600 \times 10^{-3} \text{ g}}{2,0 \times 10^{-23} \text{ g}}$;

$N = \mathbf{3,0 \times 10^{22}}$ **atomes**.

Rappel

Il faut exprimer les masses dans la même unité. Ici, en gramme (g).

Exercice → *Énoncé p. 61*

1. La masse des électrons est négligeable devant celle des autres particules constitutives du noyau.

2. Z est le **nombre de protons** du noyau.

3. L'atome, électriquement neutre, possède 13 électrons donc 13 protons ; $Z = 13$.

4. Le noyau de l'atome possède 14 neutrons et 13 protons ;
il possède donc $(14 + 13) = 27$ nucléons. **Son nombre de masse est donc $A = 27$.
Ainsi, sa notation symbolique est $_{13}^{27}A\ell$.**

5. La masse d'un proton et celle d'un neutron sont égales.
Le noyau contient 27 nucléons (protons + neutrons) :
$m_{noyau} = 27 \times 1,67 \times 10^{-27}$; $m_{noyau} = \mathbf{4,51 \times 10^{-26}}$ **kg**.

6. Le rouleau alimentaire a une masse de $m = 1\ 760$ g,
soit $m = 1,760$ kg.

Rappel

Il faut exprimer les masses du rouleau et du noyau de l'atome dans la même unité. Ici, en kilogramme (kg).

Le rouleau contient : $N_{tot} = \dfrac{m}{m_{noyau}} = \dfrac{1,760 \text{ kg}}{4,51 \times 10^{-26} \text{ kg}}$;

$N_{tot} = \mathbf{3,9 \times 10^{25}}$ **atomes**.

7. Si on modélise les atomes par des sphères empilées de rayon r et si on note e l'épaisseur de la feuille :

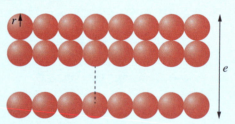

Le diamètre d d'un atome est égal à $2r$ et l'on peut déterminer le nombre d'atomes empilés ; on convertit les longueurs en mètre :
$e = 10 \ \mu m = 10 \times 10^{-6}$ m ;
$r = 143$ pm $= 143 \times 10^{-12}$ m ;

$N = \dfrac{e}{2r} = \dfrac{10 \times 10^{-6} \text{ m}}{2 \times 143 \times 10^{-12} \text{ m}}$;

$N = \mathbf{3,5 \times 10^4}$ **atomes empilés sur l'épaisseur d'une feuille.**

Le tableau périodique des éléments

CHAPITRE 4

1 Cortège électronique d'un atome

■ Les **électrons du cortège électronique** d'un atome se répartissent en **couches électroniques** numérotées $n = 1, 2, 3, \ldots$
La première couche $n = 1$ est la plus proche du noyau.

Couche n	Sous-couche	Nombre maximal d'électrons
1	$1s$	2
2	$2s$	2
	$2p$	6
3	$3s$	2
	$3p$	6

Ordre de remplissage

■ Dans l'état le plus stable (**état fondamental**), les électrons occupent progressivement les sous-couches $1s$, $2s$, $2p$, $3s$ et $3p$. On ne passe à une nouvelle sous-couche que lorsque la précédente est **complètement remplie**.

■ La **configuration électronique** d'un atome décrit la répartition de ses électrons sur les différentes sous-couches. On indique en exposant le nombre d'électrons sur chaque sous-couche.
Exemple : la configuration électronique de l'atome carbone C ($Z = 6$) est : $1s^2\, 2s^2\, 2p^2$.

■ Les **électrons de valence** sont les électrons de la dernière couche électronique occupée.
Exemple : l'atome de carbone C ($1s^2\ \mathbf{2s^2}\ \mathbf{2p^2}$) possède 4 électrons de valence sur la couche $\boldsymbol{n = 2}$.

2 Tableau périodique des éléments

■ Le **tableau périodique des éléments** (voir p. 320) comprend 18 colonnes et 7 lignes. Les éléments chimiques y sont classés par **numéro atomique Z croissant.**

■ On utilise un tableau simplifié à 8 colonnes et 3 lignes :

	1	2	13	14	15	16	17	18
1	H							He
2	Li	Be	B	C	N	O	F	Ne
3	Na	Mg	Aℓ	Si	P	S	Cℓ	Ar

Bloc s
Bloc p

■ Dans le tableau périodique, un élément est repéré par **son numéro de ligne** (ou période) et son **numéro de colonne.**
Exemple : l'élément oxygène O est situé dans la deuxième ligne et dans la seizième colonne.

■ On peut délimiter deux blocs (s et p) dans le tableau périodique en fonction de la nature de la sous-couche en cours de remplissage.

■ À partir de la configuration électronique de l'atome, **on peut déduire la position de l'élément dans le tableau**. Inversement, à partir de la place de l'élément dans le tableau, **on peut déduire la configuration électronique d'un atome :**
  – le nombre de couches électroniques occupées indique le numéro de ligne (ou période) de l'atome de l'élément considéré.
  – le nombre d'**électrons** de valence de l'atome indique le numéro de la colonne pour un **élément** de la première et de la deuxième colonne (éléments du bloc s, excepté l'hélium He). Pour les autres **éléments** (éléments du bloc p), le numéro de colonne est obtenu en rajoutant 10 au nombre d'**électrons** de valence.
Exemple : l'atome d'oxygène O (Z = 8) $1s^2\, 2s^2\, 2p^4$.
2 couches électroniques sont occupées ($n = 1$ et $n = 2$) → Ligne **2**.
6 (= 2 + 4) électrons occupent la couche externe ($n = 2$) → Colonne 1**6 = 10 + 6**.

3 Familles chimiques

■ Les éléments possédant des **propriétés chimiques communes** se trouvent dans une même colonne : ils constituent **une famille chimique.**

■ Leurs atomes ont le même nombre d'électrons sur la couche externe donc le **même nombre d'électrons de valence.**

■ La famille des éléments de la dernière colonne est la **famille des gaz nobles :** hélium (He), néon (Ne), argon (Ar), krypton (Kr) et xénon (Xe). Les gaz nobles sont **stables chimiquement** car ils possèdent soit **deux électrons sur la couche** $n = 1$ (cas de l'hélium), soit **8 électrons sur leur couche externe ($1 < n \leqslant 3$; les** autres gaz nobles).

■ Les autres éléments n'existent pas à l'état naturel sous forme d'atomes isolés. Ces atomes tendent à obtenir une configuration électronique identique à celle du gaz noble de numéro atomique le plus proche :
  – soit **2 électrons sur la première couche** (**règle du duet**) lorsque ce gaz noble est l'hélium.
  – soit **8 électrons sur la couche externe** (**règle de l'octet**) pour les autres gaz nobles. La **stabilité est alors maximale.**

COURS

4 Formation des ions monoatomiques

■ Pour satisfaire aux règles du duet ou de l'octet, les atomes tendent à **gagner ou à perdre un ou plusieurs électrons** pour former **des ions monoatomiques.**

■ Les atomes des éléments des colonnes 1, 2 et 13 perdent un ou plusieurs électrons pour former des ions positifs.

Colonne	1	2	13
Ligne 3	Na⁺	Mg²⁺	Aℓ³⁺

Exemple : l'atome de sodium Na ($1s^2\,2s^2\,2p^6\,3s^1$) peut perdre un électron sur la sous-couche $3s$ afin d'obtenir une configuration électronique identique à celle du néon ($1s^2\,2s^2\,2p^6$) situé sur la ligne 2 et la colonne 18. Il forme l'ion sodium Na⁺.

■ Les atomes des éléments de colonnes 15, 16 et 17 peuvent gagner un ou plusieurs électrons pour former des ions négatifs.

Colonne	15	16	17
Ligne 3	P³⁻	S²⁻	Cℓ⁻

Exemple : l'atome de chlore Cℓ ($1s^2 2s^2 2p^6 3s^2 3p^5$) peut gagner un électron sur la sous-couche $3p$ afin d'obtenir une configuration électronique identique à celle de l'argon ($1s^2 2s^2 2p^6 3s^2 3p^6$) situé sur la ligne 3 et la colonne 18. Il forme l'ion chlorure Cℓ⁻.

■ Les **ions monoatomiques courants** sont :

Formule chimique de l'ion	H⁺	Na⁺	K⁺	Ca²⁺	Mg²⁺	Cℓ⁻	F⁻
Nom de l'ion	Ion hydrogène	Ion sodium	Ion potassium	Ion calcium	Ion magnésium	Ion chlorure	Ion fluorure

5 Formation des molécules

■ **Pour satisfaire à la règle du duet ou de l'octet**, les atomes peuvent aussi mettre en commun certains électrons de valence pour former des molécules.

■ Dans les molécules, les atomes sont liés entre eux par des **liaisons covalentes**. Une liaison **covalente** est constituée d'un **doublet liant** formé de deux électrons provenant de l'un et l'autre des atomes liés :

■ Dans le **schéma de Lewis d'une molécule**, les doublets d'électrons sont représentés par des traits. Les atomes s'entourent de 8 électrons à l'exception de l'hydrogène qui s'entoure de deux électrons.

Exemple : dans la molécule d'eau, les doublets (en **rouge**) sont appelés les **doublets liants** ; les autres doublets (en **bleu**) sont des **doublets non liants**.

H–O̅–H

Modèle
d'une molécule d'eau

Schéma de Lewis
d'une molécule d'eau

■ Dans une molécule, les électrons des liaisons covalentes appartiennent aux deux atomes ; ceux des doublets non liants n'appartiennent qu'à l'atome autour duquel ils sont placés.

■ L'**énergie de liaison** entre deux atomes liés par une liaison covalente correspond à l'**énergie nécessaire pour rompre cette liaison et reformer les atomes isolés.**

■ **Plus l'énergie de liaison est grande, plus la liaison est stable**.

COMMENT FAIRE

1 Utiliser la configuration électronique pour déterminer la position d'un élément

EXERCICE TYPE

1. La configuration électronique de l'atome de lithium Li dans l'état fondamental est : $1s^2\, 2s^1$.

Indiquer la position de l'élément lithium dans le tableau périodique.

2. La configuration électronique de l'atome de soufre dans l'état fondamental est : $1s^2\, 2s^2\, 2p^6\, 3s^2\, 3p^4$.

Indiquer la position de l'élément soufre dans le tableau périodique.

CORRIGÉ COMMENTÉ

1. Dans l'atome de lithium **deux** couches électroniques sont occupées : il appartient à la **deuxième** ligne. Il possède **1** électron sur la couche externe $n = 2$: il appartient à la **première** colonne (élément du bloc s).

2. Dans l'atome de soufre **trois** couches électroniques sont occupées : il appartient à la **troisième** ligne. Il possède **6** électrons sur la couche externe $n = 3$: il appartient à la **16ᵉ** colonne.

> **Rappel**
> Pour connaître le numéro de colonne, il faut identifier le bloc s ou p auquel appartient l'élément

> **Rappel**
> Le tableau périodique simplifié comporte 8 colonnes numérotées :
> 1 ; 2 ; 13 ; 14 ; 15 ; 16 ; 17 ; 18

À RETENIR

À partir de la configuration électronique d'un atome, on peut déduire la position de l'élément dans le tableau périodique :

• n couches occupées → ligne n du tableau.

• p électrons externes → colonne p pour un élément du bloc s (sauf l'hélium) sinon colonne $p + 10$ pour un élément du bloc p.

2 Déterminer les électrons de valence d'un atome

EXERCICE TYPE

L'atome de sodium Na ($Z = 11$) appartient à la troisième ligne et à la première colonne du tableau périodique.

Déterminer le nombre d'électrons de valence que possède cet atome.

L'atome de sodium est situé dans la **première** colonne (élément du bloc s) : il possède donc **1** électron sur la couche externe (électron de valence).

Rappel

Il faut prendre en compte tous les électrons de la dernière couche n.

À RETENIR

• Le nombre d'électrons de valence correspond au nombre d'électrons situés sur la dernière couche électronique de la configuration électronique de l'atome.

• Ce nombre correspond aussi :
– au numéro de la colonne de l'élément chimique auquel l'atome appartient dans le tableau périodique **pour un élément du bloc s (sauf l'hélium)**.
– au numéro de la colonne de l'élément chimique auquel l'atome appartient dans le tableau périodique **diminué de 10 pour un élément du bloc p.**

3 Localiser les familles dans le tableau périodique

EXERCICE TYPE

1. Parmi les atomes dont les configurations électroniques sont proposées ci-dessous, identifier ceux appartenant à une même famille chimique. Justifier.

a) $1s^2\, 2s^2\, 2p^6\; 3s^2\, 3p^6$ **b)** $1s^2\, 2s^2\, 2p^6\; 3s^2\, 3p^1$ **c)** $1s^2\, 2s^2\, 2p^3$
d) $1s^2\, 2s^2\, 2p^6$ **e)** $1s^2\, 2s^2$ **f)** $1s^2\, 2s^2\, 2p^1$

2. Donner les éléments appartenant à la famille des gaz nobles. Justifier la grande stabilité chimique des atomes des éléments correspondants.

CORRIGÉ COMMENTÉ

1. Les atomes appartenant à une même famille ont le même nombre d'électrons externes (**électrons de valence**).
Ainsi : famille 1 : **a)** et **d)** ; famille 2 : **b)** et **f)**
2. **Les atomes des éléments a)** et **d)** appartiennent à la dernière colonne qui est la **famille des gaz nobles**. Ces atomes sont stables chimiquement car ils ont **8 électrons sur leur couche externe** (règle de l'octet respectée).

À RETENIR

• Les éléments situés dans la même colonne, possèdent des propriétés chimiques voisines. Les éléments de la dernière colonne constituent la famille des gaz nobles.
• Les atomes de ces éléments sont stables chimiquement en raison de leur configuration électronique (8 électrons sur la couche externe ou 2 électrons pour l'hélium).

4 Retrouver la charge électrique des ions monoatomiques

EXERCICE TYPE

L'élément chlore Cℓ appartient à la troisième ligne et à la dix-septième colonne du tableau périodique. À l'état naturel, le chlore n'existe pas sous forme d'atome. On le trouve sous forme d'ion monoatomique.

1. Déterminer la formule de l'ion monoatomique que forme l'atome de chlore. Justifier.

2. L'élément brome Br se situe dans la même colonne que l'élément chlore. Donner la formule de l'ion bromure correspondant.

CORRIGÉ COMMENTÉ

1. L'élément chlore appartient à la 17e colonne :
il possède donc $17 - 10 = 7$ électrons de valence.
Il a tendance à obtenir la même configuration électronique de valence à huit électrons que le gaz noble le plus proche. Il tend à gagner 1 électron sur sa couche de valence et former l'**ion chlorure Cℓ^-**.

> **Remarque**
> Il est plus facile à l'atome de chlore de gagner 1 électron que d'en perdre 7.

2. Les deux éléments appartiennent à la même colonne et ont donc des propriétés similaires (voir Comment faire 3). Ils forment le même type d'ions. Un atome de brome Br forme donc l'ion bromure Br$^-$.

À RETENIR

Les atomes des éléments gagnent ou perdent un ou plusieurs électrons pour acquérir la configuration électronique du gaz noble de numéro atomique le plus proche dans la classification.

N° colonne	1	2	13	14	15	16	17
Symbole de l'élément	Li	Be	B	C	N	O	F
Nombre d'électrons de valence	1	2	3	4	5	6	7
Nombre d'électrons **perdus** ou **gagnés** par l'atome pour satisfaire les règles du duet ou de l'octet	1	2	3	4 ou 4	3	2	1
Formule des ions monoatomiques stables	Li$^+$	Be^{2+}	B^{3+}	C^{4+} C^{4-}	N^{3-}	O^{2-}	F$^-$

5 Utiliser le schéma de Lewis d'une molécule pour justifier sa stabilité

Le schéma de Lewis de la molécule d'ammoniac est : $H-\overline{N}-H$
$$\underset{H}{|}$$

1. Recopier la représentation de Lewis de la molécule en dessinant en **bleu** le (ou les) doublet(s) liant(s) et en **vert** le (ou les) doublet(s) non liant(s).

2. À partir de la position des éléments azote N ($Z = 7$) et hydrogène H ($Z = 1$) dans le tableau périodique, déterminer le nombre d'électrons de valence des atomes d'hydrogène et d'azote. Justifier le nombre de liaisons covalentes établies par chacun de ces atomes dans la molécule.

3. Justifier le nombre de doublet(s) non liant(s) dans la molécule.

CORRIGÉ COMMENTÉ

1. Les **doublets liants** sont représentés par des tirets reliant les atomes d'azote et d'hydrogène alors que le **doublet non-liant** est porté par l'atome d'azote.

$$H-\overline{N}-H$$
$$\underset{H}{|}$$

2. L'élément azote appartient à la 15e colonne (élément du bloc p) : un atome d'azote possède donc $15 - 10 = 5$ électrons de valence. Cet atome tend à compléter sa couche externe à **8** électrons en **gagnant 3** électrons (**5** + **3** = **8**) : **il forme 3 liaisons covalentes**.

L'élément hydrogène appartient à la première colonne : un atome d'hydrogène possède donc **1** électron de valence. Cet atome tend à compléter sa couche à **2** électrons en **gagnant 1** électron (**1** + **1** = **2**) : il forme **1 liaison covalente.**

3. Il reste donc $5 - 3 = 2$ électrons sur la couche externe de l'atome d'azote : **les deux** électrons **forment un doublet non-liant.**

À RETENIR

• Dans la représentation de Lewis, les tirets représentent des doublets d'électrons :
– les **doublets liants** sont représentés entre deux atomes ;
– les **doublets non liants** sont portés par un seul atome.
• Tous les atomes s'entourent de quatre doublets (respect de la règle de l'octet) sauf l'hydrogène qui s'entoure d'un seul doublet (respect de la règle du duet).

EXERCICES

Connaître le cours

Pour chaque exercice du *connaître le cours*, indiquer la (ou les) bonne(s) réponse(s) :

1 ⏱ 5 min Cortège électronique d'un atome

	A	B	C
1. L'atome de béryllium ($Z = 4$) possède :	2 électrons	3 électrons	4 électrons
2. L'atome de carbone C de configuration électronique $1s^2\,2s^2\,2p^2$, possède :	2 électrons sur la couche $n = 1$	2 électrons sur la sous-couche $2s$	4 électrons sur la sous-couche $2p$
3. Dans l'atome d'azote N de configuration électronique $1s^2\,2s^2\,2p^3$	1 couche est occupée	2 couches sont occupées	3 couches sont occupées
4. L'atome de fluor F de configuration électronique $1s^2\,2s^2\,2p^5$, possède :	5 électrons de valence	9 électrons de valence	7 électrons de valence
5. Le nombre maximal d'électrons est :	2 pour la sous-couche s	4 pour la sous-couche p	6 pour la sous-couche p

→ *Corrigé p. 78*

2 ⏱ 3 min Tableau périodique des éléments

	A	B	C
1. Les éléments sont classés en fonction de leur :	masse atomique	nombre de nucléons	numéro atomique
2. Le tableau périodique simplifié contient :	6 colonnes	8 colonnes	18 colonnes
3. Les éléments du bloc s sont les éléments :	de la première colonne seulement	de la deuxième colonne seulement	des première et deuxième colonnes

→ *Corrigé p. 78*

3 ⏱ 3 min Familles chimiques

	A	B	C
1. Les éléments d'une même famille ont :	des propriétés chimiques communes	le même nombre d'électrons de valence	le même nombre de protons

	dans la troisième colonne	dans la première colonne	dans la dernière colonne
2. Dans le tableau périodique, la famille des gaz nobles est située :	dans la troisième colonne	dans la première colonne	dans la dernière colonne
3. Dans le tableau périodique, le numéro de la ligne correspond :	au nombre de couches occupées	au nombre d'électrons de valence	au nombre de sous-couches occupées

➜ *Corrigé p. 78*

4 ⏱ 4 min Formation des ions monoatomiques

	A	B	C
1. Pour devenir stables, les atomes peuvent :	gagner ou perdre un ou plusieurs électrons	obtenir la configuration électronique identique à celle d'un gaz noble	obtenir 6 électrons sur la couche de valence
2. Un atome X de la deuxième colonne peut former un ion de formule :	X^-	X^{2-}	X^{2+}
3. L'élément sodium appartient à la première colonne du tableau périodique. La formule de l'ion sodium est :	So^+	Na^+	Na^{2+}
4. L'ion fluorure de formule F^- et de configuration électronique $1s^2\ 2s^2\ 2p^6$:	a gagné un électron par rapport à l'atome de fluor	a une configuration électronique identique à celle d'un gaz noble	a perdu un électron par rapport à l'atome de fluor

➜ *Corrigé p. 78*

5 ⏱ 3 min Formation des molécules

	A	B	C
1. Un doublet liant est :	partagé entre deux atomes	est porté par un seul atome	représente un doublet d'électrons
2. Quand deux atomes établissent une liaison covalente, ils mettent en commun des électrons :	de leur couche de valence	de l'une des couches internes	de n'importe quelle couche
3. Dans une molécule, la couche de valence de chaque atome peut comporter :	2 électrons	8 électrons	10 électrons

➜ *Corrigé p. 78*

Appliquer le cours et les savoir-faire

 6 ⏱ **5 min** ⭐ → COMMENT FAIRE **1**

On donne la configuration électronique dans l'état fondamental des atomes suivants :

a) phosphore P : $1s^2\,2s^2\,2p^6\,3s^2\,3p^3$

b) bore B : $1s^2\,2s^2\,2p^1$

Donner la position des éléments phosphore et bore dans le tableau périodique.

→ *Corrigé p. 78*

 7 ⏱ **5 min** ⭐ → COMMENT FAIRE **2 et 3**

1. L'argon Ar ($Z = 18$) est un élément appartenant à la troisième ligne et à la dernière colonne de tableau périodique.

a) Indiquer le nombre d'électrons de valence que possède l'atome correspondant.

b) Donner la famille à laquelle appartient cet élément.

2. La configuration électronique de l'atome d'azote N dans l'état fondamental est $1s^2\,2s^2\,2p^3$. Déterminer le nombre d'électrons de valence que possède cet atome.

→ *Corrigé p. 78*

 8 ⏱ **5 min** ⭐ → COMMENT FAIRE **1**

Les éléments chimiques magnésium Mg et fluor F se situent respectivement à la deuxième colonne et à la dix-septième colonne du tableau périodique. Ils appartiennent respectivement à la troisième et à la deuxième période (ligne). À l'état naturel, on les trouve sous forme d'ions monoatomiques.

• Déterminer la formule chimique des ions monoatomiques formés par les atomes correspondants. → *Corrigé p. 78*

 9 ⏱ **6 min** ⭐ → COMMENT FAIRE **5**

La monochloramine est une espèce chimique dangereuse pour la santé ; elle peut se former dans les piscines. Le schéma de Lewis de la molécule est :

$$\text{H}-\overline{\text{N}}-\overline{\underline{\text{C}\ell}}|$$
$$\underset{\displaystyle\text{H}}{\overset{\displaystyle|}{\phantom{\text{N}}}}$$

1. À partir de la position des éléments azote N ($Z = 7$), hydrogène H ($Z = 1$) et chlore Cℓ ($Z = 17$) dans le tableau périodique, déterminer le nombre d'électrons de valence de chaque atome.

2. Justifier le nombre de liaisons covalentes établies, par chacun de ces atomes, dans la molécule.

3. Justifier le (ou les) doublet(s) non liant(s) dans la molécule. → *Corrigé p. 79*

10 ⏱ **15 min** ★★

Sur l'étiquette d'une eau minérale, on peut lire les indications suivantes :

COMPOSITION MOYENNE en mg/L	
ANIONS	**CATIONS**
HCO_3^-........4368	Na^+............1708
$C\ell^-$...............322	K^+...............132
SO_4^{2-}.............174	Ca^{2+}...............90
F^-...................9	Mg^{2+}..............11

1. L'ion HCO_3^- est l'ion hydrogénocarbonate et l'ion SO_4^{2-} est l'ion sulfate. Nommer les autres ions monoatomiques indiqués sur l'étiquette.

2. Justifier les charges portées par ces ions monoatomiques à partir du tableau périodique.

3. Ces ions monoatomiques sont formés à partir d'atomes.

a) Indiquer la formule chimique des atomes qui ont formé ces ions.

b) Déterminer le nombre d'électrons de valence de chacun des atomes.

c) Indiquer le nombre d'électrons gagnés ou perdus par chaque atome pour former l'ion monoatomique.

→ *Corrigé p. 79*

11 ⏱ **15 min** ★★

L'acide cyanhydrique est un produit extrêmement toxique. On propose deux représentations pour la molécule.

Proposition 1	Proposition 2
H−C̅−N̅|	H−C≡N|

1. Recopier chacune des représentations en dessinant en **vert** le (ou les) doublet(s) liant(s) et en **bleu** le (ou les) doublet(s) non liant(s).

2. À partir de la position des éléments azote N ($Z = 7$), hydrogène H ($Z = 1$) et carbone C ($Z = 6$) dans le tableau périodique, donner le nombre de liaisons covalentes établies par les atomes correspondants.

3. Choisir le schéma de Lewis de la molécule parmi les deux représentations proposées.

→ *Corrigé p. 80*

INTERROGATION ÉCRITE

Exercice ⏱ **20 min** **10 points**

Dans une armoire à pharmacie, on peut retrouver deux mélanges : le sérum physiologique et l'eau oxygénée.

• Partie A : étude du sérum physiologique
Le sérum physiologique est une solution aqueuse de chlorure de sodium.
La configuration électronique de l'atome de sodium dans l'état fondamental est :
$$1s^2\, 2s^2\, 2p^6\, 3s^1$$
et celle de l'atome de chlore est :
$$1s^2\, 2s^2\, 2p^6\, 3s^2\, 3p^5.$$

	C 1	A 1	R 3	5 points
1. Indiquer la formule chimique des ions présents dans le sérum.	×			/ 1
2. Donner la position des éléments chlore et sodium dans le tableau périodique à partir de la configuration électronique des atomes correspondants.			×	/ 2
3. Déterminer le nombre d'électrons de valence que possèdent les atomes de chlore et sodium.		×		/ 1
4. Justifier la charge portée par les ions.			×	/ 2

• Partie B : étude de l'eau oxygénée
L'eau oxygénée est une solution aqueuse contenant du peroxyde d'hydrogène H_2O_2.
Le schéma de Lewis de la molécule est :

$$H-\overline{O}-\overline{O}-H$$

L'élément oxygène O est situé à la deuxième ligne et à la seizième colonne et l'élément hydrogène H est situé à la première ligne et à la première colonne.

	C 0	A 2	R 3	5 points
5. Recopier le schéma de Lewis de la molécule en dessinant en vert le (ou les) doublet(s) liant(s) et en bleu le (ou les) doublet(s) non liant(s).		×		/ 1
6. À partir de la position des éléments H et O dans le tableau périodique, déterminer le nombre d'électrons de valence de chaque atome.			×	/ 2
7. Déterminer le nombre de liaisons covalentes que peut former chaque atome.		×		/ 1
8. Justifier les doublets non liants que porte éventuellement chaque atome dans la molécule.			×	/ 2

→ Corrigé p. 81

CORRIGÉS

1 → *Énoncé p. 73*

1. C ; **2.** A & B ; **3.** B ; **4.** C (il faut tenir compte de tous les électrons de la couche $n = 2$) ; **5.** A & C

2 → *Énoncé p. 73*

1. C ; **2.** B ; **3.** C

3 → *Énoncé p. 73*

1. A & B ; **2.** C ; **3.** A

4 → *Énoncé p. 74*

1. A & B ; **2.** C ; **3.** B ; **4.** A & B

5 → *Énoncé p. 74*

1. A & C ; **2.** A ; **3.** A & B

6 → *Énoncé p. 75*

a) Trois couches **électroniques** de l'atome de phosphore sont occupées. L'atome de phosphore contient **5** électrons sur la couche de valence ($n = 3$).
L'élément phosphore appartient à la **3**e ligne et à la **15**e colonne.
b) Deux couches **électroniques** de l'atome de bore sont occupées. L'atome de bore contient **3** électrons sur la couche de valence ($n = 2$).
L'élément bore appartient à la **2**e ligne et à la **13**e colonne.

7 → *Énoncé p. 75*

1. a) L'élément Ar appartient à la **18**e colonne : l'atome Ar possède donc **8** électrons de valence.
b) Il appartient à la **famille des gaz nobles.**
2. La couche $n = 2$ contient **2 + 3 = 5 électrons de valence.**

8 → *Énoncé p. 75*

a) L'élément magnésium Mg appartient à la **2**e **colonne**. L'atome de cet élément a tendance à perdre **2 électrons** pour former l'**ion magnésium Mg^{2+}** et acquérir la configuration stable d'un gaz noble le précédant dans la classification périodique.
L'élément F appartient à la **17**e **colonne**. L'atome de cet élément a tendance à gagner **1 électron** ($8 - 7 = 1$) pour former l'**ion fluorure F$^-$** et acquérir la configuration stable d'un gaz noble de la **18**e colonne, le suivant dans la classification.

9 → *Énoncé p. 75*

1. L'élément azote appartient à la 15e colonne : l'atome d'azote possède donc **5 électrons de valence**.

L'élément hydrogène appartient à la 1re colonne : l'atome d'hydrogène possède donc **1 électron de valence**.

L'élément chlore appartient à la 17e colonne : l'atome de chlore possède donc **7 électrons de valence**.

2. L'atome d'azote tend à compléter sa couche de valence à 8 électrons en **gagnant 3 électrons** : il forme **3 liaisons covalentes**.

L'atome d'hydrogène tend à compléter sa couche de valence à 2 électrons en **gagnant 1 électron** : il forme **1 liaison covalente.**

L'atome de chlore tend à compléter sa couche de valence à 8 électrons en **gagnant 1 électron** : il forme **1 liaison covalente.**

3. En formant **3** liaisons, il reste **5 – 3 = 2** électrons sur la couche de valence de l'**atome d'azote** : les **2** électrons forment **un doublet non liant**.

Pour l'**atome d'hydrogène**, en formant **1** liaison, il reste **1 – 1 = 0** électron sur la couche de valence : l'atome d'hydrogène ne possède **aucun doublet non liant**.

En formant **1** liaison, il reste **7 – 1 = 6** électrons sur la couche de valence de l'atome de chlore : les 6 électrons forment **3 doublets non liants**.

10 → *Énoncé p. 76*

1. Les ions présents dans l'eau minérale sont :

Formule chimique de l'ion	Na^+	K^+	Ca^{2+}	Mg^{2+}	$C\ell^-$	F^-
Nom de l'ion	Ion sodium	Ion potassium	Ion calcium	Ion magnésium	Ion chlorure	Ion fluorure

2. et 3. a) b) c)

Formule chimique de l'ion	Na$^+$	K$^+$	Ca^{2+}	Mg^{2+}	Cℓ^-	F$^-$
Nom de l'ion	Na	K	Ca	Mg	Cℓ	F
Numéro de colonne de l'atome correspondant	1	1	2	2	17	17
Nombre d'électrons de valence de l'atome	1	1	2	2	7	7
Règle de stabilité	Règle de l'octet respectée (8 électrons de valence)					
Nombre d'électrons perdus ou gagnés par l'atome	1 électron perdu	1 électron perdu	2 électrons perdus	2 électrons perdus	1 électron gagné	1 électron gagné

Le nombre d'électrons de valence peut se déduire du numéro de colonne de l'élément correspondant. Il correspond :

– au numéro de la colonne de l'élément chimique auquel l'atome appartient dans le tableau périodique **pour un élément du bloc *s* (sauf l'hélium) ; c'est le cas des éléments Na, K, Ca et Mg.**

– au numéro de la colonne de l'élément chimique auquel l'atome appartient dans le tableau périodique diminué de 10 pour **un élément du bloc *p*.** Les atomes de fluor et de chlore situés à la **17**^{e} colonne possèdent tous les deux **7** électrons de valence.

11 → *Énoncé p. 76*

1. H$-\overline{\underline{C}}-\overline{\underline{N}}|$ H$-$C$\equiv$N$|$

2.

Atome	**H**	**C**	**N**
Position de l'élément dans tableau périodique	Colonne **1** ligne 1	Colonne 1**4** ligne 2	Colonne 1**5** ligne 2
Nombre d'électrons de valence	1	4	5
Règle de stabilité	Règle du duet (**2** électrons de valence)	Règle de l'octet (**8** électrons de valence)	Règle de l'octet (**8** électrons de valence)
Nombre d'électrons gagnés par l'atome	**2 − 1 = 1**	**8 − 4 = 4**	**8 − 5 = 3**
Nombre de liaisons covalentes (ou nombre de doublets liants)	1	4	3

La représentation qui respecte le nombre de liaisons covalentes (voir tableau ci-dessus) est la **proposition 2.** Le schéma de Lewis de la molécule est donc :

$$H-C\equiv N|$$

INTERROGATION ÉCRITE

Exercice → *Énoncé p. 77*

1. L'ion sodium **Na⁺** et l'ion chlorure **Cℓ⁻**.

2. Élément sodium : **ligne 3 et colonne 1**.
Élément chlore : **ligne 3 et colonne 17**.

3. et **4.** L'élément sodium appartient à la **première** colonne : l'atome de sodium possède donc **1** électron de valence. Il a tendance à former **l'ion sodium de formule chimique Na⁺ en perdant un électron**, de façon à acquérir la même configuration électronique que le gaz noble le plus proche, le néon Ne ($1s^2\ 2s^2\ 2p^6$) ; l'ion sodium respecte ainsi la règle de l'octet.

L'élément chlore appartient à la 17ᵉ colonne : il possède donc **7** électrons de valence. Il a tendance à former l'**ion chlorure de formule chimique Cℓ⁻ en gagnant un électron**, de façon à acquérir la même configuration électronique que le gaz noble le plus proche, l'argon Ar ($1s^2\ 2s^2\ 2p^6\ 3s^2\ 3p^6$) ; l'ion chlorure respecte ainsi la règle de l'octet.

5. Schéma de Lewis de la molécule :

$$\text{H–}\underline{\text{O}}\text{–}\underline{\text{O}}\text{–H}$$

6. et **7.**

Atome	H	O
Position de l'élément dans tableau périodique	Colonne **1** ligne 1	Colonne 1**6** ligne 2
Nombre d'électrons de valence	**1**	**6**
Règle de stabilité	Règle du duet (**2** électrons de valence)	Règle de l'octet (**8** électrons de valence)
Nombre d'électrons gagnés par l'atome	**2 – 1 = 1**	**8 – 6 = 2**
Nombre de liaisons covalentes (ou nombre de doublets liants)	1	2

8. En formant 2 liaisons, il reste **6 – 2** = 4 électrons sur la couche de valence de l'atome d'oxygène : ces 4 électrons forment **deux doublets non liants.** En formant une liaison, il reste **2 – 2** = 0 électron sur la couche de valence de l'atome d'hydrogène : donc les atomes d'hydrogène ne portent **aucun doublet non liant.**

La mole

1 La mole

■ Un échantillon de matière contient un très grand nombre d'entités chimiques (atomes, molécules, ions).

■ Pour pouvoir les compter plus facilement, on regroupe ces entités chimiques par paquets appelés **moles**.

■ Une **mole** d'entités chimiques contient $6{,}02 \times 10^{23}$ **entités.**
Exemple : une mole d'atomes d'oxygène contient $6{,}02 \times 10^{23}$ atomes d'oxygène.

■ La **mole** (de symbole : **mol**) est l'unité de la grandeur physique appelée **quantité de matière** notée n.
Exemple : une quantité de matière égale à 3,0 moles sera notée $n = 3{,}0$ mol.
• On utilise souvent les sous-multiples :
1 mmol = 10^{-3} mol et 1 µmol = 10^{-6} mol.
• Le nombre d'entités chimiques par mole est une constante universelle, appelée **constante d'Avogadro** et notée N_A. Ainsi : $N_A = 6{,}02 \times 10^{23}$ **mol^{-1}.**

2 Relation entre quantité de matière et nombre d'entités chimiques

■ Le **nombre d'entités chimiques** N est proportionnel à la quantité de matière n d'entités chimiques :

$$N = n \times N_A$$

Avec : N sans unité, n en mol, N_A en mol^{-1}.

3 Relation entre masse d'un échantillon et nombre d'entités chimiques

La masse m d'un échantillon d'une espèce chimique est proportionnelle au nombre d'entités chimiques N contenues dans l'échantillon :

$$m = m_E \times N \text{ où } m_E \text{ est la masse d'une entité chimique}$$

Avec : m et m_E en g et N sans unité.

COMMENT FAIRE

1 ▶ Déterminer la masse d'une entité chimique

EXERCICE TYPE

Le glucose est un sucre de formule brute $C_6H_{12}O_6$.
On considère que le glucose ne contient que des atomes de carbone 12, des atomes d'hydrogène 1 et des atomes d'oxygène 16.
Données : Masse des atomes
$m(^{12}C) = 2,00 \times 10^{-26}$ kg.
$m(^{1}H) = 1,67 \times 10^{-27}$ kg.
$m(^{16}O) = 2,67 \times 10^{-26}$ kg.
1. Donner la composition d'une molécule de glucose.
2. Déterminer la masse d'une molécule de glucose.

CORRIGÉ COMMENTÉ

1. Une molécule de glucose contient :
6 atomes de carbone,
12 atomes d'hydrogène
et 6 atomes d'oxygène.

2. La masse d'une molécule de glucose est :

$m(C_6H_{12}O_6) = \mathbf{6} \times m(^{12}C) + \mathbf{12} \times m(^{1}H) + \mathbf{6} \times m(^{16}O)$

$m(C_6H_{12}O_6) = \mathbf{6} \times 2,00 \times 10^{-26} + \mathbf{12} \times 1,67 \times 10^{-27} + \mathbf{6} \times 2,67 \times 10^{-26}$

soit $\mathbf{m(C_6H_{12}O_6) = 3,00 \times 10^{-25}\ kg}$.

💡 À RETENIR

• Pour calculer le nombre d'entités chimiques N à partir de la masse m de l'échantillon et la masse m_E d'une entité chimique, on applique la relation :

$$N = \frac{m}{m_E}$$

• Les deux masses sont exprimées avec la même unité.

❷ Déterminer le nombre d'entités chimiques et la quantité de matière dans une masse d'échantillon

Un échantillon en fer a une masse $m = 4{,}0$ g. On considère que l'échantillon en fer ne contient que des atomes de fer, $^{56}_{26}$Fe.

1. Déterminer la masse d'un atome de fer.
2. Calculer le nombre d'atomes de fer contenus dans l'échantillon.
3. En déduire la quantité de matière de fer.

Données : Masse d'un nucléon $m_n = 1{,}67 \times 10^{-27}$ kg.

Constante d'Avogadro :
$N_A = 6{,}02 \times 10^{23}$ mol^{-1}.

CORRIGÉ COMMENTÉ

1. La masse d'un atome est « concentrée » dans son noyau :
$$m(^A_Z X) = A \times m_n$$
où A est le nombre de nucléons de l'atome considéré et m_n la masse d'un nucléon.

La masse d'un atome de fer est : $m(^{56}\text{Fe}) = 56 \times 1{,}67 \times 10^{-27}$; $\boldsymbol{m(^{56}\text{Fe}) = 9{,}35 \times 10^{-26}\,\text{kg}}$.

> **Rappel**
> Un atome est noté $^A_Z X$ où A est le nombre de masse et Z est le numéro atomique.

2. Dans un échantillon en fer de masse $m = 4{,}0$ g $= 4{,}0 \times 10^{-3}$ kg, on a :

$$N = \frac{m}{m(^{56}\text{Fe})}$$

$$N = \frac{4{,}0 \times 10^{-3}}{(56 \times 1{,}67 \times 10^{-27})} \; ; N = \boldsymbol{4{,}28 \times 10^{22}\ \textbf{atomes de fer.}}$$

3. La quantité de matière de fer contenue dans l'échantillon est :

$$n = \frac{N}{N_A} = \frac{4{,}28 \times 10^{22}}{6{,}02 \times 10^{23}} \; ; n = \boldsymbol{7{,}10 \times 10^{-2}\ \textbf{mol.}}$$

> **Astuce**
> Il faut prendre la valeur exacte de N pour calculer n.

À RETENIR

Pour calculer la quantité de matière n à partir du nombre d'entités chimiques N, on applique la relation :

$$n = \frac{N}{N_A}$$

n est toujours exprimée en mole (mol).

EXERCICES

Connaître le cours

Pour chaque exercice du *connaître le cours*, indiquer la (ou les) bonne(s) réponse(s) :

1 ⏱ 3 min La mole

	A	B	C
1. Une mole d'atomes de carbone 12 contient :	$6,02 \times 10^{23}$ atomes de carbone 12	$6,02 \times 10^{-23}$ atomes de carbone 12	$6,02 \times 10^{3}$ atomes de carbone 12
2. La quantité de matière :	est notée N	peut s'exprimer en mol	peut s'exprimer en kg
3. La constante d'Avogadro :	n'a pas d'unité	s'exprime en mol	s'exprime en mol^{-1}
4. La mole est :	un « paquet » d'entités chimiques identiques	l'unité de quantité de matière dans le système international	une unité de masse
5. Dans une mole d'atomes de fer le nombre d'atomes de fer est :	le même que le nombre de molécules d'eau contenues dans une mole de molécules d'eau	supérieur au nombre de molécules d'eau contenues dans une mole de molécules d'eau	inférieur au nombre de molécules d'eau contenues dans une mole de molécules d'eau

→ Corrigé p. 90

2 ⏱ 3 min Relation entre quantité de matière et nombre d'entités chimiques

	A	B	C
1. Le nombre N d'entités chimiques contenues dans une quantité de matière n est :	$N = \dfrac{N_A}{n}$	$N = \dfrac{n}{N_A}$	$N = n \times N_A$
2. Si la quantité de matière n est divisée par 3, le nombre d'entités chimiques N :	est multipliée par trois	reste identique	est divisée par trois
3. Si le nombre N d'entités chimiques double, la quantité de matière n :	est multipliée par deux	reste identique	est divisée par deux

→ Corrigé p. 90

3 ⏱ **3 min** Relation entre masse d'un échantillon et nombre d'entités chimiques

	A	B	C
1. Le nombre d'entités chimiques N contenues dans un échantillon de masse m et la masse m_E d'une entité sont liés par :	$N = \dfrac{m}{m_E}$	$N = \dfrac{m_E}{m}$	$N = m_E \times m$
2. Si le nombre N d'entités chimiques est divisé par 2, la masse m d'un échantillon :	reste identique	est multipliée par deux	est divisée par deux
3. Si la masse m d'un échantillon triple, le nombre d'entités chimiques :	reste identique	est multipliée par trois	est divisée par 3

→ Corrigé p. 90

Appliquer le cours et les savoir-faire

4 ⏱ **5 min** ★

La caféine est un stimulant contenu dans certaines boissons énergisantes. La formule brute de la molécule de caféine est $C_8H_{10}N_4O_2$.
On considère que la molécule de caféine ne contient que des atomes de carbone 12, des atomes d'hydrogène 1, des atomes d'oxygène 16 et des atomes d'azote 14.
Données : Masse des atomes :

$m(^{12}C) = 2,00 \times 10^{-26}$ kg ; $m(^1H) = 1,67 \times 10^{-27}$ kg.
$m(^{16}O) = 2,67 \times 10^{-26}$ kg ; $m(^{14}N) = 2,34 \times 10^{-26}$ kg.

1. Donner la composition d'une molécule de caféine.

2. Déterminer la masse d'une molécule de caféine.

→ Corrigé p. 90

5 ⏱ **10 min** ★★

L'aspirine peut être utilisée en prévention pour réduire le risque de formation de caillots sanguins à l'origine d'accidents vasculaires cérébraux (AVC). Un comprimé *d'aspirine 500* contient 500 mg d'acide acétylsalicylique de formule brute $C_9H_8O_4$.
On considère que la molécule d'acide acétylsalicylique ne contient que des atomes de carbone 12, des atomes d'hydrogène 1 et des atomes d'oxygène 16.

1. Déterminer la masse d'une molécule d'acide acétylsalicylique.

2. Calculer le nombre de molécules d'acide acétylsalicylique présentes dans un comprimé.

3. En déduire la quantité de matière d'acide acétylsalicylique dans un comprimé.

Données : Masse d'un nucléon $m_n = 1{,}67 \times 10^{-27}$ kg.

Constante d'Avogadro $N_A = 6{,}02 \times 10^{23}$ mol^{-1}.

→ *Corrigé p. 90*

S'entraîner au raisonnement

6  ★ ★

Sur l'étiquette d'une eau minérale, on peut lire les indications suivantes :

Composition moyenne en mg/L			
Bicarbonate	4 368	Sodium	1 708
Chlorure	322	Magnésium	11
Sulfate	174	Fluorure	1

Les ions hydrogénocarbonate (ou bicarbonate) HCO_3^- facilitent la digestion et permettent de lutter contre les brûlures d'estomac. Une personne boit un verre d'eau minérale de volume $V = 150$ mL.

1. Calculer la masse d'un ion hydrogénocarbonate HCO_3^-.

2. Déterminer le nombre d'ions hydrogénocarbonate ingérés.

3. En déduire la quantité de matière d'ions hydrogénocarbonate correspondante.

Données : On considère que l'ion hydrogénocarbonate ne contient que des atomes de carbone 12, des atomes d'hydrogène 1 et des atomes d'oxygène 16.

Masse d'un nucléon $m_n = 1{,}67 \times 10^{-27}$ kg.

Constante d'Avogadro $N_A = 6{,}02 \times 10^{23}$ mol^{-1}.

→ *Corrigé p. 91*

7  ★ ★

Au volant, le taux d'alcool maximum autorisé est de 0,5 g d'alcool (éthanol) par litre de sang. Une personne ayant ingéré $2{,}0 \times 10^{-2}$ mol d'éthanol est-elle en infraction ?

Données : Une molécule d'éthanol a pour formule brute C_2H_6O.

Le corps humain contient un volume de sang moyen de 5,0 L.

Masse d'un nucléon $m_n = 1{,}67 \times 10^{-27}$ kg.

Constante d'Avogadro $N_A = 6{,}02 \times 10^{23}$ mol^{-1}.

On considère que la molécule d'éthanol ne contient que des atomes de carbone 12, des atomes d'hydrogène 1 et des atomes d'oxygène 16.

→ *Corrigé p. 91*

8 ⏲ **15** min ★★

Le lait frais est très légèrement acide. Au cours du temps, son acidité augmente à cause de la transformation d'une partie du lactose qu'il contient en acide lactique, molécule de formule brute $C_3H_6O_3$.

Un lait est dit frais si un litre de lait ne contient pas plus de 0,020 mol d'acide lactique. On dispose d'un lait dont la teneur en acide lactique est de 2,0 g pour un litre de lait. Ce lait est-il frais ?

Données : Masse d'un nucléon $m_n = 1,67 \times 10^{-27}$ kg.

Constante d'Avogadro $N_A = 6,02 \times 10^{23}$ mol^{-1}.

On considère que la molécule d'acide lactique ne contient que des atomes de carbone 12, des atomes d'hydrogène 1 et des atomes d'oxygène 16.

→ *Corrigé p. 92*

9 ⏲ **10** min ★★

Une bouteille de dioxygène, de contenance $V = 12$ L, a une masse à vide $m = 10$ kg. On la remplit de dioxygène O_2 pur. Dans ces conditions, une mole de dioxygène gazeux occupe 0,16 L.

1. Déterminer la quantité de matière de dioxygène.

2. Calculer le nombre de molécules de dioxygène présentes dans la bouteille.

3. En déduire la masse de dioxygène contenu dans la bouteille.

Données : Masse d'un nucléon $m_n = 1,67 \times 10^{-27}$ kg.

Constante d'Avogadro $N_A = 6,02 \times 10^{23}$ mol^{-1}.

On considère que la molécule de dioxygène ne contient que des atomes d'oxygène 16.

→ *Corrigé p. 93*

Exercice 1 🕐 15 min 6 points

On dispose d'une solution aqueuse d'eau oxygénée à 10 volumes. Sur l'étiquette, on peut lire : « peroxyde d'hydrogène 3,0 g pour 100 mL de solution ».

	C 2	A 2	R 2	6 points
1. Indiquer la composition de la molécule de peroxyde d'hydrogène.		×		/ 1
2. Calculer la masse d'une molécule de peroxyde d'hydrogène.		×		/ 1
3. a) Rappeler la relation entre la masse m d'un échantillon et le nombre d'entités chimiques N contenu dans cet échantillon. Donner les unités.	×			/ 1
b) Calculer le nombre N de molécules de peroxyde d'hydrogène contenu dans les 3,0 g.			×	/ 1
4. a) Rappeler la relation entre la quantité de matière n d'une espèce chimique et le nombre d'entités chimiques N. Donner les unités.	×			/ 1
b) Calculer la quantité de matière n de peroxyde d'hydrogène contenue dans un échantillon de 3,0 g.			×	/ 1

Données : La molécule de peroxyde d'hydrogène a pour formule brute H_2O_2.
On considère que la molécule de peroxyde d'hydrogène ne contient que des atomes d'hydrogène 1 et des atomes d'oxygène 16.
Masse d'un nucléon $m_n = 1,67 \times 10^{-27}$ kg.
Constante d'Avogadro $N_A = 6,02 \times 10^{23}$ mol^{-1}.

➜ Corrigé p. 93

Exercice 2 🕐 10 min 4 points

Un bijou en or 18 carats, encore appelé officiellement « or 750 millièmes », signifie qu'il contient 75 % (en masse) d'or pur.
Une bague en or 18 carats a une masse m égale à 5,00 g.

• Déterminer le nombre d'atomes d'or contenus dans la bague.

Données : On suppose que l'or est constitué essentiellement d'atomes d'or ^{197}Au.
Masse d'un nucléon $m_n = 1,67 \times 10^{-27}$ kg.
Constante d'Avogadro $N_A = 6,02 \times 10^{23}$ mol^{-1}.

➜ Corrigé p. 94

1 → *Énoncé p. 85*

1. A ; **2.** B ; **3.** C ; **4.** A & B ; **5.** A

2 → *Énoncé p. 85*

1. C ; **2.** C ; **3.** A

3 → *Énoncé p. 86*

1. A ; **2.** C ; **3.** B

4 → *Énoncé p. 86*

1. Une molécule de caféine contient **8 atomes de carbone, 10 atomes d'hydrogène, 4 atomes d'azote** et **2 atomes d'oxygène.**

> **Remarque**
> L'énoncé précise toujours le nombre de masse A pour les atomes.

2. La masse $m(C_8H_{10}N_4O_2)$ d'une molécule de caféine est :

$m(C_8H_{10}N_4O_2) = \mathbf{8} \times m(^{12}C) + \mathbf{10} \times m(^1H) + \mathbf{4} \times m(^{14}N) + \mathbf{2} \times m(^{16}O)$

$m(C_8H_{10}N_4O_2) = \mathbf{8} \times 2{,}00 \times 10^{-26} + \mathbf{10} \times 1{,}67 \times 10^{-27} + \mathbf{4} \times 2{,}34 \times 10^{-26} + \mathbf{2} \times 2{,}67 \times 10^{-26}$

soit $\mathbf{\textit{m}(C_8H_{10}N_4O_2) = 3{,}24 \times 10^{-25}\ kg}$.

5 → *Énoncé p. 86*

1. Une molécule d'acide acétylsalicylique contient **9 atomes de carbone, 8 atomes d'hydrogène** et **4 atomes d'oxygène.**

Sa masse est : $m(C_9H_8O_4) = \mathbf{9} \times m(^{12}C) + \mathbf{8} \times m(^1H) + \mathbf{4} \times m(^{16}O)$

Les masses des atomes sont calculées à partir de la relation :

$m(^A_Z X) = A \times m_n$ où A est le nombre de nucléons de l'atome considéré et m_n la masse d'un nucléon.

Ainsi $m(^{12}C) = 12 \times m_n$; $m(^1H) = 1 \times m_n$ et $m(^{16}O) = 16 \times m_n$.

$m(C_9H_8O_4) = \mathbf{9} \times m(^{12}C) + \mathbf{8} \times m(^1H) + \mathbf{4} \times m(^{16}O)$

$m(C_9H_8O_4) = \mathbf{9} \times 12 \times m_n + \mathbf{8} \times 1 \times m_n + \mathbf{4} \times 16 \times m_n$

> **Rappel**
> Les deux masses doivent être exprimées dans la même unité.

$m(C_9H_8O_4) = 180 \times m_n = 180 \times 1{,}67 \times 10^{-27}$;

$\mathbf{\textit{m}(C_9H_8O_4) = 3{,}01 \times 10^{-25}\ kg.}$

2. Le nombre de molécules N d'acide acétylsalicylique contenues dans une masse $m = 500$ mg de ce corps est :

$$N = \frac{m}{m(C_9H_8O_4)}$$

Or : $m = 500$ mg $= 500 \times 10^{-6}$ kg.

D'où : $N = \dfrac{500 \times 10^{-6}}{3,01 \times 10^{-25}}$; **$N = 1,66 \times 10^{21}$ molécules.**

3. La quantité de matière n correspondante est :

$$n = \dfrac{N}{N_A}$$

Point Maths

1 mg $= 10^{-6}$ kg

Donc : $n = \dfrac{1,66 \times 10^{21}}{6,02 \times 10^{23}}$; **$N = 2,76 \times 10^{-3}$ mol.**

6 → *Énoncé p. 87*

1. Un ion hydrogénocarbonate HCO_3^- contient **1 atome de carbone, 1 atome d'hydrogène et 3 atomes d'oxygène.**

Remarque

La charge de l'ion n'intervient pas dans le calcul de la masse de l'ion car les électrons ont une masse négligeable devant celle du noyau.

La masse d'un ion hydrogénocarbonate HCO_3^- est :
$m(HCO_3^-) = \mathbf{1} \times m(^{12}C) + \mathbf{1} \times m(^{1}H) + \mathbf{3} \times m(^{16}O)$
$m(HCO_3^-) = \mathbf{1} \times 12 \times m_n + \mathbf{1} \times 1 \times m_n + \mathbf{3} \times 16 \times m_n$
$\qquad\quad = 61 \times m_n$

$m(HCO_3^-) = 61 \times 1,67 \times 10^{-27}$; $\mathbf{m(HCO_3^-) = 1,02 \times 10^{-25}}$ **kg.**

2. Un litre d'eau minérale contient 4 368 mg d'ions hydrogénocarbonate. Par conséquent, un volume $V = 150$ mL $= 0,150$ L d'eau minérale contient une masse m d'ions hydrogénocarbonate égale à :
$m = 4\ 368 \times 0,150$; $\mathbf{m = 655}$ **mg** $= 6,55 \times 10^{-4}$ **kg.**

On peut en déduire le nombre N d'ions hydrogénocarbonate contenus dans le volume V :

$N = \dfrac{m}{m(HCO_3^-)} = \dfrac{6,55 \times 10^{-4}}{1,02 \times 10^{-25}}$; $\mathbf{N = 6,43 \times 10^{21}}$ **ions.**

3. La quantité de matière n correspondante est :

$$n = \dfrac{N}{N_A}$$

Astuce

Il faut prendre la valeur exacte de N pour calculer n.

Donc : $n = \dfrac{6,43 \times 10^{21}}{6,02 \times 10^{23}}$; $\mathbf{n = 1,07 \times 10^{-2}}$ **mol.**

7 → *Énoncé p. 87*

Une molécule d'éthanol contient **2 atomes de carbone, 6 atomes d'hydrogène et 1 atome d'oxygène.**

• La masse d'une molécule d'éthanol est :
$m(C_2H_6O) = \mathbf{2} \times m(^{12}C) + \mathbf{6} \times m(^{1}H) + \mathbf{1} \times m(^{16}O)$
Les masses des atomes sont calculées à partir de la relation :

$m(^A_Z X) = A \times m_n$ où A est le nombre de nucléons de l'atome considéré et m_n la masse d'un nucléon.

Ainsi : $m(^{12}C) = 12 \times m_n$; $m(^1H) = 1 \times m_n$ et $m(^{16}O) = 16 \times m_n$

$m(C_2H_6O) = \mathbf{2} \times 12 \times m_n + \mathbf{6} \times 1 \times m_n + \mathbf{1} \times 16 \times m_n = 46 \times m_n = 46 \times 1,67 \times 10^{-27}$

$m(C_2H_6O) = \mathbf{7,68 \times 10^{-26}}$ **kg.**

• Le nombre N de molécules d'éthanol contenues dans $n = 2,0 \times 10^{-2}$ mol de ce corps est : $N = n \times N_A$.

Donc : $N = 2,0 \times 10^{-2} \times 6,02 \times 10^{23}$; $N = \mathbf{1,20 \times 10^{20}}$ **molécules.**

• La masse m d'éthanol contenue les 5,0 L de sang de la personne est :

$m = N \times m(C_2H_6O) = 2,0 \times 10^{-2} \times 6,02 \times 10^{23} \times 46 \times 1,67 \times 10^{-27}$;

$m = \mathbf{9,25 \times 10^{-4}}$ **kg = 0,925 g.**

• La teneur en alcool dans le sang de la personne est :

$\dfrac{0,925}{5,0} = \mathbf{0,18}$ **g.L^{-1}**

La teneur en alcool dans le sang de la personne est donc de 0,18 g.L^{-1}.

Elle est inférieure au taux maximal d'alcool autorisé qui est de 0,5 g.L^{-1} ; la personne n'est pas en infraction.

> **Rappel**
> Il faut prendre la valeur exacte de m pour calculer la teneur en éthanol.

8 → *Énoncé p. 88*

Une molécule d'acide lactique $C_3H_6O_3$ contient **3 atomes de carbone, 6 atomes d'hydrogène et 3 atomes d'oxygène.**

• La masse $m(C_3H_6O_3)$ d'une molécule d'acide lactique est :

$m(C_3H_6O_3) = \mathbf{3} \times m(^{12}C) + \mathbf{6} \times m(^1H) + \mathbf{3} \times m(^{16}O)$

$m(C_3H_6O_3) = \mathbf{3} \times 12 \times m_n + \mathbf{6} \times 1 \times m_n + \mathbf{3} \times 16 \times m_n = 90 \times m_n$

$\qquad\qquad = 90 \times 1,67 \times 10^{-27}$

$m(C_3H_6O_3) = \mathbf{1,50 \times 10^{-25}}$ **kg.**

• Le nombre N de molécules d'acide lactique contenu dans une masse $m = 2,0$ g $= 2,0 \times 10^{-3}$ kg est :

$N = \dfrac{m}{m(C_3H_6O_3)} = \dfrac{2,0 \times 10^{-3}}{1,50 \times 10^{-25}}$; $N = \mathbf{1,3 \times 10^{22}}$ **molécules.**

> **Rappel**
> Il faut prendre les valeurs exactes de $m(C_3H_6O_3)$ et de N poour calculer n.

• La quantité de matière n correspondante est :

$n = \dfrac{N}{N_A} = \dfrac{1,3 \times 10^{22}}{6,02 \times 10^{23}}$; $n = \mathbf{2,2 \times 10^{-2}}$ **mol.**

Ainsi un litre de lait contient $2,2 \times 10^{-2}$ mol d'acide lactique.

La teneur en acide lactique est supérieure à 0,020 mol pour un litre de lait : le lait analysé n'est donc pas frais.

9 → *Énoncé p. 88*

1. La quantité de matière de dioxygène $n(O_2)$ contenue dans la bouteille de 12 L est :
$n(O_2) = \dfrac{12}{0,16}$; $\boldsymbol{n(O_2) = 75}$ **mol.**

2. Le nombre de molécules de dioxygène contenues dans $n = 75$ mol de ce corps est :
$$N = n \times N_A.$$

Donc : $N = 75 \times 6,02 \times 10^{23}$;
$\boldsymbol{N = 4,52 \times 10^{25}}$ **molécules.**

3. La molécule de dioxygène contient **2 atomes d'oxygène.**
La masse d'une molécule de dioxygène est : $m(O_2) = \boldsymbol{2} \times m(^{16}O)$

Donc : $m(O_2) = \boldsymbol{2} \times 16 \times m_n = 32 \times m_n = 32 \times 1,67 \times 10^{-27}$;
$\boldsymbol{m(O_2) = 5,34 \times 10^{-26}}$ **kg.**

La masse m de dioxygène contenue dans la bouteille est :
$$m = N \times m(O_2).$$

Donc : $m = 4,52 \times 10^{25} \times 5,34 \times 10^{-26}$;

$\boldsymbol{m = 2,41}$ **kg.**

La masse de dioxygène contenue dans la bouteille est de 2,41 kg.

 Rappel
Il faut prendre la valeur exacte de N et de $m(O_2)$ pour calculer m.

INTERROGATION ÉCRITE

Exercice 1 → *Énoncé p. 89*

1. Une molécule de peroxyde d'hydrogène H_2O_2 contient **2 atomes d'hydrogène et 2 atomes d'oxygène.**

2. La masse d'une molécule de peroxyde d'hydrogène est :
$m(H_2O_2) = \boldsymbol{2} \times m(^1H) + \boldsymbol{2} \times m(^{16}O)$
Les masses des atomes sont calculées à partir de la relation :
$m(^A_Z X) = A \times m_n$ où A est le nombre de nucléons de l'atome considéré et m_n la masse d'un nucléon.
Ainsi : $m(^1H) = 1 \times m_n$ et $m(^{16}O) = 16 \times m_n$

$m(H_2O_2) = \boldsymbol{2} \times 1 \times m_n + \boldsymbol{2} \times 16 \times m_n = 34 \times m_n = 34 \times 1,67 \times 10^{-27}$
$\boldsymbol{m(H_2O_2) = 5,68 \times 10^{-26}}$ **kg** $\boldsymbol{= 5,68 \times 10^{-23}}$ **g.**

3. a) Le nombre N d'entités chimiques contenus dans l'échantillon est proportionnel à la masse m de l'échantillon : $\boldsymbol{m = m_E \times N}$ où m_E est la masse d'une entité chimique, avec m en gramme (g) et N sans unité.

b) Le nombre N de molécules de peroxyde d'hydrogène contenu dans la masse $m = 3,0$ g de ce corps est :

$$N = \frac{m}{m(\text{H}_2\text{O}_2)}.$$

Donc : $N = \dfrac{3,0}{5,68 \times 10^{-23}}$;

$N = 5,3 \times 10^{22}$ molécules.

4. a) Le nombre d'entités chimiques N est proportionnel à la quantité de matière n d'entités chimiques :

$N = n \times \text{N}_A$; avec N sans unité, n en mol et N_A en mol^{-1}.

b) La quantité de matière n de peroxyde d'hydrogène correspondante est :

$$n = \frac{N}{\text{N}_A}.$$

Donc : $n = \dfrac{5,3 \times 10^{22}}{6,02 \times 10^{23}}$;

$n = 8,8 \times 10^{-2}$ mol.

Rappel

Il faut prendre la valeur exacte de N pour calculer n.

Remarque

Garder 2 chiffres significatifs

Exercice 2 → *Énoncé p. 89*

La masse d'or contenue dans la bague de 18 carats (75 % en masse) est :

$m(\text{or}) = \dfrac{75}{100} \times m = \dfrac{75}{100} \times 5,00$;

$m(\text{or}) = 3,75$ g $= 3,75 \times 10^{-3}$ kg.

La masse d'un atome d'or de nombre de nucléons $A = 197$ est :

$m(\text{Au}) = A \times m_n = 197 \times 1,67 \times 10^{-27}$;

$m(\text{Au}) = 3,29 \times 10^{-25}$ kg.

Le nombre d'atomes d'or contenus dans la bague est :

$N = \dfrac{m}{m(\text{Au})} = \dfrac{3,75 \times 10^{-3}}{3,29 \times 10^{-25}}$;

$N = 1,14 \times 10^{22}$ atomes.

Les transformations physiques

1 Passage d'un état physique à un autre

■ Une espèce chimique peut généralement exister sous trois états : **l'état solide, l'état liquide et l'état gazeux**.

■ On peut représenter ces trois états à l'échelle microscopique, en modélisant les particules par des figures géométriques simples
Exemple : représentation avec des triangles.

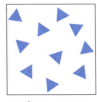

État solide   État liquide   État gazeux

• À l'état solide, les particules sont proches les unes des autres et fixes les unes par rapport aux autres ; **l'état solide est ordonné et condensé**.
• À l'état liquide, les particules sont proches les unes des autres mais peuvent se déplacer les unes par rapport aux autres ; **l'état liquide est désordonné et condensé**.
• À l'état gazeux, les particules sont éloignées les unes des autres et se déplacent dans tout l'espace qui leur est proposé ; **l'état gazeux est désordonné et dispersé**.

■ Une **transformation physique** est le passage d'une espèce chimique de l'un à l'autre de ces états physiques :

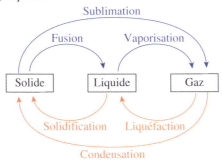

■ On modélise le passage d'un état à un autre par l'écriture symbolique du changement d'état (ou **équation de la transformation**) en indiquant, entre parenthèses, l'état physique des espèces. Ainsi, une espèce E à l'état solide est notée E(s) ; elle est notée $E(\ell)$ à l'état liquide et E(g) à l'état gazeux.

Exemple : Lorsque l'eau passe de l'état solide à l'état liquide, l'équation de la transformation s'écrit :

$$H_2O(s) \rightarrow H_2O(\ell)$$

État physique initial :
eau solide (glace)

État physique final :
eau liquide

L'espèce chimique est conservée mais elle change d'état physique.

■ Dans le langage courant, lorsque du sucre est introduit dans l'eau et qu'il y est dissous, il est fréquent d'entendre dire : « le sucre fond ». Il ne s'agit pourtant pas d'une fusion au sens défini ci-dessus, mais d'une dissolution.
– Une **dissolution** est la mise en solution d'une espèce chimique dans un solvant.
– Une **fusion** est le passage d'une espèce chimique d'un état solide à un état liquide.
Exemples :
• Le sucre se dissout dans l'eau ; l'ensemble forme l'eau sucrée (c'est une dissolution).
• Le fer, chauffé à haute température, fond et devient liquide (c'est une fusion).

2 Énergie thermique échangée au cours d'une transformation physique

■ Au niveau microscopique, les changements d'état correspondent à **la formation**, ou à **la rupture**, de **liaisons entre les molécules** (liaisons intermoléculaires).

■ En première approximation, on admettra qu'une espèce chimique qui échange de l'énergie sous pression constante subit :
– soit une **variation de température**, **sans changement d'état** : la variation de température $\Delta\theta$ et l'énergie transférée, notée Q, sont liées par la relation :

$$\boldsymbol{Q = m \times c \times \Delta\theta = m \times c \times (\theta_f - \theta_i)}$$

c est appelé **capacité thermique massique** du corps pur.
Lorsque c est exprimée en $J.g^{-1}.°C^{-1}$, m en gramme (g) et les températures finale θ_f et initiale θ_i en degré Celsius (°C), alors Q est en joule (J).

– soit un **changement d'état, sans variation de température** : la variation d'énergie peut s'exprimer par la relation :

$$Q = m \times L$$

Lorsque L est exprimée en $J.g^{-1}$ et m en gramme (g), alors Q est en joule (J).

■ L est appelée **chaleur latente massique** de changement d'état. On pourra noter L_f pour la fusion, L_v pour la vaporisation, etc.

■ Lors d'une transformation physique, un système peut **céder** ou **absorber** de l'énergie thermique.

■ La **fusion**, la **vaporisation** ou la **sublimation** sont des changements d'état qui nécessitent un **apport d'énergie** à l'espèce chimique ($Q > 0$). Le milieu extérieur cède de l'énergie ; il se refroidit. Ce sont des transformations **endothermiques**. **Les chaleurs latentes sont alors positives**.

■ La **solidification**, la **liquéfaction** ou la **condensation** sont des changements d'état qui s'accompagnent d'une **perte d'énergie** de l'espèce chimique ($Q < 0$). Le milieu extérieur reçoit de l'énergie ; il se réchauffe. Ce sont des transformations **exothermiques**. **Les chaleurs latentes sont alors négatives**.

Exemples :
• Chaleur latente de fusion de l'eau : $L_f = 334$ kJ.kg^{-1} ⎫
• Chaleur latente de solidification de l'eau : $L_s = -334$ kJ.kg^{-1} ⎬ $L_f = -L_s$
  ⎭

■ Pour déterminer une énergie massique de changement d'état, on peut utiliser **le principe de conservation de l'énergie** ; la somme des énergies transférées entre les différentes parties du système isolé est nulle : $Q_1 + Q_2 + \ldots = 0.$

Exemples : Lorsque l'on introduit un glaçon d'eau dans un calorimètre rempli d'eau, on a :

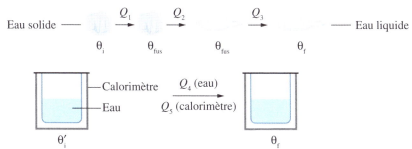

Le principe de conservation de l'énergie s'impose :

$$Q_1 + Q_2 + Q_3 + Q_4 + Q_5 = 0 \text{ J.}$$

1 Calculer l'énergie thermique échangée lors d'un changement d'état

EXERCICE TYPE

Le plomb est un métal solide à température ambiante.

Sa température de fusion, à pression atmosphérique, est de 327°C et sa chaleur latente massique de fusion L_f est égale à 22,5 kJ.kg^{-1}.

1. a) Calculer l'énergie Q transférée lors de la fusion d'une masse de 500 g de plomb.

b) Interpréter le signe de cette énergie Q transférée.

2. a) Déduire, des questions précédentes, l'énergie Q' transférée lors de la solidification de la même masse de plomb.

b) Donner alors la valeur de la chaleur latente massique de solidification, L_s, du plomb.

CORRIGÉ COMMENTÉ

1. a) On applique la relation $Q = m \times L_f$ car il y a un changement d'état.

Soit : $Q = 0,500 \times 22,5 \times 10^3$;

$Q = 1,13 \times 10^4$ **J.**

b) L'énergie transférée est positive : **le plomb reçoit de l'énergie**.

2. a) La solidification est l'opération inverse de la fusion. Elle s'accompagne d'une perte d'énergie.

$Q' = -Q = -1,13 \times 10^4$ **J.**

b) L'application de la relation $Q' = m \times L_s$ donne immédiatement la relation :

$L_s = -L_f = -22,5$ **kJ.kg^{-1}.**

> **Remarque**
>
> La valeur de Q doit être exprimée avec trois chiffres significatifs puisque 0,500 en comporte 3 (5,0, et 0) ainsi que 22,5 (2,2 et 5).

💡 À RETENIR

• Le signe d'une chaleur latente de fusion, de vaporisation ou de sublimation est positif.

• Le signe d'une chaleur latente de liquéfaction, de solidification ou de condensation est négatif.

• Les chaleurs latentes de deux changements d'état inverses (vaporisation et liquéfaction par exemple) ont des valeurs opposées.

② Exploiter la relation entre énergie échangée et énergie massique de changement d'état

Partie A

Un calorimètre du laboratoire (voir schéma ci-après) est à la température $\theta_2 = 20{,}0°C$. On y introduit une masse $m = 100$ g d'eau à $\theta_1 = 18{,}0°C$. À l'équilibre thermique, la température finale de l'ensemble est $\theta_3 = 18{,}6°C$.

On considère le calorimètre comme un système isolé : il n'y a pas d'échange d'énergie avec l'extérieur.

1. Calculer l'énergie Q transférée lorsque l'eau passe de la température θ_1 à la température θ_3.

2. Le calorimètre possède une capacité thermique C, exprimée en J.°C⁻¹. L'énergie Q' transférée lorsqu'il passe de θ_2 à θ_3 est donnée par la relation :

$$Q' = C \times (\theta_3 - \theta_2).$$

En appliquant le principe de conservation de l'énergie (la somme des énergies thermiques échangées est nulle), montrer que la capacité thermique C du calorimètre est égale à 179 J.°C⁻¹.

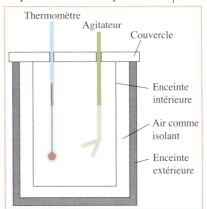

Thermomètre — Agitateur — Couvercle — Enceinte intérieure — Air comme isolant — Enceinte extérieure

Partie B

Dans le calorimètre, on ajoute une masse $m' = 10{,}0$ g de glace à $\theta_4 = -10{,}0°C$. La température d'équilibre, après la fonte complète de la glace, est $\theta_f = 11{,}8°C$.

3. Calculer l'énergie Q_g transférée lorsque la glace passe d'une température initiale $\theta_4 = -10{,}0\ °C$ à une température finale $\theta_5 = 0{,}0\ °C$ sans changer d'état (il n'y a que de la glace à l'état final).

4. Exprimer, en fonction de L_f, l'énergie Q'_g transférée lors de la fusion complète de la glace (la température reste constante et égale à $0{,}0\ °C$).

5. Calculer l'énergie thermique Q'' transférée lorsque l'eau liquide ainsi formée passe d'une température initiale $\theta_5 = 0{,}0\ °C$ à une température finale $\theta_f = 11{,}8\ °C$.

6. En déduire, en fonction de L_f, l'expression de l'énergie totale transférée Q_1 de toute l'opération.

7. Calculer l'énergie Q_2 transférée par la masse $m = 100$ g d'eau contenue initialement dans le calorimètre.

8. Calculer l'énergie Q_3 transférée par le calorimètre lors de cette deuxième étape.

9. En utilisant le principe de conservation de l'énergie, déduire la valeur de la chaleur latente de fusion L_f de la glace.

Données : Capacité thermique massique de l'eau : $c_{eau} = 4{,}18$ J.g^{-1}.°C^{-1}.

Capacité thermique massique de la glace : $c_{glace} = 2{,}10$ J. g^{-1}.°C^{-1}.

L'énergie Q transférée lorsqu'une espèce de masse m passe d'une température θ_i à une température θ_f sans changer d'état est donnée par la relation : $Q = m \times c \times (\theta_f - \theta_i)$.

CORRIGÉ COMMENTÉ

Partie A

1. L'énergie transférée est : $Q = m \times c_{eau} \times (\theta_3 - \theta_1)$.
$Q = 100 \times 4{,}18 \times (18{,}6 - 18{,}0)$; $\boldsymbol{Q = 251}$ **J**.

2. Le calorimètre est isolé thermiquement, il ne peut échanger d'énergie thermique qu'avec l'eau présente à l'intérieur.

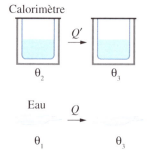

L'application du principe de conservation de l'énergie pour un système isolé s'écrit :
$$Q + Q' = 0.$$
Soit : $Q + C \times (\theta_3 - \theta_2) = 0$;

donc : $C = -\dfrac{Q}{\theta_3 - \theta_2} = -\dfrac{251}{18{,}6 - 20{,}0}$

$C = -\dfrac{251}{-1{,}40}$

$\boldsymbol{C = 179}$ **J.°C^{-1}.**

Partie B

3. L'énergie transférée lorsque la glace passe de θ_4 à θ_5 est :
$$Q_g = m' \times c_{glace} \times (\theta_5 - \theta_4)$$
Soit : $Q_g = 10{,}0 \times 2{,}10 \times (0{,}0 - (-10{,}0))$
$= 10{,}0 \times 2{,}10 \times 10{,}0$; $\boldsymbol{Q_g = 210}$ **J.**

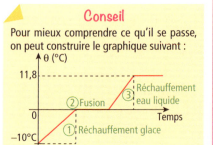

Conseil

Pour mieux comprendre ce qu'il se passe, on peut construire le graphique suivant :

4. L'énergie transférée lors de la fusion de la glace est :
$$Q'_g = m' \times L_f.$$

5. L'énergie transférée lorsque l'eau liquide (qui résulte de la fonte du glaçon) passe de θ_5 à θ_f est :
$Q'' = m' \times c_{eau} \times (\theta_f - \theta_5)$, soit :
$Q'' = 10{,}0 \times 4{,}18 \times (11{,}8 - 0{,}0) = 10{,}0 \times 4{,}18 \times 11{,}8$;
$Q'' = \mathbf{493\ J}$.

> **Rappel**
> Lorsque le signe est positif, l'espèce reçoit de l'énergie thermique.

6. $Q_1 = Q_g + Q'_g + Q'' = 210 + 10{,}0 \times L_f + 493$;
$\mathbf{Q_1 = 703 + 10{,}0 \times L_f}$.

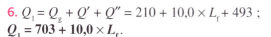

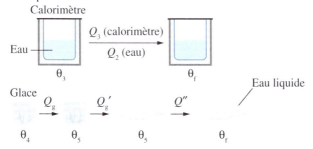

7. On applique la relation $Q_2 = m \times c_{eau} \times (\theta_f - \theta_3)$.
Soit $Q_2 = 100 \times 4{,}18 \times (11{,}8 - 18{,}6)$; $\mathbf{Q_2 = -2{,}84 \times 10^3\ J}$.

8. Les températures initiale et finale du calorimètre sont identiques à celles de l'eau liquide qu'il contient (voir question précédente).
$Q_3 = C \times (\theta_f - \theta_3) = 179 \times (11{,}8 - 18{,}6)$; $\mathbf{Q_3 = -1{,}22 \times 10^3\ J}$.

9. Le calorimètre est isolé thermiquement : il ne peut échanger d'énergie qu'avec l'eau présente à l'intérieur. L'application du principe de conservation de l'énergie pour un système isolé s'écrit :
$$Q_1 + Q_2 + Q_3 = 0.$$
Soit : $703 + 10{,}0 \times L_f - 2{,}84 \times 10^3 - 1{,}22 \times 10^3 = 0$.
$$L_f = \frac{2{,}84 \times 10^3 + 1{,}22 \times 10^3 - 703}{10{,}0} \; ; \; \mathbf{L_f = 336\ J.°C^{-1}}.$$

À RETENIR

• Avec la convention choisie : lors du refroidissement d'un corps la variation d'énergie thermique est négative ; elle est positive lors d'un réchauffement.

• La variation d'énergie thermique d'un calorimètre, engendrée par une variation de température $\Delta\theta$, s'exprime par la relation : $Q = C \times \Delta\theta$.
C est la capacité thermique du calorimètre, elle s'exprime en $J.°C^{-1}$.

• Un calorimètre est une enceinte isolée du milieu extérieur et qui n'échange donc pas d'énergie avec lui.

EXERCICES

Connaître le cours

Pour chaque exercice du *connaître le cours*, indiquer la (ou les) bonne(s) réponse(s) :

1 ⏱ **4 min** Passage d'un état physique à un autre

	A	B	C
1. Un liquide :	a un volume propre mais pas de forme propre	a une forme propre	occupe tout l'espace disponible
2. La modélisation ci-dessous correspond à  :	celle d'un état gazeux	celle d'un état solide	celle d'un état liquide
3. La solidification :	est le passage de l'état gazeux à l'état solide	s'effectue à température constante pour une espèce chimique	est une transformation physique inverse de la fusion
4. Lorsqu'une espèce E gazeuse passe à l'état liquide, l'équation de la transformation s'écrit :	$E(g) \rightarrow E(aq)$	$E(g) \rightarrow E(\ell)$	$E(\ell) \rightarrow E(g)$
5. Quand on plonge un morceau de sucre dans un verre d'eau :	il fond	il se dissout	il se mélange à l'eau

→ *Corrigé p. 107*

2 ⏱ **5 min** Énergie thermique échangée au cours d'une transformation physique

	A	B	C
1. Le milieu extérieur cède de l'énergie à l'espèce lors de la :	fusion de l'espèce	solidification de l'espèce	vaporisation de l'espèce
2. La vaporisation est une transformation :	exothermique	endothermique	athermique
3. L'énergie transférée à un corps dont la température augmente :	est nulle	est positive	est négative
4. Lors d'une transformation endothermique :	$Q < 0$	$Q > 0$	les chaleurs latentes sont positives

5. Une capacité thermique massique peut avoir comme unité :	J.g^{-1}.°C^{-1}	J.g.°C^{-1}	J.kg^{-1}.°C
6. Lors d'une variation de température sans changement d'état, l'énergie transférée entre une espèce chimique et l'extérieur peut s'exprimer par la relation :	$Q = c \times \Delta\theta$	$Q = m \times c \times \Delta\theta$	$Q = \dfrac{m}{C} \times \Delta\theta$

➜ Corrigé p. 107

Appliquer le cours et les savoir-faire

3 ⏱ **10 min** ★   → COMMENT FAIRE **1**

L'éthanol et l'acétone sont deux solvants organiques. Leurs chaleurs latentes de vaporisation respectives sont $L_{v1} = 8{,}78 \times 10^2$ J.g^{-1} et $L_{v2} = 5{,}31 \times 10^2$ J.g^{-1}.

1. Sous une même pression constante, ces deux espèces chimiques ont-elles des températures de vaporisation différentes ?

2. On prélève une masse $m = 18{,}4$ g de ces deux solvants et on mesure les énergies transférées Q_1 et Q_2 nécessaires à leur vaporisation.

a) Quel est le signe de Q_1 et Q_2 ?

b) Calculer les énergies transférées Q_1 et Q_2.

c) En déduire la valeur de l'énergie transférée Q_3 lors de la liquéfaction de 18,4 g d'éthanol dans les mêmes conditions.

➜ Corrigé p. 107

4 ⏱ **10 min** ★ → COMMENT FAIRE **1**

Le dioxyde de carbone a une chaleur latente de fusion de $L_f = 184$ kJ.kg^{-1} et une température de fusion de $-56{,}6$ °C.

1. Exprimer l'énergie Q transférée lors de la fusion du dioxyde de carbone, en fonction de la chaleur latente massique de fusion L_f du dioxyde de carbone.

2. Exprimer l'énergie Q' transférée lors de la solidification du dioxyde de carbone, en fonction de Q.

3. Calculer la valeur de Q' lors de la solidification d'une masse $m = 12{,}0$ kg de dioxyde de carbone.

4. En déduire la valeur de la chaleur latente de solidification L_s du dioxyde de carbone et la comparer à L_f.

➜ Corrigé p. 107

On utilise un calorimètre, de capacité thermique $C = 134$ J.°C^{-1}, contenant une masse $m_1 = 200$ g d'eau. La température de l'ensemble est $\theta_1 = 20,3$ °C. Une masse $m_2 = 50,1$ g de fer, de capacité thermique c_2, initialement à l'équilibre thermique dans un four thermostaté à $\theta_2 = 200$ °C, est placée dans le calorimètre. La température du contenu (eau et morceau de fer) se stabilise, au bout d'un moment, à une valeur $\theta_3 = 24,5$ °C.

1. Calculer l'énergie transférée lorsque l'eau passe de θ_1 à θ_3.

Donnée : Capacité thermique massique de l'eau : $c_1 = 4\ 185$ J.kg^{-1}.°C^{-1}.

Énergie transférée lors d'une variation de température sans changement d'état : $Q = m \times c \times (\theta_f - \theta_i)$.

2. Exprimer, en fonction de c_2, Q_2 l'énergie transférée lorsque le fer passe de θ_2 à θ_3.

3. Calculer l'énergie Q_3 transférée lorsque le calorimètre passe de θ_1 à θ_3.

4. Déduire, des questions précédentes, la valeur de c_2.

→ *Corrigé p. 108*

S'entraîner au raisonnement

Le méthanol a une température de fusion de $- 114$°C environ à pression atmosphérique normale. On peut l'utiliser comme antigel, notamment dans les circuits de refroidissement des voitures.

Une expérience, réalisée au laboratoire, montre qu'il est nécessaire d'apporter une énergie $Q = 810$ J pour réaliser la fusion d'une masse $m = 8,10$ g de méthanol, sous une pression et une température constante.

1. Exprimer l'énergie Q' transférée lors de la solidification du méthanol, en fonction de Q.

2. a) Exprimer Q' en fonction de la chaleur latente massique de solidification L_s du méthanol.

b) Calculer L_s.

3. La densité du méthanol liquide est $d = 0,791$.

a) Calculer la masse m d'un volume $V = 1,00$ L de méthanol sachant que la masse volumique de l'eau est $\rho_{eau} = 1\ 000$ kg.m^{-3}.

b) Calculer l'énergie Q' transférée lors de la solidification de 1,00 L de méthanol.

→ *Corrigé p. 108*

7 **5 min** ★

On dispose, au laboratoire :

• d'une masse m_g d'eau solide à la température $\theta_i = -18,0\ °C$ (température de conservation d'un congélateur),

• d'un calorimètre de capacité thermique C connue (la capacité prend en compte les accessoires, c'est-à-dire l'agitateur et le thermomètre),

• d'une balance avec la fonction tare.

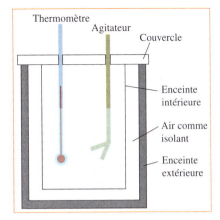

Proposer une démarche expérimentale permettant de déterminer la valeur de la chaleur latente massique de fusion L_f de l'eau. On suppose connues les capacités massiques thermiques de l'eau et de la glace.

→ *Corrigé p. 108*

8 **15 min** ★★

Un calorimètre contient 1,00 L d'eau liquide. La température initiale de l'ensemble est de 21,0 °C. On plonge dans l'eau un bloc d'aluminium de 1,00 kg à 80,0 °C. La température finale est de 31,6 °C.

1. Déterminer la capacité thermique massique $c_{A\ell}$ de l'aluminium.

2. Évaluer l'écart relatif r par rapport à la valeur donnée dans les tables : $c_{A\ell} = 0,881\ \text{J.g}^{-1}.°\text{C}^{-1}$.

Données : Masse volumique de l'eau : $\rho_{eau} = 1,00\ \text{g.mL}^{-1}$.

Capacité thermique massique de l'eau : $c_{eau} = 4,18\ \text{J.g}^{-1}.°\text{C}^{-1}$.

Capacité thermique du calorimètre : $C = 180\ \text{J.}°\text{C}^{-1}$.

Énergie transférée lors d'une variation de température sans changement d'état : $Q = m \times c \times (\theta_f - \theta_i)$.

→ *Corrigé p. 109*

Exercice ⏱ 20 min **10 points**

Le propane est un gaz utilisé pour faire la cuisine ou se chauffer. Il est généralement conditionné dans des bouteilles.

Sa température de liquéfaction, sous une pression constante égale à la pression atmosphérique, est : $\theta = -42,2\ °C$.

Sa chaleur latente massique de liquéfaction est : $L_1 = -430\ \text{J.g}^{-1}$.

Son pouvoir calorifique est : $\mathscr{P} = 50,4 \times 10^6\ \text{J.kg}^{-1}$.

Le pouvoir calorifique $\mathscr{P}$, appelé également énergie de combustion massique, représente l'énergie libérée lors de la combustion complète d'un kilogramme de combustible.

	C 3	A 5	R 2	10 points
1. Quelle est la nature des liaisons rompues ou formées lors de ces changements d'état ?	×			/ 1
2. Déterminer la valeur de la chaleur latente massique de vaporisation L_v du propane.	×			/ 1
3. Sous la pression atmosphérique constante, donner sa température θ_v de vaporisation.	×			/ 1
4. Une bouteille de gaz contient une masse $m = 13,0\ \text{kg}$ de propane. Calculer l'énergie Q reçue lors de la vaporisation de tout le gaz.		×		/ 2
5. a) À partir de la définition proposée du pouvoir calorifique $\mathscr{P}$, exprimer l'énergie Q' libérée, en fonction de m et $\mathscr{P}$, lors de la combustion d'une masse m de propane.			×	/ 2
b) Calculer l'énergie Q' libérée par la combustion de la masse $m = 13,0\ \text{kg}$ de propane.		×		/ 2
6. Comparer les valeurs de Q et Q'.		×		/ 1

➜ *Corrigé p. 110*

1 → *Énoncé p. 102*

1. A ; **2.** B ; **3.** B & C ; **4.** B ; **5.** B & C

2 → *Énoncé p. 102*

1. A & C ; **2.** B ; **3.** B ; **4.** B & C ; **5.** A ; **6.** B

3 → *Énoncé p. 103*

1. Pour une même pression, la température de changement d'état caractérise une espèce chimique ; **les deux températures de vaporisation sont différentes.**

2. a) Une vaporisation nécessite un apport d'énergie à l'espèce chimique considérée. Q_1 **et** Q_2 **sont positives.**

b) $Q_1 = m \times L_{v1} = 18,4 \times 8,78 \times 10^2$;
$Q_1 = \mathbf{1,62 \times 10^4}$ **J = 16,2 kJ.**
$Q_2 = m \times L_{v2} = 18,4 \times 5,31 \times 10^2$;
$Q_2 = \mathbf{9,77 \times 10^3}$ **J = 9,77 kJ.**

c) La liquéfaction est le changement d'état inverse de la vaporisation. On a alors : $Q_3 = -Q_1 = \mathbf{-16{,}2}$ **kJ.**

Point Maths

Lors du calcul de $18,4 \times 8,78 \times 10^2$, la calculette affiche : 16 155,2. En notation scientifique, ce nombre s'écrit : $1,61552 \times 10^4$. Compte-tenu du nombre de chiffres significatifs des données (3 chiffres pour 18,4 et 3 chiffres pour $8,78 \times 10^2$), on arrondit le résultat :

$$1,62 \times 10^4.$$

Pour convertir ce nombre en kJ :
$$1,62 \times 10^4 = 1,62 \times 10 \times 10^3$$
$$= 16,2 \times 10^3$$
$$= 16,2 \text{ kJ}$$

4 → *Énoncé p. 103*

1. $Q = m \times L_f.$

2. $Q' = -Q$, ce sont deux transformations inverses.

3. $Q' = -m \times L_f = -12,0 \times 184$
$Q' = \mathbf{-2{,}21 \times 10^3}$ **kJ.**

4. $Q' = m \times L_s$ donc :
$$L_s = \frac{Q'}{m} = \frac{-2,21 \times 10^3}{12,0}$$
$L_s = \mathbf{-184}$ **kJ.kg^{-1}** $= -L_f.$

Conseil

Il est plus rapide de constater directement que les chaleurs latentes des changements d'état inverses sont opposées. Ainsi :
$L(\text{fusion}) = -L(\text{solidification})$
$L(\text{vaporisation}) = -L(\text{liquéfaction})$

Remarque

Les chaleurs latentes de fusion, sublimation et vaporisation sont positives. Celles de solidification, condensation et liquéfaction, sont négatives.

1. L'énergie transférée lors du réchauffement de l'eau de θ_1 à θ_3 est :
$$Q_1 = m_1 \times c_1 \times (\theta_3 - \theta_1).$$
On a alors :
$Q_1 = 0,200 \times 4\,185 \times (24,5 - 20,3)$;
$Q_1 = \mathbf{3,52 \times 10^3\ J.}$

2. L'énergie transférée lors du refroidissement du fer de θ_2 à θ_3 est :
$Q_2 = m_2 \times c_2 \times (\theta_3 - \theta_2).$
On a alors : $Q_2 = 0,0501 \times c_2 \times (24,5 - 200)$;
$Q_2 = \mathbf{-8,79 \times c_2\ J.}$

3. Pour le calorimètre, on applique la relation : $Q_3 = C \times (\theta_3 - \theta_1).$
On a alors : $Q_3 = 134 \times (24,5 - 20,3)$; $Q_3 = \mathbf{563\ J.}$

4. Le système est isolé. L'application du principe de conservation de l'énergie s'écrit :
$Q_1 + Q_2 + Q_3 = 0$, soit $3,52 \times 10^3 - 8,79 \times c_2 + 563 = 0.$
On en déduit l'égalité :
$$c_2 = \frac{3,52 \times 10^3 + 563}{8,79}, \text{ d'où } c_2 = \mathbf{464\ J.kg^{-1}.°C^{-1}.}$$

Conseil

Pour mieux comprendre ce qu'il se passe, on peut construire les graphiques suivants :

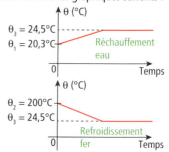

---

6 → *Énoncé p. 104*

1. $Q' = -Q$ ce sont deux transformations inverses.

2. a) $Q' = m \times L_s$

b) On déduit des deux questions précédentes l'égalité : $m \times L_s = -Q$.

Soit : $L_s = \dfrac{-Q}{m} = \dfrac{-810}{8,10}$; $L_s = \mathbf{-1,00 \times 10^2\ J.g^{-1}} = \mathbf{-1,00 \times 10^5\ J.kg^{-1}.}$

3. a) La masse de méthanol est donnée par la relation : $m = \rho_{méthanol} \times V$.

Par définition, la densité du méthanol s'écrit : $d = \dfrac{\rho_{méthanol}}{\rho_{eau}}$, d'où : $\rho_{méthanol} = d \times \rho_{eau}.$

Ainsi : $m = d \times \rho_{eau} \times V = 0,791 \times 1\,000 \times 1,00 \times 10^{-3}$; $m = \mathbf{0,791\ kg.}$

b) $Q' = m \times L_s = 0,791 \times 10^3 \times (-1,00 \times 10^5)$; $Q' = \mathbf{-7,91 \times 10^7\ J.}$

---

7 → *Énoncé p. 105*

– On dispose le calorimètre, dépourvu de son couvercle et de ses accessoires, sur le plateau de la balance.

– On appuie sur la touche tare de celle-ci puis on verse une quantité d'eau suffisamment importante pour que l'agitateur et le thermomètre soient immergés.

– On note la valeur m_{eau} de cette masse d'eau.

– On place le couvercle et ses accessoires, on agite et on observe la variation de température. Lorsqu'elle s'est stabilisée, on note sa valeur θ_i.

– En soulevant le couvercle du calorimètre, on introduit rapidement le morceau de glace (dont on a déterminé préalablement la masse) dans l'eau. On referme le couvercle puis on observe la variation de température tout en agitant pour que celle-ci soit homogène.

– Lorsque la température est stable, cela signifie que l'équilibre thermique est atteint. On note sa valeur θ_f, puis on applique la démarche théorique développée dans la partie « Comment faire » exercice type n° 2.

8 → *Énoncé p. 105*

1. Le calorimètre est isolé thermiquement et ne peut échanger d'énergie avec l'extérieur. **Il n'échange qu'avec l'eau et l'aluminium.**

- L'énergie reçue par l'eau est :
$$Q = m_{eau} \times c_{eau} \times (\theta_f - \theta_i) = \rho_{eau} \times V_{eau} \times c_{eau} \times (\theta_f - \theta_i).$$

- L'énergie reçue par le calorimètre est : $Q' = C \times (\theta_f - \theta_i)$

- De même, Q'' :
$$Q'' = m_{A\ell} \times c_{A\ell,exp} \times (\theta_f - \theta_{i,A\ell}).$$

- L'application du principe de conservation de l'énergie permet de calculer l'énergie cédée par l'aluminium : $Q + Q' + Q'' = 0$

Donc : $Q'' = -(Q + Q') = -(\rho_{eau} \times V_{eau} \times c_{eau} \times (\theta_f - \theta_i) + C \times (\theta_f - \theta_i))$

D'où : $m_{A\ell} \times c_A \times (\theta_f - \theta_{i,A\ell}) = -(\rho_{eau} \times V_{eau} \times c_{eau} \times (\theta_f - \theta_i) + C \times (\theta_f - \theta_i))$

- On en déduit l'expression de $c_{A\ell}$:

$$c_{A\ell,exp} = -\frac{\rho_{eau} \times V_{eau} \times c_{eau} \times (\theta_f - \theta_i) + C(\theta_f - \theta_i)}{m_{A\ell} \times (\theta_f - \theta_{i,A\ell})}$$

$$c_{A\ell,exp} = -\frac{(1,00 \times 10^3 \times 1,00 \times 4,18 \times (31,6 - 21,0) + 180 \times (31,6 - 21,0))}{1,00 \times 10^3 \times (31,6 - 80,0)}$$

$c_{A\ell,exp} = \mathbf{0,955\ J.g^{-1}.°C^{-1}}$.

2. $r = \dfrac{|c_{A\ell,exp} - c_{A\ell}|}{c_{A\ell}} = \dfrac{|0,955 - 0,881|}{0,881} = \dfrac{8,4}{100} = 0,084$

$r = \mathbf{8,4\ \%}$.

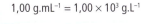

Rappel

$1,00\ g.mL^{-1} = 1,00 \times 10^3\ g.L^{-1}$

Point Maths

Un pourcentage est une fraction sur 100.

L'écart relatif est important, la valeur trouvée est cohérente mais assez éloignée de la valeur théorique.

Il peut y avoir des sources d'erreurs dans le protocole : calorimètre pas parfaitement isolé, refroidissement du bloc d'aluminium dans l'air avant d'être immergé,…

INTERROGATION ÉCRITE

Exercice → *Énoncé p. 106*

1. Les liaisons sont de type **intermoléculaire**.

2. La valeur de la chaleur latente massique de vaporisation du propane vaut :
$L_v = - L_l = 430$ **J.g^{-1}**.

3. Sa température de vaporisation est :
$\theta_v = \theta = - 42{,}2$ **°C.**

4. L'énergie reçue lors de la vaporisation de tout le gaz :
$Q = m \times L_v = 13{,}0 \times 10^3 \times 430$;
$Q = 5{,}59 \times 10^6$ **J.**

5. a) L'expression de l'énergie thermique libérée est :
$Q' = m \times \mathscr{P}$.

b) L'énergie thermique libérée par la combustion de la masse de propane :
$Q' = 13{,}0 \times 50{,}4 \times 10^6$;
$Q' = 6{,}55 \times 10^8$ **J.**

6. $\dfrac{Q'}{Q} = \dfrac{6{,}55 \times 10^8}{5{,}59 \times 10^6} = 117$.

L'énergie libérée lors de la combustion du propane est largement supérieure à son énergie de vaporisation.

Rappel

Pour comparer deux grandeurs exprimées dans la même unité, on effectue leur rapport.

Les transformations chimiques

CHAPITRE 7

1 | Transformation chimique et réaction chimique

■ Une **transformation est le passage d'un système** (ensemble d'espèces chimiques) **d'un état initial à un état final**. Lors d'une transformation chimique, des espèces initialement présentes disparaissent (en partie ou totalement) avec formation de nouvelles espèces chimiques.

■ La transformation chimique est modélisée par une réaction chimique qui traduit le passage des espèces chimiques consommées (les **réactifs**) aux espèces chimiques formées (les **produits**).

■ La réaction est modélisée par **l'équation de la réaction chimique** :

Réactifs → Produits

■ Des espèces sont dites **spectatrices** si elles ne participent pas à la réaction chimique. Elles n'apparaissent pas dans l'équation de la réaction chimique.

Exemple : Un clou en fer est placé dans une solution aqueuse de sulfate de cuivre (II).

• On observe une modification du système : une transformation chimique a lieu. Le système à l'état final contient des ions fer (II).

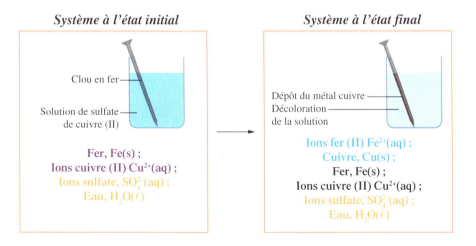

Système à l'état initial   *Système à l'état final*

Clou en fer

Solution de sulfate de cuivre (II)

Dépôt du métal cuivre
Décoloration de la solution

Fer, Fe(s) ;
Ions cuivre (II) Cu²⁺(aq) ;
Ions sulfate, SO₄²⁻(aq) ;
Eau, H₂O(ℓ)

Ions fer (II) Fe²⁺(aq) ;
Cuivre, Cu(s) ;
Fer, Fe(s) ;
Ions cuivre (II) Cu²⁺(aq) ;
Ions sulfate, SO₄²⁻(aq) ;
Eau, H₂O(ℓ)

- Une partie du **fer métallique** et une partie des **ions cuivre (II)** ont été consommés : ce sont les **réactifs**.
- Du **cuivre métallique** et des **ions fer (II)** ont été formés : ce sont les **produits**.
- Les **ions sulfate** et l'**eau** n'ont pas été transformés : ce sont des **espèces spectatrices**. Ils n'apparaissent pas dans l'équation de la réaction chimique.
- Ainsi, on peut écrire :

$$\text{ions cuivre (II)} + \text{fer} \rightarrow \text{cuivre} + \text{ions fer (II)}$$

- L'équation de la réaction chimique s'écrit :

$$Cu^{2+}(aq) + Fe(s) \rightarrow Cu(s) + Fe^{2+}(aq)$$

■ Une équation de réaction chimique indique dans quelles proportions les **réactifs** sont consommés et les **produits** sont formés.

■ L'équation de la réaction chimique traduit **la conservation des éléments et de la charge électrique** entre les réactifs et les produits.

■ **Ajuster une équation de réaction chimique** consiste à placer des nombres, appelés **nombres stœchiométriques**, devant les formules chimiques pour respecter ces lois de conservation.

Exemple : L'équation de la réaction chimique entre les ions cuivre (II) et le fer métallique respecte :
- la conservation des éléments : les éléments cuivre et fer sont conservés ;

$$Cu^{2+}(aq) + Fe(s) \rightarrow Cu(s) + Fe^{2+}(aq)$$
$$\downarrow \qquad \downarrow \qquad \downarrow \qquad \downarrow$$
$$1\ Cu \qquad 1\ Fe \qquad 1\ Cu \qquad 1\ Fe$$

- la conservation de la charge électrique : deux charges électriques positives dans les réactifs et les produits.

$$Cu^{2+}(aq) + Fe(s) \rightarrow Cu(s) + Fe^{2+}(aq)$$
$$\downarrow \qquad\qquad\qquad\qquad\qquad \downarrow$$
$$2+ \qquad\qquad\qquad\qquad\qquad 2+$$

2 Bilan de matière

■ Les quantités de matière des réactifs diminuent au cours du temps alors que celles des produits augmentent.

■ Le **réactif limitant** est le réactif qui est entièrement consommé par la réaction chimique ; il n'apparaît pas dans l'état final. La réaction chimique s'arrête en raison de la disparition du réactif limitant. La quantité finale de ce réactif est alors nulle.

■ Si tous les réactifs sont entièrement consommés, on dit que les réactifs ont été introduits ou mélangés dans les **proportions stœchiométriques**.

■ **Dans un mélange stœchiométrique, les quantités initiales sont proportionnelles aux nombres stœchiométriques**. Ainsi, si on considère un système comportant initialement $n_i(A)$ moles d'une espèce A et $n_i(B)$ moles d'une espèce B et que le système se transforme avec formation d'une espèce C, selon l'équation de la réaction chimique :

$$a\,A + b\,B \rightarrow c\,C$$

dans un mélange stœchiométrique, on a :

$$\frac{n_i(A)}{a} = \frac{n_i(B)}{b}$$

3 Réactions chimiques exothermiques et endothermiques

■ Une réaction chimique qui **libère de l'énergie** sous forme de chaleur est dite **exothermique**.

■ Une réaction chimique qui **absorbe de l'énergie** sous forme de chaleur est dite **endothermique**.

■ L'**énergie libérée par la réaction chimique** augmente quand **la quantité de matière de réactif limitant augmente**.

1 ▸ Établir l'équation d'une réaction chimique

Dans un tube à essai, on verse un mélange d'oxyde de cuivre CuO(s) et de carbone (poudre noire finement divisée). On dispose un tube à dégagement à l'extrémité du tube à essai. On chauffe lentement et on plonge le tube à dégagement dans de l'eau de chaux. On observe que l'eau de chaux se trouble et qu'un dépôt rouge de cuivre Cu(s) apparaît dans le tube à essai.

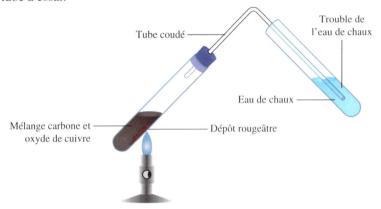

Tube coudé

Trouble de l'eau de chaux

Eau de chaux

Mélange carbone et oxyde de cuivre

Dépôt rougeâtre

1. Citer le gaz mis en évidence par l'eau de chaux.

2. Pourquoi peut-on dire qu'une transformation chimique a eu lieu dans le tube à essai ?

3. On modélise cette transformation chimique par une réaction chimique. Au cours de cette réaction chimique, le carbone et l'oxyde de cuivre ont été consommés.

a) Identifier les réactifs.

b) Identifier les produits.

4. Établir l'équation de la réaction chimique et l'ajuster.

1. Le gaz mis en évidence par l'eau de chaux est le **dioxyde de carbone**.

2. Une transformation chimique a lieu car le système a évolué. Des modifications sont observées : dépôt rougeâtre et dégagement gazeux. Des espèces chimiques ont été consommées (carbone et oxyde de cuivre) ; de nouvelles espèces chimiques se sont formées (dioxyde de carbone et cuivre métallique).

3. a) Les réactifs sont les espèces consommées : **carbone** et **oxyde de cuivre**.

b) Les produits sont les espèces formées : **dioxyde de carbone** et **cuivre**.

> **Rappel**
> Identification d'espèces chimiques : voir Chapitre 1.

4. L'équation de la réaction chimique s'écrit :

$$...C(s) + ... CuO(s) \rightarrow ... CO_2(g) + ... Cu(s)$$

L'élément carbone est conservé :

$$...\underset{\downarrow}{C}(s) + ... CuO(s) \rightarrow \underset{\downarrow}{C}O_2(g) + ... Cu(s)$$
$$\quad 1\,C \qquad\qquad\qquad 1\,C$$

> **Rappel**
>
> Ne pas oublier de préciser l'état physique des réactifs et des produits dans l'équation de la réaction.

En revanche, l'élément oxygène ne l'est pas :

$$C(s) + ... Cu\underset{\downarrow}{O}(s) \rightarrow ... C\underset{\downarrow}{O}_2(g) + ... Cu(s).$$
$$\qquad\qquad 1\,O \qquad\quad 2\,O$$

On ajoute donc le nombre 2 devant la formule de l'oxyde de cuivre $CuO(s)$:

$$C(s) + \mathbf{2}\ CuO(s) \rightarrow CO_2(g) + ... Cu(s)$$

L'élément cuivre n'est plus conservé :

$$\underset{\downarrow}{C}(s) + \mathbf{2}\ \underset{\downarrow}{Cu}O(s) \rightarrow CO_2(g) + ... \underset{\downarrow}{Cu}(s)$$
$$\qquad\quad 2\,Cu \qquad\qquad\qquad 1\,Cu$$

> **Remarque**
>
> L'équation se lit : 1 mole de carbone et 2 moles d'oxyde de cuivre réagissent pour former 1 mole de dioxyde de carbone et 2 moles de cuivre.

On ajoute donc le nombre 2 devant la formule du cuivre métallique $Cu(s)$:

$$\underset{\downarrow}{C}(s) + \mathbf{2}\ \underset{\downarrow}{Cu}\underset{\downarrow}{O}(s) \rightarrow \underset{\downarrow}{C}\underset{\downarrow}{O}_2(g) + \mathbf{2}\ \underset{\downarrow}{Cu}(s)$$
$$1\,C \quad 2\,Cu\ 2O \qquad 1\,C\ 2O \qquad 2\,Cu$$

Tous les éléments chimiques sont désormais conservés.

Le nombre 1 ne s'écrit pas dans une équation de réaction chimique. Ainsi :

$$C(s) + CuO(s) \rightarrow CO_2(g) + 2\ Cu(s)$$

La conservation de la charge est assurée puisque, dans les réactifs et les produits, les atomes et les molécules sont électriquement neutres.

💡 À RETENIR

• Pour ajuster l'équation, il ne faut jamais modifier la formule chimique des espèces chimiques.

• Dans une équation de réaction chimique, le nombre stœchiométrique 1 ne s'écrit pas.

• Les nombres stœchiométriques peuvent être des nombres entiers ou des nombres fractionnaires car l'équation de la réaction chimique traduit un bilan molaire. Elle pourrait s'écrire :

$$\frac{1}{2}\ C(s) + 2\ CuO(s) \rightarrow \frac{1}{2}\ CO_2(g) + Cu(s)$$

2 Identifier un réactif limitant par une étude qualitative

On réalise la combustion du carbone dans le dioxygène. Du fusain (considéré comme du carbone pur) est brûlé dans un flacon rempli de dioxygène. Le fusain brûle pendant quelques minutes puis la combustion s'arrête.

On introduit une buchette enflammée : celle-ci s'éteint.

On ajoute de l'eau de chaux dans le flacon : celle-ci se trouble.

À la fin, une partie du carbone a disparu.

1. Quelle expérience a été réalisée pour montrer la disparition du dioxygène ?

2. Identifier le gaz mis en évidence par le trouble de l'eau de chaux.

3. Nommer les réactifs et les produits de la réaction chimique.

4. Déterminer le réactif limitant. Justifier.

CORRIGÉ COMMENTÉ

1. L'introduction d'une buchette enflammée dans le flacon permet de vérifier la présence du gaz dioxygène. En présence de dioxygène la flamme se ravive. Dans cette expérience, la buchette s'éteint : le dioxygène a donc été totalement consommé.

> **Rappel**
> Identification d'espèces chimiques : voir Chapitre 1.

2. L'eau de chaux se trouble en présence de **dioxyde de carbone.**

3. Les **réactifs** sont les espèces consommées : **carbone** et **dioxygène**.

Les **produits** sont les espèces formées : le **dioxyde de carbone**.

> **Remarque**
> Le carbone qui reste dans l'état final n'est pas un produit de la réaction mais le réactif en excès.

4. Le réactif limitant est le dioxygène car il est entièrement consommé par la réaction chimique. On ne le retrouve pas dans l'état final.

À RETENIR

• Pour déterminer le réactif limitant, il faut commencer par identifier les réactifs (espèces consommées). Le réactif limitant est l'espèce qui a été entièrement consommée par la réaction chimique ; cette espèce n'existe plus dans l'état final.

• Lorsque l'un des réactifs est limitant, il peut être appelé aussi « réactif en défaut ». L'autre réactif est dit « en excès ».

3 Identifier un réactif limitant par une étude quantitative

Dans un erlenmeyer, on introduit de l'acide chlorhydrique $H^+(aq) + C\ell^-(aq)$ et un morceau de calcaire constitué principalement de carbonate de calcium $CaCO_3(s)$. Une effervescence a lieu.

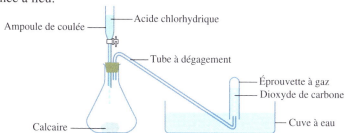

- Ampoule de coulée
- Acide chlorhydrique
- Tube à dégagement
- Éprouvette à gaz
- Dioxyde de carbone
- Calcaire
- Cuve à eau

L'équation de la réaction chimique s'écrit :

$$2\ H^+(aq) + CaCO_3(s) \rightarrow CO_2(g) + Ca^{2+}(aq) + H_2O(\ell)$$

Les quantités initiales des réactifs sont :

$$n(H^+) = 0,030\ \text{mol} \; ; \; n(CaCO_3) = 0,020\ \text{mol}$$

1. a) Identifier les réactifs et les produits de la réaction chimique.
b) Pourquoi les ions chlorure n'apparaissent-ils pas dans l'équation de la réaction chimique ?
2. Déterminer le réactif limitant.

1. a) Les réactifs sont les **ions hydrogène $H^+(aq)$ et le carbonate de calcium $CaCO_3$ (s)**.
b) Les ions chlorure ne sont pas notés dans l'équation de la réaction car **ce sont des ions spectateurs**.
2. D'après l'équation de la réaction chimique, **2** moles d'ions hydrogène $H^+(aq)$ réagissent avec **1** mole de carbonate de calcium $CaCO_3$ (s).

$$2\ H^+(aq) + 1\ CaCO_3(s) \rightarrow CO_2(g) + Ca^{2+}(aq) + H_2O(\ell)$$

Les réactifs sont introduits dans les proportions stœchiométriques si :

$$\frac{n(H^+)}{2} = \frac{n(CaCO_3)}{1}$$

Compte tenu des quantités de matière initiales des réactifs, on a :

$$\frac{n(H^+)}{2} = \frac{0,030}{2} \; ; \; \frac{n(H^+)}{2} = \mathbf{0,015\ mol}$$

$$\frac{n(CaCO_3)}{1} = \frac{0,020}{1} \;;\; \frac{n(CaCO_3)}{1} = 0,020 \text{ mol}.$$

On constate que : $\dfrac{n(H^+)}{2} < \dfrac{n(CaCO_3)}{1}$

Les **ions hydrogène sont donc le réactif limitant**.

💡 À RETENIR

• Les espèces introduites ne sont pas obligatoirement des réactifs ; certaines espèces sont spectatrices.

• Pour déterminer le réactif limitant d'une réaction chimique d'équation :
$$a\,A + b\,B \rightarrow c\,C + d\,D$$
– déterminer les quantités initiales des réactifs $n_0(A)$ et $n_0(B)$;

– calculer les rapports $\dfrac{n_0(A)}{a}$ et $\dfrac{n_0(B)}{b}$;

– comparer ces rapports :

• si $\dfrac{n_0(A)}{a} = \dfrac{n_0(B)}{b}$, alors les réactifs sont introduits dans les proportions stœchiométriques ;

• si $\dfrac{n_0(A)}{a} < \dfrac{n_0(B)}{b}$, alors A est le réactif limitant ;

• si $\dfrac{n_0(A)}{a} > \dfrac{n_0(B)}{b}$, alors B est le réactif limitant.

• Le réactif limitant n'est pas forcément celui introduit en plus petite quantité ; il faut tenir compte des nombres stœchiométriques de l'équation de la réaction. Dans l'exemple de l'exercice ci-dessus, les ions hydrogène ont été introduits en plus grande quantité ($n(H^+) = 0,030$ mol) que le carbonate de calcium ($n(CaCO_3) = 0,020$ mol) et pourtant, ils sont limitants.

4 ▶ Étudier des effets thermiques

EXERCICE TYPE

Dans un calorimètre, on verse 10 mL d'une solution d'acide chlorhydrique $H^+(aq) + C\ell^-(aq)$ de concentration en masse égale à 40 g.L^{-1} en ions hydrogène $H^+(aq)$. La température initiale de la solution est θ_i.

Avec précaution, on y ajoute 10 mL d'une solution d'hydroxyde de sodium $Na^+(aq) + HO^-(aq)$, de concentration en masse égale à 17 g.L^{-1} en ions hydroxyde $HO^-(aq)$.

On agite quelques secondes et on mesure la température finale θ_{f_i} du mélange réactionnel : $\theta_{f_i} > \theta_i$.

Dans les conditions de l'expérience, les ions hydroxyde HO⁻ sont limitants.

1. Écrire l'équation de la réaction chimique sachant que les ions chlorure $C\ell^-$(aq) et les ions sodium Na^+(aq) sont spectateurs et que le seul produit formé est l'eau $H_2O(\ell)$.

2. La réaction chimique est-elle endothermique ou exothermique ? Justifier.

3. On recommence l'expérience, dans les mêmes conditions, en introduisant 10 mL d'une solution d'acide chlorhydrique de concentration en masse égale à 40 g.L⁻¹ en ions hydrogène H^+(aq) et 10 mL d'une solution d'hydroxyde de sodium, Na^+(aq) + HO⁻(aq), de concentration en masse égale à 34 g.L⁻¹ en ions hydroxyde HO⁻ (aq). La température finale du mélange réactionnel est telle que $\theta_{f_2} > \theta_{f_1}$.

Conclure quant à l'influence de la quantité de réactif limitant sur la température finale d'un même volume de milieu réactionnel.

CORRIGÉ COMMENTÉ

1. L'équation de la réaction s'écrit :

$$H^+(aq) + HO^-(aq) \rightarrow H_2O(\ell).$$

Rappel
Ne pas mettre les espèces spectatrices dans l'équation de la réaction.

2. La température du milieu réactionnel s'élève au cours de la réaction. La réaction chimique est **exothermique**.

3. L'élévation de température du milieu réactionnel est plus importante lorsque la concentration en masse de réactif limitant double.

L'énergie libérée par la réaction augmente quand la quantité de réactif limitant augmente.

À RETENIR

Lorsque la température du milieu réactionnel augmente ($\theta_f > \theta_i$), le système cède de l'énergie au milieu extérieur ; la réaction est exothermique.

Dans le cas contraire, la réaction est endothermique.

Connaître le cours

Pour chaque exercice du *connaître le cours*, indiquer la (ou les) bonne(s) réponse(s) :

1 ⏱ **3 min** Transformation chimique ; réaction chimique

	A	B	C
1. Au cours d'une réaction chimique :	des réactifs sont formés	des réactifs sont consommés	des produits sont formés
2. Une transformation chimique :	modélise une réaction chimique	est modélisée par une réaction chimique	est modélisée par une équation de réaction chimique
3. Une réaction chimique :	modélise une transformation chimique	est modélisée par une transformation chimique	est modélisée par une équation de réaction chimique
4. Une équation de réaction chimique traduit la conservation :	des espèces chimiques	des éléments chimiques	de la charge électrique
5. L'équation de la réaction de combustion du fer Fe(s) dans le dioxygène O_2(g) peut s'écrire :	$Fe(s) + O_2(g)$ $\rightarrow Fe_3O_4(s)$	$3\ Fe(s) + O_4(g)$ $\rightarrow Fe_3O_4(s)$	$3\ Fe(s) + 2\ O_2(g)$ $\rightarrow Fe_3O_4(s)$

➜ *Corrigé p. 125*

2 ⏱ **5 min** Bilan de matière

	A	B	C
1. Le réactif limitant :	est toujours introduit en plus petite quantité	est entièrement consommé en fin de réaction chimique	consomme entièrement l'autre réactif
2. On considère l'équation : $2\ C(s) + O_2(g) \rightarrow 2\ CO(g)$ **Lors de la réaction chimique entre 2,0 mol de carbone C(s) et 4,0 mol de dioxygène O_2(g) :**	C(s) est limitant	O_2(g) est limitant	les deux réactifs ont été introduits en proportion stœchiométrique
3. Lors de la réaction chimique modélisée à la question précédente, les réactifs ont été introduits en proportions stœchiométriques si :	$n(C) = 2{,}0$ mol et $n(O_2) = 2{,}0$ mol	$n(C) = 4{,}0$ mol et $n(O_2) = 2{,}0$ mol	$n(C) = 2{,}0$ mol et $n(O_2) = 4{,}0$ mol

➜ *Corrigé p. 125*

3 ⏱ **2 min** Réactions chimiques exothermiques et endothermiques

	A	**B**	**C**
1. Une transformation chimique :	peut être exothermique	peut être endothermique	ne s'accompagne jamais d'une baisse de température
2. Lors d'une transformation exothermique :	le système cède de l'énergie	le système reçoit de l'énergie	la température du système ne varie pas
3. L'élévation de température d'un milieu réactionnel est plus importante lorsque :	la concentration du réactif limitant est plus grande	la concentration du réactif limitant est plus petite	la masse du réactif limitant est plus grande, pour un volume donné

→ *Corrigé p. 125*

Appliquer le cours et les savoir-faire

4 ⏱ **15 min** ★
→ COMMENT FAIRE **1**

Ajuster les équations des réactions chimiques suivantes :

1. $C(s) + O_2(g) \rightarrow CO(g)$
2. $C(s) + CuO(s) \rightarrow CO_2(g) + Cu(s)$
3. $Ag^+(aq) + Cu(s) \rightarrow Cu^{2+}(aq) + Ag(s)$
4. $SO_2(g) + O_2(g) \rightarrow SO_3(g)$
5. $FeO(s) \rightarrow Fe_3O_4(s) + Fe(s)$
6. $Cu^{2+}(aq) + HO^-(aq) \rightarrow Cu(OH)_2(s)$
7. $Na(s) + H_2O(\ell) \rightarrow Na^+(aq) + HO^-(aq) + H_2(g)$
8. $C_2H_6(g) + O_2(g) \rightarrow CO_2(g) + H_2O(\ell)$

→ *Corrigé p. 125*

5 ⏱ **8 min** ★
→ COMMENT FAIRE **1 et 2**

Dans un tube à essais, on introduit de la poudre de zinc $Zn(s)$ et de l'acide chlorhydrique $H^+(aq) + C\ell^-(aq)$. En fin de réaction, on constate que :
– la température et le pH du mélange ont augmenté ;
– le zinc métallique $Zn(s)$ a entièrement disparu ;
– il reste des ions hydrogène $H^+(aq)$ dans le milieu réactionnel mais en quantité plus faible ;
– la quantité d'ions chlorure $C\ell^-(aq)$ est restée identique ;
– des ions zinc $Zn^{2+}(aq)$ ont été formés ;
– du dihydrogène $H_2(g)$ s'est formé.

1. Pourquoi peut-on affirmer qu'une transformation chimique s'est produite ? Justifier la réponse.

2. Identifier les réactifs et les produits de la réaction chimique.

3. Identifier le réactif limitant.

4. Identifier l'espèce spectatrice.

5. Écrire et ajuster l'équation de la réaction chimique.　　→ *Corrigé p. 125*

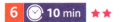

Dans un tube à essai, on introduit : 0,1 mol de poudre d'aluminium $A\ell(s)$ et quelques millilitres d'une solution d'acide chlorhydrique $H^+(aq) + C\ell^-(aq)$. Seuls les ions hydrogène $H^+(aq)$ réagissent. Leur quantité initiale est égale à 0,3 mol. On observe un dégagement gazeux de dihydrogène $H_2(g)$ et il se forme des ions aluminium $A\ell^{3+}(aq)$. La quantité d'ions chlorure $C\ell^-(aq)$ n'a pas varié.

1. Écrire et ajuster l'équation de cette réaction chimique.

2. Les réactifs ont-ils été introduits en proportions stœchiométriques ? Justifier.

→ *Corrigé p. 126*

Dans un flacon contenant 0,3 mol de dioxyde de carbone $CO_2(g)$, on introduit 0,4 mol de magnésium métallique $Mg(s)$ enflammé. Une vive lumière se produit et la température du milieu réactionnel augmente. En fin de réaction chimique, il ne reste plus de magnésium ; il s'est formé du carbone $C(s)$ et de l'oxyde de magnésium $MgO(s)$. Il reste du dioxyde de carbone $CO_2(g)$.

1. La transformation chimique est-elle exothermique ou endothermique ? Justifier.

2. Écrire et ajuster l'équation de la réaction chimique.

3. Pourquoi peut-on affirmer que le magnésium est le réactif limitant ?

4. Montrer, par des calculs, que l'affirmation de la question 3. est justifiée.

→ *Corrigé p. 127*

S'entraîner au raisonnement

0,60 mol d'aluminium $A\ell(s)$ réagissent avec 0,60 mol de soufre $S(s)$ pour former du sulfure d'aluminium $A\ell_2S_3(s)$.

• Les réactifs ont-ils été introduits en proportions stœchiométriques ?

→ *Corrigé p. 127*

Dans un ballon, on introduit quelques millilitres d'eau liquide. On chauffe : l'eau entre en ébullition et chasse l'air du ballon. On introduit de la poudre d'aluminium $A\ell(s)$ dans le ballon rempli de vapeur d'eau. Une poudre blanche d'oxyde d'aluminium $A\ell_2O_3(s)$ se forme.

1. L'ébullition de l'eau est-elle une transformation chimique ? Justifier.

2. Écrire et ajuster l'équation de la réaction chimique qui se produit dans le ballon sachant qu'une espèce chimique se forme en même temps que l'oxyde d'aluminium. Cette espèce gazeuse est composée de molécules ne comportant que des atomes d'hydrogène. Elle peut exploser au contact d'une flamme.

➜ Corrigé p. 127

On verse quelques millilitres d'une solution incolore d'acide chlorhydrique $H^+(aq) + C\ell^-(aq)$ sur de l'oxyde de cuivre $CuO(s)$. L'oxyde de cuivre est une poudre noire.

Le pH de la solution augmente et la solution aqueuse prend une coloration bleue caractéristique de la présence d'ions cuivre (II) $Cu^{2+}(aq)$.

La quantité d'oxyde de cuivre a diminué alors que celle des ions chlorure $C\ell^-(aq)$ n'a pas varié.

1. Avec les données de l'énoncé, déterminer les réactifs et l'un des produits de la réaction chimique.

2. Écrire et ajuster l'équation de cette réaction chimique.

Donnée : le pH donne une indication de la quantité d'ions hydrogène $H^+(aq)$ présents dans une solution aqueuse ; plus le pH est élevé, moins la concentration en ions hydrogène d'une solution est grande.

➜ Corrigé p. 127

1. On chauffe un mélange stœchiométrique de fer $Fe(s)$ et de soufre $S_8(s)$. Il se forme du sulfure de fer $FeS(s)$. Déterminer la quantité de soufre nécessaire si l'on introduit 1,60 mol de fer.

2. Si l'on remplace le fer par de l'aluminium $A\ell(s)$, il se forme du sulfure d'aluminium $A\ell_2S_3(s)$. Déterminer la quantité de soufre nécessaire si l'on introduit 1,60 mol d'aluminium.

➜ Corrigé p. 127

Exercice ⏱ **20** min **10 points**

Sur une brique, on dépose un petit tas de permanganate de potassium en poudre $KMnO_4(s)$.

On laisse tomber quelques gouttes d'un liquide très visqueux, le glycérol $C_3H_5(OH)_3(\ell)$.

Quelques secondes après, de la fumée se dégage et des flammes violettes apparaissent.

Il se forme du carbonate de potassium $K_2CO_3(s)$, de l'oxyde de manganèse $Mn_2O_3(s)$, du dioxyde de carbone $CO_2(g)$ et de l'eau $H_2O(g)$.

	C 2	A 5	R 3	10 points
1. Définir une réaction chimique.	×			/ 1
2. Pourquoi peut-on affirmer qu'une transformation chimique a eu lieu ?		×		/ 1
3. La transformation est-elle exothermique ou endothermique ? Justifier.		×		/ 1
4. Écrire et ajuster l'équation de la réaction chimique.		×		/ 3
5. On dépose 0,070 mol de permanganate de potassium sur la brique et 0,020 mol de glycérol. **a)** Définir le réactif limitant.	×			/ 1
b) Déterminer lequel, du permanganate de potassium ou du glycérol, est le réactif limitant.			×	/ 3

➔ *Corrigé p. 129*

CORRIGÉS

1 → *Énoncé p. 120*

1. B & C ; **2.** B ; **3.** A & C ; **4.** B & C ; **5.** C

2 → *Énoncé p. 120*

1. B ; **2.** A ; **3.** B

3 → *Énoncé p. 121*

1. A & B ; **2.** A ; **3.** A & C

4 → *Énoncé p. 121*

1. $2\ C(s) + O_2(g) \rightarrow 2\ CO(g)$

2. $C(s) + 2\ CuO(s) \rightarrow CO_2(g) + 2\ Cu(s)$

3. $2\ Ag^+(aq) + Cu(s) \rightarrow Cu^{2+}(aq) + 2\ Ag(s)$

4. $2\ SO_2(g) + O_2(g) \rightarrow 2\ SO_3(g)$

5. $4\ FeO(s) \rightarrow Fe_3O_4(s) + Fe(s)$

6. $Cu^{2+}(aq) + 2\ HO^-(aq) \rightarrow Cu(OH)_2(s)$

7. $2\ Na(s) + 2\ H_2O(\ell) \rightarrow 2\ Na^+(aq) + 2\ HO^-(aq) + H_2(g)$

8. $C_2H_6(g) + \dfrac{7}{2}O_2(g) \rightarrow 2\ CO_2(g) + 3\ H_2O(\ell)$

Ou bien : $2\ C_2H_6(g) + 7\ O_2(g) \rightarrow 4\ CO_2(g) + 6\ H_2O(\ell)$

5 → *Énoncé p. 121*

1. Une transformation chimique s'est produite car :
– des modifications ont eu lieu (le pH et la température ont augmenté) ;
– de nouvelles espèces sont apparues à l'état final (des ions zinc Zn^{2+}(aq) et du dihydrogène H_2(g)) ;
– des espèces ont été consommées entièrement ou en partie (zinc métallique Zn(s) et ions hydrogène H^+(aq)) ;

2. Les espèces consommées sont les réactifs : **Zn(s) et H^+(aq)**.
Les espèces formées sont les produits : **Zn^{2+}(aq) et H_2(g)**.

3. Le réactif limitant est l'espèce qui a été entièrement consommée. Le zinc métallique **Zn(s) a entièrement disparu : c'est le réactif limitant**.

4. Une espèce spectatrice ne participe pas à la transformation. **La quantité d'ions chlorure $C\ell^-$(aq) est restée identique : ils sont spectateurs**.

5. On établit l'équation de la réaction chimique :

$$Zn(s) + 2\ H^+(aq) \rightarrow Zn^{2+}(aq) + H_2(g).$$

Remarque

Les éléments sont conservés :

Réactifs	Produits
1 Zn dans Zn(s)	1 Zn dans Zn^{2+}(aq)
2 H dans 2 H^+(aq)	2 H dans H_2(g)

Les charges sont conservées :

Réactifs	Produits
2+ dans 2 H^+(aq)	2+ dans Zn^{2+}(aq)

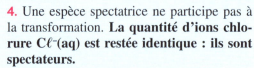

6 → *Énoncé p. 122*

1. L'équation de la réaction chimique, non ajustée, s'écrit :

$$...A\ell(s) + ...H^+(aq) \rightarrow ...H_2(g) + ...A\ell^{3+}(aq).$$

Remarque

Devant la formule du dihydrogène H_2(g), le nombre stœchiométrique 1 ne s'écrit pas.

Pour former une mole de dihydrogène H_2(g), deux moles d'ions hydrogène H^+(aq) ont réagi ; ainsi :

$$...A\ell(s) + \mathbf{2\ H^+}(aq) \rightarrow H_2(g) + ...A\ell^{3+}(aq).$$

Pour l'élément aluminium, l'équation est, pour l'instant, ajustée.
Cette équation doit respecter la loi de conservation des charges :

$$...A\ell(s) + 2\ H^+(aq) \rightarrow H_2(g) + ...A\ell^{3+}(aq).$$

2 H^+(aq) apportent deux charges + et $A\ell^{3+}$(aq) apporte trois charges +. Il doit y avoir autant de charges positives sur l'ensemble des produits que sur l'ensemble des réactifs. Il faut donc trouver un multiple commun à 3 et à 2, soit **6** ; ainsi :

$$...A\ell(s) + \mathbf{6\ H^+}(aq) \rightarrow ...H_2(g) + \mathbf{2}\ A\ell^{3+}(aq).$$

En procédant ainsi, la conservation des éléments n'est plus assurée. Pour assurer la conservation de l'élément aluminium, il faut placer le nombre stœchiométrique **2** devant la formule chimique de l'aluminium $A\ell$(s) :

$$\mathbf{2}\ A\ell(s) + 6\ H^+(aq) \rightarrow ...H_2(g) + 2\ A\ell^{3+}(aq).$$

Pour assurer la conservation de l'élément hydrogène, il faut placer le nombre stœchiométrique 3 devant la formule chimique du dihydrogène H_2(g) :

$$2\ A\ell(s) + \mathbf{6\ H^+}(aq) \rightarrow \mathbf{3\ H_2}(g) + 2\ A\ell^{3+}(aq).$$

Ainsi, l'équation de la réaction chimique s'écrit :

$$\mathbf{2\ A\ell(s) + 6\ H^+(aq) \rightarrow 3\ H_2(g) + 2\ A\ell^{3+}(aq).}$$

2. Les réactifs sont introduits dans les proportions stœchiométriques si :

$$\frac{n(A\ell)}{2} = \frac{n(H^+)}{6}$$

Calculons : $\dfrac{n(A\ell)}{2} = \dfrac{0,1}{2} = 0,05$ mol

$\dfrac{n(H^+)}{6} = \dfrac{0,3}{6} = 0,05$ mol

On a bien : $\dfrac{n(A\ell)}{2} = \dfrac{n(H^+)}{6}$.

Les réactifs ont bien été introduits en proportions stœchiométriques.

7 → *Énoncé p. 122*

1. La réaction chimique est **exothermique** puisque la température du milieu réactionnel augmente.

2. L'équation de la réaction chimique est :
$$2\,Mg(s) + CO_2(g) \rightarrow 2\,MgO(s) + C(s).$$

3. En fin de réaction chimique, il ne reste plus de magnésium et il reste encore du dioxyde de carbone ; **le magnésium est donc limitant**.

4. On calcule :

$\dfrac{n(Mg)}{2} = \dfrac{0,4}{2} = 0,2$ mol

$\dfrac{n(CO_2)}{1} = \dfrac{0,3}{1} = 0,3$ mol

On a bien : $\dfrac{\mathbf{n(Mg)}}{\mathbf{2}} < \dfrac{\mathbf{n(CO_2)}}{\mathbf{1}}$.

Le magnésium est donc bien le réactif limitant.

Remarque

Le magnésium est bien le réactif limitant alors que sa quantité initiale est supérieure à celle du dioxyde de carbone. Il faut donc bien raisonner en tenant compte des nombres stœchiométriques de l'équation de la réaction chimique.

8 → *Énoncé p. 122*

Pour répondre à la question, il faut écrire l'équation de la réaction chimique :
$$2\,A\ell(s) + 3\,S(s) \rightarrow A\ell_2S_3(s)$$

Calculons :

$\dfrac{n(A\ell)}{2} = \dfrac{0,60}{2} = 0,30$ mol

$\dfrac{n(S)}{3} = \dfrac{0,60}{3} = 0,20$ mol

On a : $\dfrac{n(A\ell)}{2} > \dfrac{n(S)}{3}$ donc $A\ell$ est en excès : S est le réactif limitant.

Les réactifs n'ont pas été introduits en proportions stœchiométriques.

Remarque

Les réactifs n'ont pas été introduits en proportions stœchiométriques alors que leurs quantités initiales sont égales. Il faut donc bien raisonner en tenant compte des nombres stœchiométriques de l'équation de la réaction chimique.

9 → *Énoncé p. 122*

1. L'ébullition **n'est pas une transformation chimique** car aucune espèce chimique nouvelle n'est apparue. En revanche, il s'agit d'une transformation physique : **l'eau est passée de l'état liquide à l'état gazeux**.

2. L'eau $H_2O(g)$ et l'aluminium $A\ell(s)$ ont réagi pour donner de l'oxyde d'aluminium $A\ell_2O_3(s)$ et une espèce chimique gazeuse que l'on note pour le moment : E(g) ; l'équation de la réaction chimique peut s'écrire, avant ajustement des nombres stœchiométriques :

$$...A\ell(s) + ...H_2O(g) \rightarrow ...A\ell_2O_3(s) + ...E(g).$$

La conservation de l'élément aluminium conduit à :

$$2\ A\ell(s) + ...H_2O(g) \rightarrow A\ell_2O_3(s) + ...\ E(g).$$

La conservation de l'élément oxygène conduit à :

$$2\ A\ell(s) + 3\ H_2O(g) \rightarrow\ \ A\ell_2O_3(s) + ...\ E(g).$$

La conservation de l'élément hydrogène conduit à envisager l'espèce **dihydrogène comme autre produit de la réaction chimique** (ce qui est confirmé par le test décrit dans l'énoncé). L'équation de la réaction chimique s'écrit alors :

$$2\ A\ell(s) + 3\ H_2O(g) \rightarrow A\ell_2O_3(s) + 3\ H_2(g).$$

Aide

L'élément hydrogène est présent dans l'un des réactifs ; on doit donc le retrouver dans un ou plusieurs produits. L'oxyde d'aluminium ne comporte pas cet élément donc seule l'espèce E contient l'élément hydrogène.

Rappel

Quelques tests d'identification sont rassemblés en page 9 dans le Chapitre 1.

10 → *Énoncé p. 122*

1. L'oxyde de cuivre **CuO(s)**, dont la quantité a diminué, et les ions hydrogène **$H^+(aq)$**, qui sont en quantité plus faible dans l'état final, **sont les réactifs**.

Les ions cuivre **$Cu^{2+}(aq)$** qui donnent la couleur bleue à la solution **sont l'un des produits** de la réaction chimique.

Avec les données de l'énoncé, l'équation de la réaction chimique devrait s'écrire :

$$CuO(s) + H^+(aq) \rightarrow Cu^{2+}(aq).$$

Cette équation doit respecter les lois de conservation des éléments et des charges.

Or, les éléments hydrogène et oxygène présents dans les réactifs, n'apparaissent pas, pour le moment, dans les produits de la réaction chimique.

On peut donc supposer qu'une autre espèce, contenant les éléments hydrogène et oxygène, s'est formée. Cette espèce est sans doute l'**eau $H_2O(\ell)$**. En effet, aucune autre information ne nous est donnée ; seule l'indication d'une solution **aqueuse** est fournie.

L'équation non ajustée s'écrit donc :

$$CuO(s) + H^+(aq) \rightarrow Cu^{2+}(aq) + H_2O(\ell).$$

Les éléments cuivre Cu et oxygène O sont conservés. L'élément hydrogène H ne l'est pas. On ajuste l'équation en écrivant le nombre 2 devant la formule chimique de l'ion hydrogène $H^+(aq)$:

$$CuO(s) + 2\ H^+(aq) \rightarrow Cu^{2+}(aq) + H_2O(\ell).$$

Concernant la conservation de la charge, on compte 2 mol de charges positives sur l'ensemble des produits et 2 mol de charges positives sur l'ensemble des réactifs. La charge est donc conservée :

$$CuO(s) + 2\,H^+(aq) \rightarrow Cu^{2+}(aq) + H_2O(\ell).$$

Ainsi, l'équation de la réaction chimique s'écrit :

$$\textbf{CuO(s) + 2\,H}^+\textbf{(aq)} \rightarrow \textbf{Cu}^{2+}\textbf{(aq) + H}_2\textbf{O(}\ell\textbf{)}.$$

11 → *Énoncé p. 122*

1. L'équation de la réaction s'écrit :
$$8\,Fe(s) + S_8(s) \rightarrow 8\,FeS(s).$$
On calcule :
$$\frac{n(Fe)}{8} = \frac{1,60}{8} = 0,20 \text{ mol.}$$

Si les réactifs sont introduits en proportions stœchiométriques, alors :
$$\frac{n(S_8)}{1} = \frac{n(Fe)}{8} = 0,20 \text{ mol}$$; **ainsi, il faut introduire une quantité de soufre égale à 0,20 mol.**

2. L'équation de la réaction s'écrit :
$$16\,A\ell(s) + 3\,S_8(s) \rightarrow 8\,A\ell_2S_3(s).$$
On calcule :
$$\frac{n(A\ell)}{16} = \frac{1,60}{16} = 0,10 \text{ mol.}$$

Si les réactifs sont introduits en proportions stœchiométriques, alors :
$$\frac{n(S_8)}{3} = \frac{n(A\ell)}{16} = 0,10 \text{ mol}$$; donc : $n(S_8) = 3 \times 0,10$; $\textbf{\textit{n}(S}_8\textbf{) = 0,30 mol.}$

Ainsi, il faut introduire une quantité de soufre égale à 0,30 mol.

INTERROGATION ÉCRITE

Exercice → *Énoncé p. 124*

1. Une **réaction chimique** traduit le passage des espèces chimiques consommées (les **réactifs**) aux espèces chimiques formées (les **produits**).

2. **Des espèces chimiques sont formées** et **des modifications du système sont observables** (apparition de flammes, dégagement de chaleur, etc.).

3. **La transformation est exothermique** puisque des flammes apparaissent.

4. L'équation de la réaction s'écrit :
$$14\,KMnO_4(s) + 4\,C_3H_5(OH)_3(\ell) \rightarrow 7\,K_2CO_3(s) + 7\,Mn_2O_3(s) + 5\,CO_2(g) + 16\,H_2O(g).$$

5. a) Le réactif limitant est **l'espèce qui est consommée totalement** lors d'une réaction chimique.

b) On calcule :

$$\frac{n(\text{KMnO}_4)}{14} = \frac{0{,}070}{14} = 5{,}0 \times 10^{-3} \text{ mol}$$

$$\frac{n(\text{C}_3\text{H}_5(\text{OH})_3)}{4} = \frac{0{,}020}{4} = 5{,}0 \times 10^{-3} \text{ mol.}$$

On trouve que :

$$\frac{n(\text{KMnO}_4)}{14} = \frac{n(\text{C}_3\text{H}_5(\text{OH})_3)}{4}.$$

Les deux réactifs ont été introduits en proportions stœchiométriques ; ils sont donc tous les deux limitants et disparaissent en totalité à la fin de la réaction.

Synthèse chimique

1 Espèces chimiques naturelles et espèces chimiques de synthèse

■ Une espèce chimique peut être **naturelle** (présente dans la nature) ou **de synthèse** (fabriquée par l'Homme).

Exemple : l'espèce vitamine C se trouve naturellement dans les oranges. Sa synthèse a été mise au point par le chimiste polonais Reichstein en 1933.

■ Certaines espèces naturelles sont trop difficiles ou trop onéreuses à extraire du milieu naturel. On préfère alors réaliser leur synthèse en laboratoire.

■ **Une espèce chimique possède les mêmes propriétés, qu'elle soit naturelle ou de synthèse**.

■ Une espèce **artificielle** est une espèce de synthèse qui n'existe pas dans la nature et qui a été inventée en fonction des besoins du consommateur.

Exemple : le polystyrène est une matière plastique inventée par les chimistes.

2 Étape de synthèse

■ Pour réaliser une synthèse en laboratoire, il faut **prélever les réactifs** et éventuellement les solvants. Les réactifs peuvent être :
- des solides : on pèse une masse m ;
- des liquides : on pèse une masse m ou on mesure un volume V.

■ La **synthèse** est réalisée avec un dispositif adapté : le **montage de chauffage à reflux**. Le mélange réactionnel est introduit dans le ballon. L'ensemble est porté à ébullition et les vapeurs dégagées se condensent sur les parois froides du réfrigérant.

■ Dans un montage de chauffage à reflux, le **chauffage** permet d'accélérer la réaction en élevant la température et le **reflux** permet de condenser toutes les vapeurs formées qui retombent dans le ballon (on travaille donc sans perte de matière).

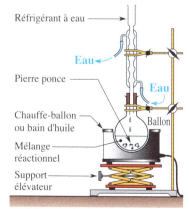

Réfrigérant à eau

Eau

Eau

Pierre ponce

Chauffe-ballon ou bain d'huile

Ballon

Mélange réactionnel

Support élévateur

Montage de chauffage à reflux avec réfrigérant à eau

■ Pour chauffer dans des conditions de sécurité, il faut placer l'appareil de chauffage sur un **support élévateur**. Ainsi, le chauffage peut être arrêté facilement en abaissant l'élévateur, en cas de problème.

■ Un montage de chauffage à reflux avec réfrigérant à air peut être utilisé dans certains cas.

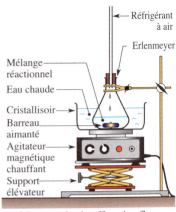

Montage de chauffage à reflux
avec réfrigérant à air

3 Étape d'identification du produit synthétisé

■ **L'identification et le contrôle de la pureté du produit** sont réalisées grâce à des grandeurs caractéristiques comme une température de changement d'état ou un indice de réfraction, par chromatographie, etc. (voir Chapitre 1 « Corps purs et mélanges »).

■ La **chromatographie sur couche mince** (**CCM**) est une technique de séparation et d'identification des espèces contenues dans un mélange (voir Chapitre 1 « Corps purs et mélanges »). Sur le chromatogramme :
– si un dépôt conduit à plusieurs taches, alors le dépôt est constitué de plusieurs espèces chimiques ;
– deux espèces chimiques identiques donnent des taches à la même hauteur.

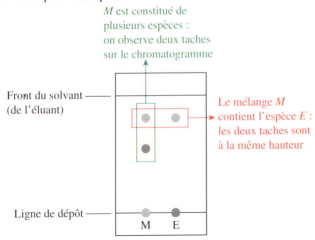

Un mélange a été déposé en M.
Un corps pur a été déposé en E.

1 Peser un liquide pour en prélever un volume donné

EXERCICE TYPE

L'acide sulfurique, dont le pourcentage massique est égal à 97 %, est souvent utilisé lors des synthèses comme catalyseur (espèce chimique qui accélère une réaction sans être consommé par celle-ci ; sa formule n'apparaît donc pas dans l'équation de la réaction). C'est une solution visqueuse très corrosive, de densité $d(S) = 1,84$.

Pour des raisons de sécurité, on souhaite prélever un volume $V(S) = 7,50$ mL de cette solution à l'aide d'une balance.

1. Déterminer la masse volumique $\rho(S)$ de la solution d'acide sulfurique.

2. En déduire la masse $m(S)$ de solution à peser.

3. En déduire la masse $m(A)$ d'acide sulfurique pur que contient le volume $V(S)$ d'acide sulfurique à 97 %.

Donnée : $\rho(eau) = 1,00$ g.mL^{-1}.

CORRIGÉ COMMENTÉ

1. La densité de la solution d'acide sulfurique est donnée par :

$d = \dfrac{\rho(S)}{\rho(eau)}$; on en déduit :

$\rho(S) = d(S) \times \rho(eau) = 1,84 \times 1,00$; $\mathbf{\rho(S) = 1,84\ g.mL^{-1}}$.

2. La masse volumique de la solution est donnée par :

$$\rho(S) = \frac{m(S)}{V(S)}.$$

Ainsi : $m(S) = \rho(S) \times V(S) = 1,84 \times 7,50$; $\mathbf{m(S) = 13,8\ g}$.

3. Le pourcentage massique est donné par (voir Chapitre 1 « Corps purs et mélanges ») :

$P_m(A) = \dfrac{m(A)}{m(S)} = \dfrac{97}{100} = 0,97$.

On en déduit que : $m(A) = 0,97 \times m(S) = 0,97 \times 13,8$; $\mathbf{m(A) = 13,4\ g}$.

> **Point Maths**
> Un pourcentage est une fraction dont le dénominateur est 100.
> *Exemple :*
> $\dfrac{97}{100}$ est un pourcentage. On peut écrire ce nombre 97 % et on le lit « 97 pourcent ».

À RETENIR

• La densité s'exprime par le même nombre que la masse volumique si celle-ci est donnée en g.mL^{-1} ou en kg.L^{-1}.

• La masse $m(E)$ d'une espèce chimique E se calcule à partir de sa masse volumique $\rho(E)$ et de son volume $V(E)$: $m(E) = \rho(E) \times V(E)$.

2 ▸ Expliquer le protocole expérimental d'une synthèse

Le constituant principal de la flaveur artificielle de noix de coco est la lactone γ-nonanoïque. Cette espèce est obtenue à partir de l'acide non-3-ènoïque et d'un catalyseur constitué de petites billes de résine.

Protocole expérimental :

– Introduire dans un ballon 1 g d'acide non-3-énoïque et 1 g de catalyseur sous forme de billes.

– Ajouter 7 mL d'heptane (l'heptane est un solvant inflammable).

– Adapter, sur le ballon, un réfrigérant à eau et placer le ballon dans un chauffe-ballon.

– Chauffer le mélange réactionnel à reflux pendant 1 heure environ. La température est voisine de 120°C.

– Laisser refroidir le mélange à température ambiante.

– Verser le contenu du ballon sur filtre papier : celui-ci permet de récupérer les billes, intactes, du catalyseur.

– Rincer le ballon et les billes du catalyseur avec 15 mL d'heptane.

– Après élimination du solvant, le liquide jaune obtenu a l'odeur de noix de coco.

Donnée : Étiquette de l'heptane

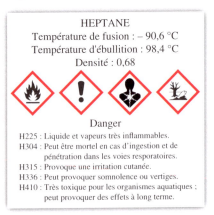

HEPTANE
Température de fusion : – 90,6 °C
Température d'ébullition : 98,4 °C
Densité : 0,68

Danger

H225 : Liquide et vapeurs très inflammables.
H304 : Peut être mortel en cas d'ingestion et de pénétration dans les voies resporatoires.
H315 : Provoque une irritation cutanée.
H336 : Peut provoquer somnolence ou vertiges.
H410 : Très toxique pour les organismes aquatiques ; peut provoquer des effets à long terme.

1. À quoi sert le chauffage à reflux ?

2. Quel est le rôle de l'heptane ? Quelles précautions doit-on prendre avant son utilisation ?

3. Pourquoi doit-on laisser refroidir le mélange avant la filtration ?

4. Pourquoi réalise-t-on une filtration ? Faire un schéma légendé du dispositif de filtration.

5. Pourquoi rince-t-on le ballon et le catalyseur ?

6. Nommer le réactif et le produit de la synthèse.

CORRIGÉ COMMENTÉ

1. Le chauffage à reflux permet de réaliser une transformation chimique à température élevée afin de l'**accélérer**, et **sans perte de matière** puisque les vapeurs sont condensées et retombent dans le ballon.

2. L'heptane est le solvant : il dissout l'acide non-3-énoïque. Il permet une homogénéisation du mélange réactionnel mais ne participe pas à la réaction comme réactif.

– Il est **inflammable** : il faut donc l'éloigner de toute flamme.

– Il est **nocif** : il doit être manipulé sous hotte.

– Il est **toxique pour les organismes aquatiques** : il ne faut pas le jeter dans l'évier.

3. Le mélange doit refroidir pour quatre raisons essentielles :

– **manipulation d'un solvant inflammable** (les vapeurs de solvant peuvent s'enflammer au contact du chauffe-ballon encore chaud) ;

– **dégagement de vapeurs toxiques** ;

– **risque de brûlure** au contact du ballon ;

– **risque d'éclatement du bécher** « froid » lors de la filtration.

4. Par filtration, on **sépare un solide d'un liquide**. On récupère ainsi les billes du catalyseur.

5. Le rinçage permet de **récupérer tout le produit** qui pourrait rester sur les parois du ballon et sur catalyseur.

6. Le réactif est l'acide non-3-énoïque et le produit est la lactone γ-nonanoïque.

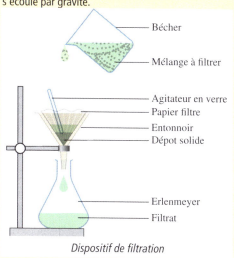

Rappel

Le dispositif de filtration est utilisé pour récupérer un produit solide ; lors d'une filtration simple, le liquide s'écoule par gravité.

Bécher

Mélange à filtrer

Agitateur en verre
Papier filtre
Entonnoir
Dépôt solide

Erlenmeyer
Filtrat

Dispositif de filtration

À RETENIR

• Un schéma n'est pas un dessin : le matériel se représente très simplement, vu en coupe le plus souvent. Les légendes indiquent les principaux éléments du montage et les espèces chimiques qui interviennent dans la réaction.

• Pour repérer les réactifs ou les produits de la réaction à la lecture du protocole, il faut rechercher les mots ou les expressions qui leur sont associés :

– « **on introduit** », « **à partir de** », « **réagissent** », etc. sont des termes associés aux **réactifs** ;

– « **est obtenu** », « **on forme** », « **l'espèce synthétisée** », etc. sont des termes associés aux **produits**.

3 ▶ Interpréter un chromatogramme pour comparer une espèce synthétisée et une espèce naturelle

L'acétate de linalyle est un ester odorant présent dans la lavande. On peut le synthétiser à partir du linalol, espèce naturelle extraite du muguet, et de l'acide éthanoïque.

On réalise une chromatographie sur couche mince en déposant une goutte de solution de linalol (1), une goutte de solution du produit synthétisé (2) et une goutte d'une solution d'extrait naturel de lavande (3). L'éluant est le dichlorométhane. Le chromatogramme est révélé par le diiode.

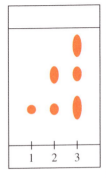

1. Pourquoi le chromatogramme est-il révélé par du diiode ?

2. Justifier que le produit synthétisé n'est pas pur.

3. De quelles espèces est-il constitué ?

4. L'acétate de linalyle a une odeur de rose. Pourquoi n'en est-il pas de même pour l'extrait naturel de lavande ?

1. Le chromatogramme est révélé par du diiode car **les espèces sont incolores**.

2. Le produit déposé en (2) n'est pas pur puisqu'**il apparaît deux taches** sur le chromatogramme.

3. Le linalol est entraîné de la même façon qu'il soit pur ou au sein d'un mélange. **Les taches inférieures correspondent donc au linalol**. **L'acétate de linalyle est sans doute la deuxième tache** présente sur le chromatogramme du produit synthétisé.

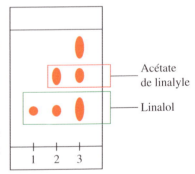

Acétate de linalyle

Linalol

Le produit synthétisé contient donc du linanol et de l'acétate de linalyle.

4. L'odeur caractéristique de la lavande est **due à la présence d'autres espèces**. Le chromatogramme en révèle l'une d'entre elles (tache supérieure), qui n'a pas pu être identifiée.

Une espèce synthétisée migre de la même façon qu'une espèce naturelle (qu'elle soit pure ou dans un mélange) : elle se retrouve donc à la même hauteur sur le chromatogramme. Il est ainsi possible de l'identifier.

EXERCICES

Connaître le cours

Pour chaque exercice du *connaître le cours*, indiquer la (ou les) bonne(s) réponse(s) :

1 ⏱ 2 min Espèces chimiques naturelles et espèces chimiques de synthèse

	A	B	C
1. Une espèce chimique est :	un mélange	une entité chimique	un corps pur
2. Une espèce naturelle :	peut être synthé-tisée à l'identique	peut être copiée mais n'est jamais égalée	ne peut pas être synthétisée
3. Une espèce synthétique :	n'a pas les pro-priétés d'une espèce naturelle	n'existe pas dans la nature	peut être iden-tique à une espèce naturelle

→ Corrigé p. 144

2 ⏱ 2 min Étape de synthèse

	A	B	C
1. Lors d'une synthèse, on prélève :	seulement des produits	des réactifs et des produits	des réactifs mais pas de produit
2. Le schéma d'un montage de chauffage à reflux est :			
3. Lors d'un chauffage à reflux :	le chauffage accélère la réaction	le chauffage condense les vapeurs	le reflux évite les pertes de matière

→ Corrigé p. 144

3 ⏱ **2 min** Étape d'identification du produit synthétisé

	A	B	C
1. Pour identifier une espèce chimique, on peut mesurer :	sa masse volumique	sa masse	son volume
2. Pour identifier un produit liquide, on peut effectuer :	une CCM	une mesure de sa température d'ébullition	une mesure d'un indice de réfraction
3. La CCM est une technique :	de synthèse	d'identification	de séparation
4. Dans ce chromatogramme, le produit naturel déposé en A : Front de l'éluant A B	contient les mêmes espèces que le produit de synthèse déposé en B	ne contient qu'une seule espèce chimique	est un mélange d'espèces chimiques

➜ Corrigé p. 144

Appliquer le cours et les savoir-faire

4 ⏱ **5 min** ★

L'acide acétique pur est l'un des réactifs pouvant permettre de synthétiser l'aspirine.
• Déterminer la masse $m(a)$ que l'on doit peser si l'on veut prélever un volume :
$V(a) = 17,5$ mL d'acide acétique pur.

Données : l'acide acétique pur est un liquide de densité $d(a) = 1,06$.
$\rho(eau) = 1,00$ g.mL^{-1}.

➜ Corrigé p. 144

5 ⏱ **10 min** ★

L'acétate de géranyle est présent dans de nombreuses essences naturelles (comme celle de la lavande...). Il peut être synthétisé à partir du géraniol (extrait des pétales de rose) et d'acide acétique. L'acétate de géranyle est insoluble dans l'eau.

L'étape de synthèse est la suivante :
– introduire, dans un erlenmeyer contenant un barreau aimanté, 15,4 g de géraniol puis 6,0 g d'acide acétique pur ;
– ajouter avec précautions 1 mL d'acide sulfurique concentré dont l'étiquette est reproduite ci-contre ;
– adapter, sur l'erlenmeyer, un réfrigérant à air et placer le tout sous agitation dans un bain-marie.

ACIDE SULFURIQUE
Danger
H314 : Provoque des brûlures de la peau et des lésions oculaires graves.

1. Schématiser le dispositif expérimental utilisé.

2. Le géraniol est un liquide : proposer un protocole expérimental pour le peser.

3. Pourquoi munir l'erlenmeyer d'un réfrigérant à air ?

4. Quelle précaution faut-il prendre lors de l'utilisation de l'acide sulfurique ?

➔ Corrigé p. 144

 6 ⏱ **6 min** ★

➔ COMMENT FAIRE **3**

On réalise la chromatographie sur couche mince du produit synthétisé dans l'exercice-type 3 partie « Comment faire ». Pour cela, on réalise trois dépôts : l'un de géraniol, le deuxième d'acétate de géranyle naturel et le troisième du produit synthétisé dans l'exercice-type 3 « Comment faire ». L'éluant est un mélange de cyclohexane et d'acétate d'éthyle. Après élution puis révélation sous UV, on obtient le chromatogramme ci-contre.

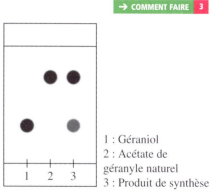

1 : Géraniol
2 : Acétate de géranyle naturel
3 : Produit de synthèse

1. Les espèces déposées sont incolores. Décrire un protocole expérimental pour les révéler après élution.

2. Identifier les taches correspondant au géraniol et à l'acétate de géranyle.

3. Le produit synthétisé est-il pur ?

➔ Corrigé p. 145

S'entraîner au raisonnement

 **7** ⏱ **15 min** ★★

Pour synthétiser de l'aspirine, on met en œuvre le protocole suivant :
– Dans un ballon bien sec, introduire 5,0 g ($3,6 \times 10^{-2}$ mol) d'acide salicylique.
– Ajouter 6,0 mL ($6,4 \times 10^{-2}$ mol) d'anhydride éthanoïque et quelques gouttes d'acide sulfurique concentré.

– Adapter un réfrigérant à eau sur le ballon et chauffer environ 20 min.

– Arrêter le chauffage et ajouter, par petites quantités, une trentaine de millilitres d'eau froide pour détruire l'excès d'anhydride éthanoïque.

– Laisser refroidir : des cristaux d'aspirine se forment.

À la fin de la manipulation, on obtient une masse d'aspirine :
$$m_{exp}(asp) = 5,4 \text{ g } (3,0 \times 10^{-2} \text{ mol}).$$

Données : Pictogrammes de l'anhydride éthanoïque :

Il est également nocif par inhalation et par ingestion.

Densité de l'anhydride éthanoïque : $d(A) = 1,08$.

Masse volumique de l'eau : $\rho(eau) = 1,00 \text{ g.mL}^{-1}$.

	Température de fusion (°C)	**Température d'ébullition** (°C)
Acide salicylique	159	211
Anhydride éthanoïque	– 73	139

1. En utilisant les données du tableau, donner l'état physique des réactifs à température ambiante.

2. On ne dispose que d'une balance. Proposer un protocole expérimental pour prélever l'anhydride éthanoïque. Donner les précautions à prendre.

3. Schématiser le montage de chauffage à reflux.

4. L'équation de la réaction s'écrit :

Acide salicylique + Anhydride éthanoïque → Aspirine + Acide éthanoïque

$$C_7H_6O_3(\ell) + C_4H_6O_3(\ell) \rightarrow C_9H_8O_4(s) + C_2H_4O_2(\ell)$$

Déterminer le réactif limitant.

5. On réalise la chromatographie sur couche mince du produit obtenu, à l'aide d'un éluant approprié. On dépose sur une plaque :

– en 1 : une goutte d'une solution d'aspirine commerciale

– en 2 : une goutte d'une solution d'acide salicylique

– en 3 : une goutte d'une solution du produit synthétisé.

Après révélation sous UV, on obtient le chromatogramme ci-contre. Interpréter le chromatogramme obtenu.

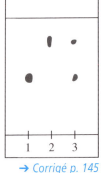

→ Corrigé p. 145

Pour simplifier, on admet que le lait est une émulsion d'eau et de matières grasses. Il contient de la caséine, constituée de différentes protéines. Cette caséine entoure les matières grasses pour former de petits globules en émulsion dans la solution aqueuse du lait. Il est possible de fabriquer une « matière plastique » (la galatithe) à partir du lait. Pour cela, on précipite les globules en ajoutant un acide (jus de citron, vinaigre...) au lait chaud : on obtient alors du lait caillé. L'agglomérat, une fois récupéré, essoré et mis en forme, est un « plastique » thermodurcissable.

1. Chercher le mot « thermodurcissable » dans le dictionnaire.

2. Proposer un protocole expérimental pour obtenir cette « matière plastique ».

3. En schématiser les principales étapes.

→ *Corrigé p. 146*

L'indigo est un colorant bleu qui s'extrait des feuilles des indigotiers par macération dans l'eau. Après un battage de la solution, l'indigo précipite sous forme de flocons bleus.

Aujourd'hui, il est fabriqué à partir du 2-nitrobenzaldéhyde (irritant) et de l'acétone (inflammable, nocif). Le protocole de sa synthèse est le suivant :
– dans un bécher, introduire 1 g de 2-nitrobenzaldéhyde, 20 mL d'acétone ;
– ajouter 40 mL d'eau pour diluer la solution ;
– ajouter doucement 5 mL de soude concentrée (corrosif) tout en agitant vigoureusement la solution : l'indigo précipite.

1. Quelles précautions faut-il prendre lors de l'utilisation des réactifs ?

2. Proposer un protocole expérimental pour récupérer les flocons d'indigo.

3. On réalise une solution d'indigo naturel et d'indigo de synthèse considéré parfaitement purifié. On dépose une petite goutte de chacune d'elle sur une plaque chromatographique qu'on entraîne avec un éluant approprié : dessiner l'allure du chromatogramme obtenu.

→ *Corrigé p. 146*

INTERROGATION ÉCRITE

Exercice ⏱ **30 min** **10 points**

Partie A

La vanilline est l'espèce qui donne son arôme aux gousses de vanille. L'éthylvanilline est une espèce de synthèse ayant la même odeur mais elle n'existe pas dans la nature. On extrait ces deux espèces de deux sachets commerciaux de sucre vanillé et de sucre vanilliné à l'aide d'un solvant organique : le dichlorométhane.

On réalise ensuite une chromatographie des deux phases organiques obtenues en déposant :

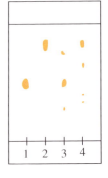

– en 1 : une goutte de solution de vanilline commerciale ;

– en 2 : une goutte de solution d'éthylvanilline commerciale ;

– en 3 : une goutte de la phase organique obtenue à partir du sachet de sucre vanillé ;

– en 4 : une goutte de la phase organique obtenue à partir du sachet de sucre vanilliné ;

Après révélation au diiode, on observe le chromatogramme ci-contre.

Donnée : La vanilline et l'éthylvanilline sont très solubles dans le dichlorométhane.

	C 3,5	A 2	R 1,5	7 points
1. Définir les expressions : « espèce naturelle » et « espèce de synthèse ».	×			/ 0,5
2. Justifier que l'on puisse nommer l'éthylvanilline : « espèce artificielle ».			×	/ 0,5
3. Qu'est-ce qu'une chromatographie sur couche mince ?	×			/ 1
4. Le schéma ci-dessous présente une chromatographie en cours d'élution. Légender le schéma. A — B — C — D — E F	×			/ 1,5

	C 1	A 1,5	R 0,5	3 points
5. Pourquoi le chromatogramme a-t-il été révélé au diiode ?	×			/ 0,5
6. Interpréter le chromatogramme.		×		/ 2
7. L'éthylvanilline est-elle l'analogue de synthèse de la vanilline ?			×	/ 1

Partie B

Il est possible de synthétiser la vanilline au laboratoire. La synthèse se déroule en trois étapes. Seule la première étape est étudiée dans cet exercice. Cette étape consiste à synthétiser de l'acétate d'isoeugénol à partir d'une espèce chimique : l'isoeugénol. Le mode opératoire est le suivant :

– dans un ballon sec, on introduit 20,0 g d'isoeugénol, 40,0 mL d'anhydride éthanoïque et quelques gouttes d'un catalyseur (un catalyseur est une espèce servant à accélérer la réaction ; il n'est pas un réactif et n'apparaît donc pas dans l'équation de la réaction).
– on chauffe à reflux pendant une demi-heure.
– après refroidissement, on filtre le contenu du ballon.

Données : l'anhydride éthanoïque à une densité, $d = 1,08$;
il est corrosif, inflammable, nocif par inhalation et par ingestion ;
il réagit avec l'eau.

	C 1	A 1,5	R 0,5	3 points
1. Pourquoi le ballon doit-il être sec ?			×	/ 0,5
2. Quelles précautions faut-il prendre pour manipuler l'anhydride éthanoïque ?		×		/ 0,5
3. Quel est le rôle d'un chauffage à reflux ?	×			/ 1
4. Si on ne dispose que d'une balance, calculer la masse d'anhydride éthanoïque qu'il faudrait peser pour réaliser la synthèse.		×		/ 1

➔ Corrigé p. 147

CORRIGÉS

1 → *Énoncé p. 137*

1. C ; **2. A** ; **3. C**

2 → *Énoncé p. 137*

1. C ; **2. B** (un support élévateur est indispensable pour des questions de sécurité) ;
3. A et C

3 → *Énoncé p. 138*

1. A ; **2. A, B & C** (CCM : chromatographie sur couche mince) ; **3. B & C** ; **4. A & C**

4 → *Énoncé p. 138*

$\rho(a) = d(a) \times \rho(\text{eau})$ et $m(a) = \rho(a) \times V(a)$.
Ainsi : $m(a) = d(a) \times \rho(\text{eau}) \times V(a) = 1,06 \times 1,00 \times 17,5$; $m(a) = \mathbf{18,6\ g}$.

5 → *Énoncé p. 138*

1. Montage de chauffage à reflux avec réfrigérant à air :

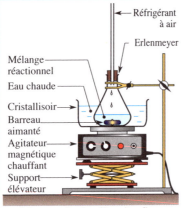

Montage de chauffage à reflux
avec réfrigérant à air

> ### Remarque
> Un montage de chauffage à reflux avec réfrigérant à air a le même rôle qu'un montage de chauffage à reflux avec réfrigérant à eau. Il permet aussi de condenser les vapeurs dégagées dans le mélange réactionnel pour éviter les pertes de matière. Il est quand même moins efficace qu'un montage avec réfrigérant à eau mais il peut suffire dans certains cas.

2. Poser l'erlenmeyer sur une balance. **Tarer** la balance.
Verser le géraniol sans en **faire couler** sur les parois.
3. Le réfrigérant à air condense les vapeurs de substances (réactifs, produits, solvant, catalyseur) qui pourraient s'échapper : **il n'y a donc aucune perte de matière**.
4. L'acide sulfurique est corrosif : le port de **gants**, **lunettes** et **blouse** est obligatoire.

6 → *Énoncé p. 139*

1. Se munir d'un crayon à papier. **Déposer** la plaque CCM sous une lampe UV et **entourer** les taches révélées par la lumière UV.

2.

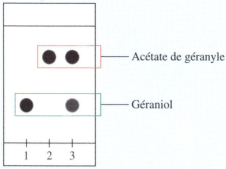

Acétate de géranyle

Géraniol

1 2 3

3. Le produit synthétisé n'est pas pur car il contient encore des traces de géraniol.

7 → *Énoncé p. 139*

1. L'acide salicylique est **solide** puisque **sa température de fusion est supérieure à la température ambiante** que l'on peut évaluer à 20°C.
L'anhydride éthanoïque est **liquide** puisque **sa température de fusion est inférieure à 20°C** et **sa température d'ébullition est supérieure à 20°C**.

2. $m(a) = d(a) \times \rho(eau) \times V(a) = 1,08 \times 1,00 \times 6,0$; $m(a) = 6,5$ **g.**
Il suffit de **peser une masse de 6,5 g** d'anhydride éthanoïque. L'espèce étant inflammable et corrosive, il est nécessaire de **s'éloigner de toute source de chaleur** et de disposer de **gants**, de **lunettes** et de **blouse**. Travailler sous la **hotte** est également indispensable car l'anhydride éthanoïque est nocif par inhalation.

3.

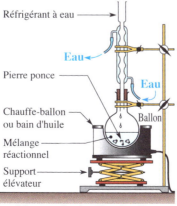

Réfrigérant à eau

Eau

Pierre ponce

Eau

Chauffe-ballon ou bain d'huile

Ballon

Mélange réactionnel

Support élévateur

Montage de chauffage à reflux avec réfrigérant à eau

4. L'équation de la réaction montre que les nombres stœchiométriques sont égaux à 1. Ainsi, **l'anhydride éthanoïque est en excès** par rapport à l'acide salicylique puisque :
$6,4 \times 10^{-2}$ mol $> 3,6 \times 10^{-2}$ mol.

▲ *Remarque*
Lorsqu'un réactif est limitant, l'autre est dit en excès. L'acide acétylsalicylique est donc limitant.

5. Le produit synthétisé est bien l'aspirine mais il n'est pas pur. En effet, des traces d'acide salicylique (l'un des réactifs) sont encore présentes dans le produit : il apparaît deux taches au-dessus du dépôt 3 ; l'une est à la même hauteur que celle correspondant à l'aspirine pure et l'autre, à la même hauteur que celle correspondant à l'acide salicylique pur. Le produit a donc mal été purifié.

8 → *Énoncé p. 141*

1. Thermodurcissable signifie « **qui durcit sous l'action de la chaleur** ».
2. Dans un bécher, **introduire** du lait et du citron. **Faire chauffer** le mélange jusqu'à ce que les globules précipitent. **Filtrer** puis **essorer** l'aggloméré dans un chiffon.
3.

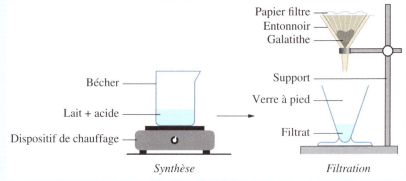

Synthèse   *Filtration*

9 → *Énoncé p. 141*

1. Manipuler sous **hotte** avec **lunettes**, **gants** et **blouse**.
2. On **filtre**.
3. Le produit de synthèse est absolument identique ici au produit naturel puisque constitué d'une seule espèce, **les élutions seront identiques** :

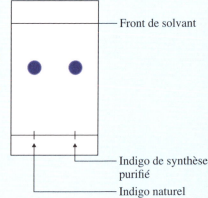

INTERROGATION ÉCRITE

Exercice → *Énoncé p. 142*

Partie A

1. Une espèce chimique **naturelle** est présente dans la nature ; une espèce de **synthèse** est fabriquée par l'Homme.

2. **L'éthylvanilline n'est pas présente dans la nature** ; l'adjectif « **artificiel** » qualifie une espèce qui n'est pas naturelle, qui n'a pas son équivalent dans la nature. Cet adjectif a la même définition qu'en français : quelque chose d'artificiel est créé ; c'est un produit de l'activité humaine.

3. La chromatographie sur couche mince (CCM) est une technique couramment utilisée pour séparer des espèces chimiques dans un but d'**identification** (CCM analytique).

4. A : **cuve** ; B : **front de solvant** ; C : **plaque CCM** ; D : **ligne de dépôt** ; E : **couvercle** ; F : **éluant** (Se reporter au Chapitre 1).

5. Les espèces sont **incolores**.

6. Les deux phases organiques déposées en 3 et 4 sont des **mélanges** : plusieurs taches sont visibles.

La phase organique déposée en 3 contient de la vanilline puisque l'une des espèces a élué à la même hauteur que la vanilline (dépôt 1).

La phase organique déposée en 4 contient de l'éthylvanilline puisque l'une des espèces a élué à la même hauteur que l'éthylvanilline (dépôt 2).

7. **Il ne s'agit pas des mêmes espèces** car elles ont migré à des hauteurs différentes.

Partie B

1. L'anhydride éthanoïque **réagit avec l'eau**.

2. L'espèce étant inflammable et corrosive, il est nécessaire de **s'éloigner de toute source de chaleur** et de disposer de **gants**, de **lunettes** et de **blouse**. Travailler sous la **hotte** est également indispensable car l'anhydride éthanoïque est nocif par inhalation.

3. Dans un montage de chauffage à reflux, **le chauffage permet d'accélérer la réaction** en élevant la température et **le reflux permet de condenser toutes les vapeurs** formées qui retombent dans le ballon (on travaille donc sans perte de matière).

4. $m(\text{a}) = d(\text{a}) \times \rho(\text{eau}) \times V(\text{a}) = 1,08 \times 1,00 \times 40,0$; $m(\text{a}) = \textbf{43,2 g.}$

Il suffit de **peser une masse de 43,2 g** d'anhydride éthanoïque.

CHAPITRE 9

Transformations nucléaires

■ Les transformations nucléaires mettent en jeu les **noyaux** des éléments chimiques et les **particules élémentaires** qui constituent la matière (protons, neutrons et électrons).

1 Nature d'une transformation

■ Une transformation nucléaire diffère d'une transformation chimique par le fait qu'elle ne **respecte pas la conservation des éléments chimiques**.

Exemple de transformation chimique :

$$C_2H_6O + 3\ O_2 \rightarrow 2\ CO_2 + 3\ H_2O$$

Au cours de cette transformation, les éléments chimiques carbone, hydrogène et oxygène sont conservés.

Exemple de transformation nucléaire :

$$^{238}_{92}U \rightarrow\ ^{234}_{90}Th +\ ^{4}_{2}He$$

Au cours de cette transformation, l'élément uranium disparaît, il est transformé en éléments thorium et hélium.

■ Les transformations nucléaires diffèrent également des transformations physiques. Une **transformation physique** conduit à un **changement d'état** de l'espèce chimique.

Exemple : La fusion de la glace est une transformation physique. L'eau passe de l'état solide à l'état liquide.
L'équation de la transformation s'écrit :

$$H_2O(s) \rightarrow H_2O(\ell)$$

L'espèce chimique est conservée mais elle change d'état physique

État physique initial :
eau solide (glace)

État physique final :
eau liquide

2 Écriture conventionnelle des noyaux et des particules élémentaires

■ Au cours des transformations nucléaires les noyaux des atomes sont **modifiés**. Ils sont représentés en utilisant l'écriture conventionnelle (voir Chapitre 3 « Atome et élément chimique ») :

Exemple :

L'écriture conventionnelle du noyau d'un atome de carbone 14 est :

$$^{14}_{6}\text{C}$$

Le noyau contient 14 nucléons dont 6 protons et 8 neutrons.

■ Pour une **même valeur du numéro atomique**, il existe des noyaux pour lesquels le nombre total de nucléons *A* **est différent** : ils sont appelés **isotopes**. Des isotopes **diffèrent donc par leur nombre de neutrons**.

Pour les nommer, on indique le nom de l'élément chimique suivi du nombre de nucléons qu'il renferme (carbone 14, oxygène 18, etc.). Certains isotopes possèdent néanmoins des noms spécifiques.

Exemple : Isotopes de l'hydrogène

Hydrogène	Deutérium	Tritium
$^{1}_{1}\text{H}$	$^{2}_{1}\text{H}$	$^{3}_{1}\text{H}$

■ Les **particules élémentaires** qui constituent la matière sont les **protons,** les **neutrons** et les **électrons**.

L'écriture conventionnelle d'une particule tient compte de **son symbole *X***, de son **nombre de nucléons *A*** et du **nombre de charge élémentaire *Z*** qu'elle porte. *Z* peut être positif ou négatif.

■ L'écriture symbolique de la particule est : $^{A}_{Z}\text{X}$

Exemple :

Particule	Électron	Proton	Neutron
Écriture	$^{0}_{-1}\text{e}$	$^{1}_{1}\text{p}$	$^{1}_{0}\text{n}$

3 Écriture symbolique d'une réaction nucléaire

■ L'écriture symbolique d'une réaction nucléaire s'effectue en utilisant les écritures conventionnelles des noyaux et des particules élémentaires.

■ Dans toutes les réactions nucléaires, il y a **conservation du nombre total de nucléons *A* et du nombre de charges *Z***.

Exemple : l'équation de l'une des réactions de fission de l'uranium 235 qui a lieu dans un réacteur nucléaire s'écrit :

$$^{1}_{0}\text{n} + ^{235}_{92}\text{U} \rightarrow ^{141}_{56}\text{Ba} + ^{92}_{36}\text{Kr} + 3\,^{1}_{0}\text{n}$$

Les réactifs sont composés de :
235 + **1** = **236** nucléons et **0** + **92** = **92** charges électriques.
Les produits sont composés de :
141 + **92** + **3** × **1** = **236** nucléons et **56** + **36** + **3** × **0** = **92** charges électriques.
Ainsi, il y a bien conservation du nombre de nucléons (236) et du nombre de charge (92) au cours de cette transformation.

4 Aspect énergétique des transformations nucléaires

■ Il existe de **nombreuses réactions nucléaires** qui libèrent toute une énergie considérable, de l'ordre de 10^{10} J pour 1 g de matière.
Le **joule** (J) est l'unité d'énergie dans le système international d'unité.

■ Des **réactions de fission nucléaire** se produisent dans les **réacteurs des centrales nucléaires**. Un « gros » noyau est alors cassé en plusieurs noyaux fils plus « petits » sous l'impact d'un neutron.
Exemple : Schéma d'une des réactions de fission de l'uranium 235 dans un réacteur nucléaire :

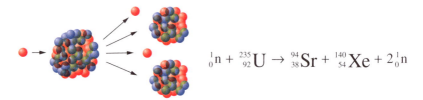

$$_0^1 n + {}_{92}^{235} U \rightarrow {}_{38}^{94} Sr + {}_{54}^{140} Xe + 2 {}_0^1 n$$

■ Les **réactions de fusion** d'isotopes de l'hydrogène sont responsables de l'énergie convertie dans les étoiles. Ces réactions font l'objet de nombreuses recherches pour fabriquer de nouveaux réacteurs nucléaires (projet I.T.E.R.).
Exemple : Réaction de fusion de l'hydrogène et du deutérium dans le Soleil :

$$_1^1 H + {}_1^2 H \rightarrow {}_2^3 He$$

COMMENT FAIRE

1 Identifier la nature d'une transformation

EXERCICE TYPE

Identifier la nature chimique, nucléaire ou physique des transformations suivantes :

a)

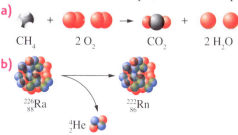

CH_4 $2\,O_2$ CO_2 $2\,H_2O$

b)

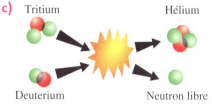

$^{226}_{88}Ra$ $^{222}_{86}Rn$

^4_2He

c)

Tritium   Hélium

Deuterium   Neutron libre

d) $C_6H_{12}(\ell) \rightarrow C_6H_{12}(g)$

CORRIGÉ COMMENTÉ

a) Il s'agit d'une **réaction chimique** : les éléments sont conservés. Ces derniers sont recombinés différemment entre les réactifs et les produits.

b) Il s'agit d'une **réaction nucléaire**. Le radium se transforme en radon avec émission d'un noyau d'hélium. Les éléments ne sont pas conservés : le radium et le radon n'ont pas le même numéro atomique.

c) Il s'agit d'une **réaction de fusion nucléaire**. Deux isotopes de l'hydrogène fusionnent pour former un noyau d'hélium en émettant un neutron : les éléments ne sont pas conservés.

d) Cette équation traduit la vaporisation de l'espèce chimique de formule C_6H_{12} (cyclohexane). C'est **une transformation physique** : seul l'état physique est modifié.

💡 À RETENIR

• Au cours d'une **transformation nucléaire**, **les éléments chimiques ne sont pas conservés** contrairement aux transformations chimiques.

• Au cours d'une **transformation physique, l'état physique des espèces est modifié**.

2 Déterminer la composition de noyaux isotopes

L'uranium est le principal combustible de l'industrie du nucléaire.

Deux de ses isotopes sont utilisés. Ils renferment respectivement 235 et 238 nucléons.

1. Dans le tableau périodique page 320, rechercher le symbole de l'uranium sachant que son noyau contient 92 protons.

2. Écrire l'écriture conventionnelle des noyaux de chacun des isotopes cités dans l'énoncé.

3. Ces isotopes différent-ils par leur nombre de protons ou de neutrons ?
Justifier la réponse.

CORRIGÉ COMMENTÉ

1. L'uranium a pour numéro atomique $Z = 92$; c'est le 92e élément de la classification périodique, **son symbole est U**.

2. Les isotopes renferment respectivement 235 et 238 nucléons. L'écriture conventionnelle de leurs noyaux est :

$$^{235}_{92}U \text{ et } ^{238}_{92}U.$$

3. Ces deux isotopes possèdent obligatoirement le même numéro atomique Z car ils appartiennent au même élément chimique : ils possèdent donc le même nombre de protons. Leur nombre de neutrons sont en revanche différents :

> **Aide**
> Identifier A et Z parmi les données et calculer N.

$N(^{235}_{92}U) = A - Z = 235 - 92$;

$N(^{235}_{92}U) =$ **143 neutrons** pour l'isotope 235.

$N(^{238}_{92}U) = A - Z = 238 - 92$;

$N(^{238}_{92}U) =$ **146 neutrons** pour l'isotope 238.

À RETENIR

• Des **isotopes ont le même nombre de protons** (Z) dans leur noyau car ils appartiennent au même élément chimique.

• Des **isotopes ne renferment pas le même nombre de neutrons** dans leur noyau.

3 ▶ Écrire de façon symbolique des équations de réactions nucléaires

EXERCICE TYPE

Pour les réactions nucléaires suivantes, déterminer les valeurs de A, Z, x et y puis réécrire l'équation.

On pourra s'aider du tableau périodique page 320.

1. $_{35}^{80}\text{Br} \rightarrow {}_{36}^{80}\text{Kr} + {}_{Z}^{A}X$

2. $_{86}^{222}\text{Rn} \rightarrow {}_{84}^{218}\text{Po} + {}_{Z}^{A}X$

3. $_{2}^{3}\text{He} + {}_{2}^{3}\text{He} \rightarrow {}_{Z}^{A}X + {}_{1}^{1}\text{H} + {}_{1}^{1}\text{H}$

4. $_{Z}^{A}X \rightarrow {}_{82}^{214}\text{Pb} + {}_{2}^{4}\text{He}$

5. $_{0}^{1}\text{n} + {}_{92}^{235}\text{U} \rightarrow {}_{54}^{139}\text{Xe} + {}_{x}^{94}\text{Sr} + y\,{}_{0}^{1}\text{n}$

> **Conseil**
> Utiliser les lois de conservation qui s'appliquent au cours des transformations nucléaires.

CORRIGÉ COMMENTÉ

1. Conservation du nombre de nucléons A : $80 = 80 + A$ soit $A = 0$.

Conservation du nombre de charges Z : $35 = 36 + Z$ soit $Z = 35 - 36 = -1$.

La réaction s'écrit :

$$_{35}^{80}\text{Br} \rightarrow {}_{36}^{80}\text{Kr} + {}_{-1}^{0}X.$$

On identifie donc que X est un électron de symbole e. On peut donc écrire :

$$_{35}^{80}\textbf{Br} \rightarrow {}_{36}^{80}\textbf{Kr} + {}_{-1}^{0}\textbf{e}.$$

2. Conservation du nombre de nucléons A : $222 = 218 + A$

soit $A = 222 - 218$; $\boldsymbol{A = 4}$.

Conservation du nombre de charges Z : $86 = 84 + Z$

soit $Z = 86 - 84$; $\boldsymbol{Z = 2}$.

D'après le tableau périodique l'élément de numéro atomique $Z = 2$ est l'hélium He : X est donc un noyau d'hélium 4.

La réaction s'écrit donc :

$$_{86}^{222}\text{Rn} \rightarrow {}_{84}^{218}\text{Po} + {}_{2}^{4}\text{He}.$$

3. Conservation du nombre de nucléons A : $3 + 3 = A + 1 + 1$ soit $\boldsymbol{A = 6 - 2 = 4}$.

Conservation du nombre de charges Z : $2 + 2 = Z + 1 + 1$ soit $\boldsymbol{Z = 4 - 2 = 2}$ (numéro atomique de **l'hélium He**).

La réaction s'écrit donc :

$$_{2}^{3}\text{He} + {}_{2}^{3}\text{He} \rightarrow {}_{2}^{4}\text{He} + {}_{1}^{1}\text{H} + {}_{1}^{1}\text{H}.$$

4. Conservation du nombre de nucléons A : $A = 214 + 4$; $\boldsymbol{A = 218}$.

Conservation du nombre de charges Z : $Z = 82 + 2$; $\boldsymbol{Z = 84}$.

On peut vérifier à l'aide du tableau périodique que $\boldsymbol{X}$ **est un noyau de Polonium Po**.

La réaction s'écrit donc :

$$^{218}_{84}\text{Po} \rightarrow {}^{214}_{82}\text{Pb} + {}^{4}_{2}\text{He}.$$

5. Conservation du nombre de nucléons A : $1 + 235 = 139 + 94 + (y \times 1)$

soit $y = 236 - 139 - 94$; $\boldsymbol{y = 3}$.

Conservation du nombre de charges Z : $0 + 92 = 54 + x + 0$

soit $x = 92 - 54$; $\boldsymbol{x = 38}$.

On peut vérifier à l'aide du tableau périodique qu'il s'agit du numéro atomique de l'élément strontium Sr. La réaction s'écrit donc :

$$^{1}_{0}\text{n} + {}^{235}_{92}\text{U} \rightarrow {}^{139}_{54}\text{Xe} + {}^{94}_{38}\text{Sr} + 3\,{}^{1}_{0}\text{n}$$

 À RETENIR

Pour établir l'équation d'une réaction nucléaire, il faut :

– exprimer la conservation du nombre total de nucléons ;

– exprimer la conservation du nombre total de charges ;

– connaître l'écriture symbolique des particules élémentaires ;

– utiliser le tableau périodique pour identifier les éléments chimiques.

4 ▸ Calculer l'énergie libérée par une transformation nucléaire

EXERCICE TYPE

Une centrale nucléaire produit annuellement, par fission de l'uranium 235, une énergie E égale à $3{,}2 \times 10^{6}$ TJ.

1. Convertir cette valeur en joule.

2. Calculer la masse $m(^{235}\text{U})$ d'uranium 235 consommée annuellement par cette centrale. Convertir le résultat en kilogramme.

3. Calculer la masse $m(\text{charbon})$ de charbon qu'il faudrait brûler pour produire la même énergie.

4. Comparer les masses de ces combustibles et commenter le résultat.

Données : Énergie libérée par la fission de 1 g d'uranium : $8{,}1 \times 10^{10}$ J.

Énergie libérée par la combustion d'1 kg de charbon : 20 MJ.

1 térajoule (TJ) $= 10^{12}$ J.

1 mégajoule (MJ) $= 10^{6}$ J.

CORRIGÉ COMMENTÉ

1. Conversion en joule :
$E = 3,2 \times 10^6 \times 10^{12}$;
$E = 3,2 \times 10^{18}$ J.

2. En effectuant le rapport de l'énergie totale produite par cette centrale et l'énergie produite par la fission d'1 g d'uranium, on obtient la masse d'uranium 235 consommée annuellement par cette centrale :

$m(^{235}U) = \dfrac{3,2 \times 10^{18}}{8,1 \times 10^{10}}$; **$m(^{235}U) = 4,0 \times 10^7$ g $= 4,0 \times 10^4$ kg.**

3. Avec un raisonnement similaire pour le charbon, on trouve :
L'énergie libérée par la combustion de 1 kg de charbon est égale à 20 MJ soit 20×10^6 J. Donc :

$m(\text{charbon}) = \dfrac{3,2 \times 10^{18}}{20 \times 10^6}$; **$m(\text{charbon}) = 1,6 \times 10^{11}$ kg.**

4. Pour comparer ces deux masses, on effectue le rapport suivant :

$\dfrac{m(\text{charbon})}{m(^{235}U)} = \dfrac{1,6 \times 10^{11}}{4,0 \times 10^4}$; $\dfrac{\textbf{m(charbon)}}{\textbf{m}(^{235}\textbf{U})} = \textbf{4,0} \times \textbf{10}^6$.

La masse de charbon à brûler est environ **4 millions de fois plus importante** que celle de l'uranium nécessaire à la fission : la différence est considérable.

À RETENIR

• L'unité de l'énergie dans le système international est le joule (J).
• Pour comparer deux valeurs, il faut effectuer le rapport de la plus grande valeur par la plus petite valeur.
• La fission de l'uranium libère beaucoup d'énergie.

EXERCICES

Connaître le cours

Pour chaque exercice du *connaître le cours*, indiquer la (ou les) bonne(s) réponse(s) :

1 ⏱ 3 min Nature d'une transformation

	A	B	C
1. L'équation ci-dessous est celle : $^3_2\text{He} + {}^3_2\text{He} \rightarrow {}^4_2\text{He} + {}^1_1\text{H} + {}^1_1\text{H}$	d'une réaction nucléaire	d'une réaction chimique	d'une transformation physique
2. L'équation ci-dessous est celle : $CH_4 + 2\,O_2 \rightarrow CO_2 + 2\,H_2O$	d'une réaction nucléaire	d'une réaction chimique	d'une transformation physique
3. L'équation ci-dessous est celle : $N_2(\ell) \rightarrow N_2(g)$	d'une réaction nucléaire	d'une réaction chimique	d'une transformation physique

→ Corrigé p. 162

2 ⏱ 5 min Écriture conventionnelle des noyaux et des particules élémentaires

	A	B	C
1. Le noyau d'un atome de numéro atomique Z contient :	Z protons	Z neutrons	Z charges électriques
2. Deux noyaux isotopes diffèrent par :	leur nombre de nucléons	leur nombre de protons	leur nombre de neutrons
3. Les écritures $^{12}_6C$ et $^{14}_6C$ représentent des noyaux :	d'un même élément chimique	des isotopes	des noyaux possédant le même nombre de neutrons
4. $^{131}_{53}I$ et $^{131}_{54}Xe$ représentent des noyaux :	d'un même élément chimique	qui possèdent le même nombre de nucléons	qui possèdent le même nombre de neutrons
5. L'écriture conventionnelle ci-dessous : ^1_0X	est celle d'un électron	est celle d'un proton	est celle d'un neutron

→ Corrigé p. 162

3 ⏱ **5 min** Écriture symbolique d'une réaction nucléaire

	A	**B**	**C**
1. Lors d'une transformation nucléaire, il y a conservation :	des éléments chimiques	du nombre de nucléons	du nombre de charges
2. Dans l'équation de réaction ci-dessous : $$_1^2H + _1^3H \rightarrow {_2^4}He + _0^1n$$	le nombre de nucléons est conservé	le nombre de charges est conservé	les éléments ne sont pas conservés
3. D'après cette équation : $$_{92}^{235}U + _0^1n \rightarrow {_{56}^{141}}Ba + _{36}^{92}Kr + 3\,_0^1n$$	le noyau de baryum Ba est un noyau fils	le noyau de krypton Kr est un noyau fils	le nombre de nucléons n'est pas conservé

→ Corrigé p. 162

4 ⏱ **5 min** Aspect énergétique des transformations nucléaires

	A	**B**	**C**
1. Les transformations nucléaires :	libèrent beaucoup d'énergie	libèrent peu d'énergie	sont utilisées pour produire de l'électricité
2. L'énergie produite par les étoiles est libérée par des :	réactions nucléaires	réactions chimiques	transformations physiques
3. Le principal combustible des centrales nucléaires est :	le charbon	le pétrole	l'uranium

→ Corrigé p. 162

Appliquer le cours et les savoir-faire

5 ⏱ **5 min** ★

Les transformations suivantes font intervenir l'élément carbone :

a) $_6^{14}C \rightarrow {_7^{14}}N + _{-1}^0e$ (principe de la datation au carbone 14).

b) $2\,KC\ell O_3 + 3\,C \rightarrow 3\,CO_2 + 2\,KC\ell$ (mélange pyrotechnique).

c) $C_2H_6O_2(\ell) \rightarrow C_2H_6O_2(g)$ (antigel de voiture).

Donner la nature de chacune de ces transformations en justifiant la réponse.

→ Corrigé p. 162

→ Corrigé p. 162

6 ⏱ **5 min** ★ → COMMENT FAIRE 2

Élément chimique	Nihonium	Moscovium	Tennessine	Oganesson
Symbole	Nh	Mc	Ts	Og
Numéro atomique	113	115	117	118
Nombre de nucléons de l'isotope découvert	286	288	293	294

Le nihonium, le moscovium, le tennessine et l'oganesson sont des éléments qui font partie des derniers éléments super lourds découverts par les physiciens. Ils sont tous artificiels et instables. Le tableau ci-dessus indique le symbole, le numéro atomique et le nombre de nucléons des noyaux d'un isotope de chacun de ces éléments.

• Indiquer l'écriture conventionnelle de chacun de ces noyaux.

→ Corrigé p. 162

7 ⏱ **15 min** ★★ → COMMENT FAIRE 3

Compléter les équations des réactions nucléaires suivantes :

a) $^{234}_{92}\text{U} \rightarrow\ ^{4}_{2}\text{He} + ...$

b) $... \rightarrow\ ^{0}_{-1}\text{e} +\ ^{36}_{18}...$

c) $^{11}_{6}\text{C} \rightarrow\ ^{0}_{+1}\text{e} +\ ^{11}_{...}...$

d) $^{1}_{0}\text{n} +\ ^{235}_{...}\text{U} \rightarrow\ ^{144}_{...}\text{La} +\ ^{88}_{35}\text{Br} + ...\ ^{1}_{0}\text{n}$

e) $^{6}_{3}\text{Li} +\ ^{2}_{1}\text{H} \rightarrow\ ^{...}_{...}\text{He} +\ ^{4}_{2}\text{He}$

Données :

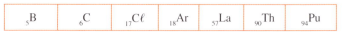

$_{5}\text{B}$	$_{6}\text{C}$	$_{17}\text{C}\ell$	$_{18}\text{Ar}$	$_{57}\text{La}$	$_{90}\text{Th}$	$_{94}\text{Pu}$

→ Corrigé p. 162

8 ⏱ **15 min** ★★★ → COMMENT FAIRE 4

Certains scientifiques affirment aujourd'hui que lorsque la réaction de fusion nucléaire d'un noyau de deutérium et de tritium sera maîtrisée, il sera possible de produire autant d'énergie avec 1 gramme de deutérium $^{2}_{1}\text{H}$ qu'avec 20 tonnes de fioul lourd (combustible utilisé dans les chaudières industrielles).

1. Calculer l'énergie $E(^{2}_{1}\text{H})$ libérée par la fusion de 1 gramme de deutérium (*voir les données page suivante*).

2. Calculer l'énergie $E(\text{fioul})$ libérée par la combustion de 20 tonnes de fioul lourd.

3. Commenter l'affirmation des scientifiques (*voir les données page suivante*).

EXERCICES

Données : Masse d'un atome de deutérium : $m(\,^2_1\text{H}\,) = 3{,}3 \times 10^{-24}$g.

Énergie libérée par la fusion d'un atome de deutérium :
$E(\,^2_1\text{H}\,) = 2{,}8 \times 10^{-12}$ J.

Énergie libérée par la combustion d'1 kg de fioul lourd : 40×10^6 J.

1 tonne = 10^3 kg.

→ Corrigé p. 163

S'entraîner au raisonnement

 9 **5 min** ★

Au cœur de certains noyaux atomiques, un neutron peut se transformer spontanément en un proton en faisant simultanément apparaître un électron.

1. Rappeler les représentations symboliques de ces particules.

2. Écrire l'équation de cette transformation.

→ Corrigé p. 163

 **10** **10 min** ★★

De nombreuses transformations nucléaires s'effectuent dans le cœur des étoiles en libérant une énergie considérable. La fusion de 4 noyaux d'hydrogène aboutit à la formation d'un noyau stable et à l'émission de deux positons, antiparticules de l'électron.

• Écrire l'équation de cette réaction.

Donnée : écriture conventionnelle du positon $\,^0_{+1}\text{e}$.

→ Corrigé p. 164

 **11** **10 min** ★★

Le polonium 210 ($\,^{210}_{84}\text{Po}$) est le premier élément découvert par Pierre et Marie Curie en 1889 dans leurs recherches sur la radioactivité. Le mot polonium a été choisi en hommage aux origines polonaises de Marie Sklodowska-Curie. Les désintégrations radioactives sont des transformations nucléaires durant lesquelles un noyau se désintègre spontanément en émettant une particule et un nouveau noyau.

• Écrire l'équation de la réaction de désintégration du polonium 210 sachant que la particule émise est un noyau d'hélium 4.

Données : $\,_{81}\text{Ti}$; $\,_{82}\text{Pb}$; $\,_{83}\text{Bi}$; $\,_{85}\text{At}$; $\,_{86}\text{Rn}$; $\,_2\text{He}$.

→ Corrigé p. 164

12 ⏱ **10** min ★★

Dans une revue scientifique, on trouve le schéma ci-dessous :

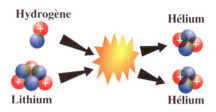

1. Donner la nature de cette transformation. Justifier la réponse.
2. Indiquer les écritures conventionnelles des noyaux qui interviennent au cours de cette transformation en s'aidant du tableau périodique page 320.
3. Écrire l'équation de la réaction.

→ Corrigé p. 164

13 ⏱ **15** min ★★★

Dans un réacteur d'une centrale nucléaire, un noyau d'uranium 235 est bombardé par un neutron. Il se forme du xénon 139 ainsi qu'un second noyau renfermant 94 nucléons. Plusieurs neutrons sont également émis.
1. Écrire l'équation de cette réaction en s'aidant du tableau périodique page 320.
2. Calculer l'énergie $E(^{235}U)$ libérée par un gramme d'uranium au cours de cette réaction.
3. Comparer cette énergie à celle libérée par la combustion d'un gramme de pétrole.

Données : Masse d'un atome d'uranium 235 : $m(^{235}U) = 3,90 \times 10^{-25}$ kg.

Énergie libérée par la fission d'un atome d'uranium : $2,42 \times 10^{-11}$ J.

Énergie libérée par la combustion d'un gramme de pétrole : $4,08 \times 10^4$ J.

→ Corrigé p. 165

Exercice ⏱ **30** min · **10 points**

	C 2	A 3	R 5	10 points
1. Qu'appelle-t-on noyaux isotopes ?	×			/ 1
2. À quelles règles de conservations les transformations nucléaires obéissent-elles ?	×			/ 1
3. Indiquer l'écriture conventionnelle d'un noyau de sodium 26 sachant que le numéro atomique du sodium est $Z = 11$ et son symbole Na.		×		/ 1
4. La fission d'un noyau d'uranium U ($Z = 92$) sous l'impact d'un neutron peut-elle aboutir à la formation d'un noyau de baryum ($Z = 56$) et d'un noyau de strontium ($Z = 38$) ?			×	/3
5. Comparer l'énergie libérée par la fission d'1 kg d'uranium 235 dans un réacteur nucléaire à celle de la fusion d'1 kg de deutérium dans une étoile.			×	/ 4

Données : Énergie libérée par la fission d'un noyau d'uranium 235 : $2{,}21 \times 10^{-11}$ J.
Énergie libérée par la fusion d'un noyau de deutérium : $2{,}82 \times 10^{-12}$ J.
Masse d'un noyau d'uranium 235 : $3{,}90 \times 10^{-25}$ kg.
Masse d'un noyau de deutérium : $3{,}34 \times 10^{-27}$ kg.

→ *Corrigé p. 165*

CORRIGÉS

1 → *Énoncé p. 156*

1. A ; **2.** B ; **3.** C

2 → *Énoncé p. 156*

1. A & C ; **2.** A & C ; **3.** A & B ; **4.** B ; **5.** C

3 → *Énoncé p. 157*

1. B ; **2.** A, B & C ; **3.** A & B

4 → *Énoncé p. 157*

1. A & C ; **2.** A; **3.** C

5 → *Énoncé p. 157*

a) L'équation de réaction $^{14}_{6}C \rightarrow {}^{14}_{7}N + {}^{0}_{-1}e$ correspond à une **transformation nucléaire**. Il n'y a pas conservation des éléments. Un noyau de carbone est transformé en noyau d'azote en libérant un électron.

b) L'équation de réaction $2\,KC\ell O_3 + 3\,C \rightarrow 3\,CO_2 + 2\,KC\ell$ correspond à une **transformation chimique**. Les mêmes éléments chimiques se retrouvent dans les formules brutes des réactifs et des produits.

c) L'équation $C_2H_6O_2(\ell) \rightarrow C_2H_6O_2(g)$ correspond au changement d'état de l'espèce chimique $C_2H_6O_2$. **C'est une transformation physique**.

6 → *Énoncé p. 158*

L'écriture conventionnelle est de la forme : $^{A}_{Z}X$.
Les écritures conventionnelles de ces noyaux sont :

$$^{286}_{113}\text{Nh} \qquad ^{288}_{115}\text{Mc} \qquad ^{293}_{117}\text{Ts} \qquad ^{294}_{118}\text{Og} .$$

7 → *Énoncé p. 158*

a) Le noyau formé a pour numéro atomique :
$Z = 92 - 2 = 90$ et contient $A = 234 - 4 = 230$ nucléons.
D'après les données, il se forme donc un noyau de l'isotope 230 du thorium. L'équation s'écrit :

$$^{234}_{92}U \rightarrow {}^{4}_{2}He + {}^{230}_{90}\text{Th} .$$

> **Conseil**
> Utiliser les lois de conservation qui s'appliquent au cours des transformations nucléaires.

b) Le noyau formé a pour numéro atomique $Z = 18$. D'après les données, c'est un noyau d'argon. Le noyau père a pour numéro atomique $Z = 18 + (-1) = 17$. C'est un noyau de chlore renfermant $A = 36 + 0$ soit 36 nucléons.

L'équation s'écrit :

$$^{36}_{17}C\ell \rightarrow \, ^{0}_{-1}e + \, ^{36}_{18}Ar .$$

c) Le numéro atomique du noyau formé est :
$$Z = 6 - 1 = 5.$$

Il s'agit d'un noyau de Bore. Il contient $A = 11$ nucléons.
L'équation s'écrit :

$$^{11}_{6}C \rightarrow \, ^{0}_{+1}e + \, ^{11}_{5}B .$$

> **Remarque**
>
> Le positon $^{0}_{+1}e$ est une particule de même masse que l'électron mais de charge positive. Elle n'est pas présente dans le noyau des atomes.

d) D'après les données, le numéro atomique de l'uranium est $Z = 92$ et celui du lanthane $Z = 57$. En notant x le nombre de neutrons formés, la conservation du nombre total de nucléons permet d'écrire que :

$235 + 1 = 144 + 88 + x$ soit $x = 236 - 144 - 88 = 4$.

L'équation s'écrit donc :

$$^{1}_{0}n + \, ^{235}_{92}U \rightarrow \, ^{144}_{57}La + \, ^{88}_{35}Br + 4\, ^{1}_{0}n.$$

e) L'hydrogène a pour numéro atomique $Z = 1$ et l'hélium $Z = 2$.

En notant A le nombre de nucléons du noyau d'hélium formé, on peut écrire :

$6 + 2 = A + 4$ soit $A = 8 - 4 = 4$.

L'équation s'écrit :

$$^{6}_{3}Li + \, ^{2}_{1}H \rightarrow \, ^{4}_{2}He + \, ^{4}_{2}He .$$

8 → *Énoncé p. 158*

1. D'après les données de l'énoncé, on peut écrire le tableau de proportionnalité suivant :

$3,3 \times 10^{-24}$ g d'uranium	$2,8 \times 10^{-12}$ J
1 g d'uranium	$E(^{2}_{1}H)$

$$E(^{2}_{1}H) = \frac{2,8 \times 10^{-12}}{3,3 \times 10^{-24}} \; ; \; E(^{2}_{1}H) = 8,5 \times 10^{11} \text{ J.}$$

2. $E(\text{fioul}) = 20 \times 10^3 \times 40 \times 10^6$; $E(\text{fioul}) = 8,0 \times 10^{11}$ **J.**

3. L'affirmation a du sens **les deux valeurs sont comparables**. La maîtrise de la réaction de fusion de l'hydrogène permettra de libérer une énergie considérable.

9 → *Énoncé p. 159*

1. Les représentations symboliques sont :

neutron : $^{1}_{0}n$; proton : $^{1}_{1}p$; électron : $^{0}_{-1}e$.

2. L'équation de cette transformation est :

$$^{1}_{0}n \rightarrow \, ^{1}_{1}p + \, ^{0}_{-1}e .$$

10 → *Énoncé p. 159*

L'équation de la réaction s'écrit dans un premier temps :

$$4\,^1_1H \rightarrow\ ^A_2X + 2\,^0_{+1}e\,.$$

D'après les règles de conservation :

$4 \times 1 = A + 0$ soit $A = 4$,

$4 \times 1 = Z + 2 \times (+1)$ soit $Z = 2$.

Il se forme donc un noyau d'hélium 4 : ^4_2He.

L'équation de la réaction s'écrit donc :

$$4\,^1_1\mathbf{H} \rightarrow\ ^4_2\mathbf{He} + 2\,^0_{+1}\mathbf{e}.$$

11 → *Énoncé p. 159*

Le noyau de polonium 210 est constitué de $Z = 84$ protons et $N = 210 - 84 = 126$ neutrons. L'écriture conventionnelle de l'hélium 4 est :

$$^4_2He.$$

Dans un premier temps, on peut écrire :

$$^{210}_{84}Po \rightarrow\ ^A_ZX\ +\ ^4_2He\,.$$

En respectant les lois de conservation :

– du nombre de nucléons, on écrit : $210 = A + 4$ soit $A = 210 - 4 = 206$;

– du nombre de charges, on écrit : $84 = Z + 2$ soit $Z = 84 - 2 = 82$.

Le noyau formé a pour numéro atomique $Z = 82$: il s'agit du plomb $_{82}Pb$.

Le noyau possède 206 nucléons.

L'équation de la réaction de désintégration de l'isotope 210 du polonium s'écrit donc :

$$^{210}_{84}\mathbf{Po} \rightarrow\ ^{206}_{82}\mathbf{Pb}\ +\ ^4_2\mathbf{He}\,.$$

> **Aide**
>
> Les désintégrations radioactives sont des transformations nucléaires. Elles obéissent aux lois de conservations du nombre de nucléons et du nombre de charges.

12 → *Énoncé p. 160*

1. **Il s'agit d'une transformation nucléaire**. Un noyau d'hydrogène et un noyau de lithium fusionnent pour former deux noyaux d'hélium. Les éléments ne sont donc pas conservés.

2. D'après l'illustration, un noyau de l'isotope 6 du lithium fusionne avec un noyau d'hydrogène 2 (deutérium) pour former deux noyaux d'hélium 4.

> **Conseil**
>
> S'aider du schéma pour établir l'écriture conventionnelle des noyaux.

Noyau	Lithium 6	Hydrogène 2	Hélium 4
Écriture conventionnelle	^6_3Li	^2_1H	^4_2He

3. L'équation de réaction s'écrit :

$$^6_3\mathbf{Li} + ^2_1\mathbf{H} \rightarrow 2\,^4_2\mathbf{He}.$$

13 → *Énoncé p. 160*

1. D'après le tableau périodique, le numéro atomique du xénon est $Z = 54$.

L'équation s'écrit dans un premier temps :

$$\ce{^{1}_{0}n} + \ce{^{235}_{92}U} \rightarrow \ce{^{139}_{54}Xe} + \ce{^{94}_{Z}X} + x\,\ce{^{1}_{0}n}.$$

Il y a conservation :

– du nombre de nucléons, d'où l'égalité :

$1 + 235 = 139 + 94 + x$ soit $x = 236 - 139 - 94 = 3$.

– du nombre de charges, d'où l'égalité : $0 + 92 = 54 + Z$

soit $Z = 92 - 54 = 38$.

Il s'agit du numéro atomique de l'élément strontium de symbole Sr.

L'équation s'écrit :

$$\ce{^{1}_{0}n} + \ce{^{235}_{92}U} \rightarrow \ce{^{139}_{54}Xe} + \ce{^{94}_{38}Sr} + 3\,\ce{^{1}_{0}n}.$$

> **Conseil**
> Il faut dans un premier temps écrire l'équation en notant X le noyau formé, Z son numéro atomique et x le nombre de neutrons libérés.

2. La masse d'un atome d'uranium est :

$m(\ce{^{235}U}) = 3{,}90 \times 10^{-25}$ kg $= 3{,}90 \times 10^{-22}$ g.

On peut écrire le tableau de proportionnalité suivant :

$3{,}90 \times 10^{-22}$ g	$2{,}42 \times 10^{-11}$ J
1 g	$E(\ce{^{235}U})$

$E(\ce{^{235}U}) = \dfrac{2{,}42 \times 10^{-11}}{3{,}90 \times 10^{-22}}$; $\mathbf{E(\ce{^{235}U}) = 6{,}21 \times 10^{10}}$ **J.**

> **Aide**
> Penser à effectuer un rapport pour comparer deux valeurs.

3. En effectuant le rapport $\dfrac{6{,}21 \times 10^{10}}{4{,}08 \times 10^{4}} = 1{,}52 \times 10^{6}$.

L'énergie libérée par 1 g d'uranium est **1,5 millions de fois plus importante** que celle libérée par la combustion de 1 g de pétrole : la différence est considérable.

INTERROGATION ÉCRITE

Exercice → *Énoncé p. 161*

1. Deux noyaux isotopes appartiennent au même élément chimique : ils possèdent donc le même nombre de protons et ont donc le même numéro atomique Z. Ils ne possèdent pas le même nombre de neutrons donc n'ont pas le même nombre A de nucléons.

2. Elles obéissent à la règle de conservation du nombre de nucléons et du nombre de charges.

3. L'écriture conventionnelle d'un noyau de sodium 26 est : $^{26}_{11}\text{Na}$.

4. Cela est impossible car la règle de conservation des charges n'est pas respectée. Du côté des réactifs, on aurait : un neutron ^1_0n et un noyau d'uranium $_{92}\text{U}$ et du côté des produits, on aurait un noyau de baryum $_{56}\text{Ba}$ et un noyau de strontium $_{38}\text{Sr}$.
Or $92 + 0 = 92$ est différent de $56 + 38 = 94$.

5. On peut écrire les tableaux de proportionnalité suivants :
Pour l'uranium 235 :

$3{,}90 \times 10^{-25}$ kg	$2{,}21 \times 10^{-11}$ J
1 kg	$E(^{235}\text{U})$

Et pour le deutérium

$3{,}34 \times 10^{-27}$ kg	$2{,}82 \times 10^{-12}$ J
1 kg	$E(^2\text{H})$

On a donc :

$$E(^{235}\text{U}) = \frac{2{,}21 \times 10^{-11}}{3{,}90 \times 10^{-25}} \; ;$$

$$\mathbf{E(^{235}U) = 5{,}67 \times 10^{13}\ J}$$

$$E(^2\text{H}) = \frac{2{,}82 \times 10^{-12}}{3{,}34 \times 10^{-27}} \; ;$$

$$\mathbf{E(^2H) = 8{,}44 \times 10^{14}\ J}$$

Pour comparer les deux valeurs, on peut calculer le rapport :

$$\frac{E(^2\text{H})}{E(^{235}\text{U})} = \frac{8{,}44 \times 10^{14}}{5{,}67 \times 10^{13}} = 14{,}9.$$

1 kg de deutérium libère 14,9 fois plus d'énergie que 1 kg d'uranium.

Mouvement

1 Échelles spatiales et temporelles

Étudier un mouvement nécessite **de définir des échelles spatiales et temporelles**, utilisant des **unités de distances et de temps** adaptées.

■ Échelles spatiales

Dans le système international, l'unité de distance est **le mètre.**

À l'échelle macroscopique, les unités utilisées lors d'un mouvement étudié **à notre échelle** (distance visible ou parcourable) sont des multiples ou sous-multiples du mètre (voir annexe page 318) :

kilomètre (km)	hectomètre (hm)	décamètre (dam)	mètre (m)	décimètre (dm)	centimètre (cm)	millimètre (mm)

À l'échelle de l'infiniment grand, lors d'un mouvement, les unités utilisées sont :

année-lumière (a.l)	unité astronomique (u.a)	téramètre (Tm)	gigamètre (Gm)	mégamètre (Mm)

L'année-lumière (ou année de lumière, a.l.) est la distance parcourue par la lumière dans le vide en une année soit $9,46 \times 10^{15}$ m.

L'unité astronomique (u.a.) est la distance moyenne entre la Terre et le Soleil soit 150 millions de km ou $1,50 \times 10^{11}$ m.

À l'échelle microscopique, les unités utilisées lors de l'étude d'un mouvement dans **l'infiniment petit** sont des sous-multiples du mètre (voir annexe page 318) :

micromètre (µm)	nanomètre (nm)	picomètre (pm)	femtomètre (fm)

■ Échelles temporelles

Dans le système international, l'unité de temps est **la seconde.**

année (an)	**jour** (j)	**heure** (h)	**minute** (min)	**seconde** (s)
365,25 j	24 h	60 min ou 3 600 s	60 s	1 s

Les sous-multiples les plus utilisés sont la milliseconde (1 s = 10^3 ms) ; la microseconde (1 s = 10^6 µs) et la nanoseconde (1 s = 10^9 ns).

Le mouvement est relatif : il dépend de l'objet par rapport auquel l'observation est faite.

Exemple : dans une voiture qui se déplace sur une route, le conducteur est immobile par rapport à sa voiture mais en mouvement par rapport à la route.

Pour étudier le mouvement, il est donc nécessaire de définir un **référentiel**, c'est-à-dire **un objet de référence par rapport auquel on étudie le mouvement.**

Exemple : la voiture et la route sont deux objets par rapport auxquels on étudie le mouvement du conducteur : ce sont deux référentiels.

Le référentiel est accompagné du choix d'un **repère** orthonormé.

Exemples : le sol, ou tout objet fixe par rapport au sol, est un **référentiel terrestre.**

On y associe par exemple un repère orthonormé $(O, \vec{i}, \vec{j}, \vec{k})$.

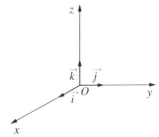

■ Le **référentiel géocentrique** a pour origine le centre de la Terre ; on lui associe trois axes dirigés vers trois étoiles fixes. Ce référentiel permet l'étude des mouvements de la Lune et des satellites artificiels.

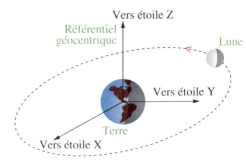

■ Le **référentiel héliocentrique** a pour origine le centre du Soleil ; on lui associe trois axes dirigés vers trois étoiles fixes. Ce référentiel permet l'étude des mouvements des planètes du système solaire.

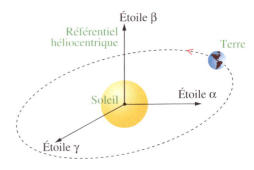

3 Mouvement d'un point

■ On définit comme **système**, tout objet, ou ensemble d'objets, dont on étudie le mouvement.

■ Généralement, pour simplifier l'étude du mouvement, on **modélise le système par un point**, le plus souvent par son **centre de gravité G.**

■ **Modéliser un système par un point** entraîne une **perte d'informations** pour l'étude de son mouvement.

Exemple : le mouvement du centre de gravité *G* d'une toupie se déplaçant en ligne droite est différent du mouvement des autres points de la toupie, qui sont en rotation autour de son axe de rotation.

Des techniques d'enregistrement (chronophotographie, traitement informatisé de vidéo…) permettent d'enregistrer les positions successives d'un point mobile à intervalles de temps réguliers.

4 Trajectoires

■ La trajectoire d'un point d'un mobile est **l'ensemble des positions successives occupées par ce point** au cours de son mouvement.
– Si la trajectoire est une **droite**, le mouvement est **rectiligne ;**
– Si la trajectoire est un **cercle**, le mouvement est **circulaire ;**
– Si la trajectoire est une **ligne courbe**, le mouvement est **curviligne.**

■ **La trajectoire dépend du référentiel.**

5 Vecteurs déplacement et vecteurs vitesse

■ Dans un référentiel donné lié à un repère d'origine O, un point mobile est situé en M_1 à un instant t_1, puis en M_2 à un instant t_2, le long de sa trajectoire. Son passage de M_1 à M_2 se traduit par **le vecteur déplacement** $\overrightarrow{M_1M_2}$.

Le vecteur déplacement $\overrightarrow{M_1M_2}$:
– a pour direction la droite (M_1M_2) ;
– a pour sens celui du mouvement ;
– sa norme correspond à la distance M_1M_2 et s'exprime en mètre.

■ Dans un référentiel donné, **le vecteur vitesse moyenne** entre les positions M_1 et M_2 est défini par :

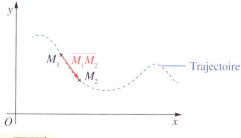

$$\overrightarrow{\vartheta_{moy}} = \frac{\overrightarrow{M_1M_2}}{\Delta t}$$

où $\overrightarrow{M_1M_2}$ **est le vecteur déplacement** entre les positions M_1 et M_2 à des instants voisins séparés par la durée Δt.

Sa norme correspond à la vitesse moyenne, qui s'exprime par :

$$\vartheta_{moy} = \frac{M_1 M_2}{\Delta t}$$

■ **Le vecteur vitesse** en un point, est défini comme le vecteur vitesse moyenne, en considérant **une durée Δt très petite.**
Le vecteur vitesse au point M, à l'instant t, noté $\overrightarrow{\vartheta_M}$:
– a pour origine le point M (point d'application) ;
– a pour direction la tangente à la trajectoire au point M ;
– a pour sens celui du mouvement ;
– sa norme s'exprime en mètre par seconde ($m.s^{-1}$) ; elle est égale à la vitesse du point M à l'instant t (vitesse instantanée).

Exemple : **tracé d'un vecteur vitesse :** $\overrightarrow{\vartheta_{M_2}} = \dfrac{\overrightarrow{M_1 M_3}}{t_3 - t_1}$

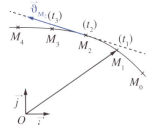

On assimile le vecteur vitesse au point M_2 au vecteur vitesse moyenne entre les deux positions les plus proches (M_1 à l'instant t_1, et M_3 à l'instant t_3) encadrant le point M_2.
Sa norme correspond à la vitesse moyenne entre M_1 et M_3

$$\vartheta_{M_2} = \vartheta_{moy} = \frac{M_1 M_3}{t_3 - t_1}$$

■ **La vitesse**, comme la trajectoire, **dépend du référentiel** (voir Comment faire 2).

Représentation du vecteur vitesse au point M_2, à l'instant t_2.

Des logiciels permettent d'obtenir la valeur de la vitesse et le vecteur vitesse à chaque instant, pour chaque point de la trajectoire.

6 Mouvements rectilignes

Nature du mouvement	Rectiligne uniforme	Rectiligne non uniforme	
Trajectoire	Une droite	Une droite	
Vitesse ϑ	Constante	Augmente, le mobile accélère	Diminue, le mobile décélère (ralentit)
Vecteur vitesse $\overrightarrow{\vartheta}$	Constant au cours du temps (même direction, même sens et norme constante)	Au cours du temps sa direction, et son sens restent les mêmes, et sa norme augmente	Au cours du temps sa direction, et son sens restent les mêmes, et sa norme diminue
Exemple	$\overrightarrow{\vartheta} \quad \overrightarrow{\vartheta}$ Sens du mouvement	$\overrightarrow{\vartheta} \qquad \overrightarrow{\vartheta}$ Sens du mouvement	$\overrightarrow{\vartheta} \qquad \overrightarrow{\vartheta}$ Sens du mouvement

COMMENT FAIRE

1 Identifier les échelles spatiales et temporelles

EXERCICE TYPE

La distance Soleil-Jupiter est de 5,20 u.a. (unité astronomique).
La distance entre la nébuleuse d'Orion et la Terre est de $1,35 \times 10^3$ a.l. (année-lumière).

1.a) Convertir ces deux distances en kilomètre (km) en utilisant la notation scientifique.
b) Quel est l'intérêt d'utiliser, en astronomie, une unité de distance différente d'un multiple du mètre ?

2.a) Déterminer le temps nécessaire pour que la lumière émise par la nébuleuse d'Orion parvienne jusqu'à la Terre.
b) Que peut-on en déduire quant à l'observation de la nébuleuse d'Orion ?

Données : L'unité astronomique (u.a.) est la distance moyenne entre la Terre et le Soleil, soit 150 millions de km.
L'année-lumière (ou année de lumière a.l.) est la distance parcourue par la lumière en une année, soit $9,46 \times 10^{15}$ m.

CORRIGÉ COMMENTÉ

1. a) Exprimons tout d'abord les unités en km, en utilisant la notation scientifique :
1 u.a = 150 millions de km soit 150×10^6 km
1 u.a = $1,50 \times 10^2 \times 10^6$ km = **$1,50 \times 10^8$ km** .
1 a.l. = $9,46 \times 10^{15}$ m = $9,46 \times 10^{15} \times 10^{-3}$ km
1 a.l. = $9,46 \times 10^{12}$ km.

> **Aide**
>
> Se référer à la fiche p. 317 pour connaître et utiliser les puissances de 10 équivalentes aux différentes unités.
> *Exemple :* 1 km = 10^3 m.

Calculons la distance Soleil-Jupiter :
5,20 u.a. soit $5,20 \times 1,50 \times 10^8$ km = **$7,80 \times 10^8$ km.**

Calculons la distance nébuleuse d'Orion-Terre :
$1,35 \times 10^3$ a.l. soit $1,35 \times 10^3 \times 9,46 \times 10^{12}$ km = **$1,28 \times 10^{16}$ km.**
b) Les distances exprimées en km calculées au **1.a)** ont **des valeurs élevées.** Il est plus aisé d'utiliser des valeurs **plus faibles dans l'expression et les calculs.**
Par exemple, la distance Soleil-Jupiter vaut $7,80 \times 10^8$ km soit **5,20 u.a.**

2. a) Par définition, une année-lumière est **la distance parcourue par la lumière en une année dans le vide**, donc, comme la nébuleuse d'Orion est située à $1,35 \times 10^3$ a.l., la lumière émise par la nébuleuse met **$1,35 \times 10^3$ années** pour arriver jusqu'à la Terre soit environ **1 350 ans.**

b) L'image obtenue aujourd'hui de la nébuleuse d'Orion **est âgée de 1 350 ans**, puisque sa lumière met 1 350 ans à nous parvenir.

• Pour comparer des distances (ou des durées), il convient de les convertir dans une même unité.

• On choisit généralement l'unité la plus proche de la distance (ou de la durée) à étudier.

• L'année-lumière permet d'accéder facilement au temps de parcours de la lumière, exprimé en année.

• Célérité de la lumière, dans le vide ou dans l'air : $c = 3,00 \times 10^8$ m.s^{-1}

2 Décrire un mouvement dans un référentiel donné

EXERCICE TYPE

Deux personnes A et B sont assises dans un train quittant une gare. B se lève et marche dans le couloir du wagon. Une personne C, sur le quai de la gare, suit en courant le train. Le train et les personnes avancent tous suivant la même direction et dans le même sens.

Pour chacune des questions suivantes, indiquer le référentiel dans lequel on étudie le mouvement.

1.a) Nommer les personnes en mouvement par rapport au sol.

b) Nommer les personnes en mouvement par rapport au train.

2. À quelle condition C pourrait-il être immobile par rapport à A ?

3. La vitesse du train par rapport au sol est de 10 km.h^{-1}. La personne B marche à la vitesse de 4 km.h^{-1} par rapport au sol du wagon. Calculer la vitesse de B par rapport au sol. Conclure.

CORRIGÉ COMMENTÉ

1. a) **Les trois personnes** sont en mouvement par rapport au sol.

Référentiel choisi : le sol, donc le **référentiel terrestre**.

b) **Les personnes B et C** sont en mouvement par rapport au train.

Référentiel choisi : **le train.**

2. **C pourrait être immobile** par rapport à A, à condition qu'elle aille à la même vitesse que le train dans le référentiel terrestre. Référentiel choisi : **la personne A, ou le train** (puisque A est immobile par rapport au train).

3. B avance à la vitesse de 4 km.h^{-1} par rapport au train tandis que le train avance à la vitesse de 10 km.h^{-1} par rapport au sol.

B avance donc à la vitesse de 14 km.h^{-1} par rapport au sol.

On a : $\vartheta_{B/sol} = \vartheta_{B/train} + \vartheta_{train/sol}$: **la vitesse dépend donc du référentiel.**

💡 **À RETENIR**

• Lorsque l'on étudie le mouvement d'un objet, il est indispensable d'indiquer le référentiel par rapport auquel l'objet se déplace (ou est immobile).
• Le référentiel terrestre est très souvent utilisé pour étudier les mouvements ayant lieu à la surface de la Terre, ou proches de cette dernière.
• La trajectoire et la vitesse d'un mobile dépendent du choix du référentiel.

3 Caractériser un mouvement. Représenter un vecteur vitesse

EXERCICE TYPE

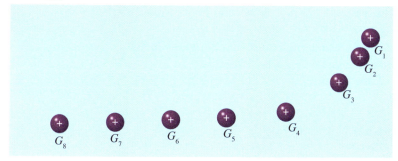

La chronophotographie du mouvement d'une boule de billard, est donnée sur le schéma ci-dessus. Le mouvement de la boule est étudié dans le référentiel terrestre. La durée écoulée entre chaque position de la boule vaut Δt = 200 ms. Le schéma est à l'échelle 1/10.

1. En combien de phases (parties) peut-on décomposer le mouvement ?

2. Décrire le mouvement de la boule dans chacune des phases. Justifier.

3. Représenter les vecteurs vitesse $\overrightarrow{\vartheta_2}$, $\overrightarrow{\vartheta_3}$, $\overrightarrow{\vartheta_5}$ et $\overrightarrow{\vartheta_7}$ respectivement aux points G_2, G_3, G_5 et G_7. Regrouper les résultats dans un tableau, en y faisant figurer les caractéristiques de chaque vecteur vitesse.

Échelle conseillée pour le tracé des vecteurs vitesse : 1 cm $\leftrightarrow$ $3{,}0 \times 10^{-1}$ m.s^{-1}.

4. Justifier les réponses de la question **2.** en utilisant les tracés des vecteurs effectués.

5. a) Nommer le point de la boule dont on a étudié le mouvement.

b) La modélisation de la boule par un point constitue-t-elle un gain ou une perte d'information ? Justifier.

> **Remarque**
> Pour décrire le mouvement d'un système, il faut considérer la trajectoire et l'évolution de la vitesse du système, donc regarder sur une chronophotographie les distances entre les positions successives du système.

> **Rappel**
> Utiliser les unités internationales sauf consigne contraire.
> 1 cm = 10^{-2} m.

1. Le mouvement de la boule se décompose en **deux phases :**
– de la position **1** à la position **5** ;
– de la position **5** à la position **8**.

2. – De la position 1 à la position 5 : **mouvement curviligne** (la trajectoire est courbe) et **accéléré** (la distance parcourue pendant des durées égales augmente entre deux positions successives, donc la vitesse augmente).

Point Maths

Attention à l'échelle du schéma : toutes les mesures de distances sont multipliées par 10 car l'échelle du schéma est au 1/10.

– De la position 5 à la position 8 : mouvement **rectiligne** (la trajectoire est une droite) et **uniforme** (la distance parcourue pendant des durées égales est constante entre deux positions successives, donc la vitesse est constante).

3. Tous les vecteurs ont pour sens celui du mouvement de la boule.
La longueur de chaque vecteur est proportionnelle à la vitesse et tient compte de l'échelle fournie :
$1 \text{ cm} \leftrightarrow 3{,}0 \times 10^{-1} \text{ m.s}^{-1}$.

Remarque

$$\vartheta_2 = \frac{G_1G_2 + G_2G_3}{t_3 - t_1}$$
est plus précis que :
$$\vartheta_3 = \frac{G_1G_3}{t_3 - t_1}$$
(Partie courbe de la trajectoire), et $t_3 - t_1 = 2\,\Delta t$.

Vecteurs / Caractéristiques	Point d'application	Direction	Norme (m.s⁻¹)	Longueur (cm)
$\vec{\vartheta}_2 = \dfrac{\overrightarrow{G_1G_3}}{t_3 - t_1}$	G_2	celle de $\overrightarrow{G_1G_3}$	$\vartheta_2 = \dfrac{G_1G_2 + G_2G_3}{t_3 - t_1}$ $= \dfrac{(0{,}55 + 0{,}95)\,\text{cm} \times 10 \times 10^{-2}}{2 \times 200 \times 10^{-3}}$; $\vartheta_2 = \mathbf{3{,}8 \times 10^{-1} \text{ m.s}^{-1}}$	1,3
$\vec{\vartheta}_3 = \dfrac{\overrightarrow{G_2G_4}}{t_4 - t_2}$	G_3	celle de $\overrightarrow{G_2G_4}$	$\vartheta_3 = \dfrac{G_2G_3 + G_3G_4}{t_4 - t_2}$ $= \dfrac{(0{,}95 + 1{,}65)\,\text{cm} \times 10 \times 10^{-2}}{2 \times 200 \times 10^{-3}}$; $\vartheta_3 = \mathbf{6{,}5 \times 10^{-1} \text{ m.s}^{-1}}$	2,2
$\vec{\vartheta}_5 = \dfrac{\overrightarrow{G_4G_6}}{t_6 - t_4}$	G_5	celle de $\overrightarrow{G_4G_6}$	$\vartheta_5 = \dfrac{G_4G_6}{t_6 - t_4} = \dfrac{3{,}1 \text{ cm} \times 10 \times 10^{-2}}{2 \times 200 \times 10^{-3}}$; $\vartheta_5 = \mathbf{7{,}8 \times 10^{-1} \text{ m.s}^{-1}}$	2,6
$\vec{\vartheta}_7 = \dfrac{\overrightarrow{G_6G_8}}{t_8 - t_6}$	G_7	celle de $\overrightarrow{G_6G_8}$	$\vartheta_7 = \dfrac{G_6G_8}{t_8 - t_6} = \dfrac{3{,}1 \text{ cm} \times 10 \times 10^{-2}}{2 \times 200 \times 10^{-3}}$; $\vartheta_7 = \mathbf{7{,}8 \times 10^{-1} \text{ m.s}^{-1}}$	2,6

Point Maths

Échelle de **tracé des vecteurs vitesses** : on raisonne **par proportionnalité**.

Par exemple, pour le tracé du vecteur vitesse $\vec{\vartheta_3}$:

$3{,}0 \times 10^{-1}$ m.s^{-1}	1 cm
$6{,}5 \times 10^{-1}$ m.s^{-1}	x cm

Soit $x = \dfrac{(1 \times 6{,}5 \times 10^{-1})}{3{,}0 \times 10^{-1}} = 2{,}2$ cm.

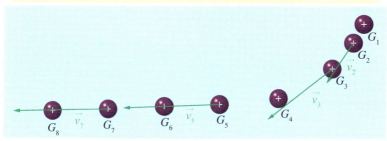

4. Les tracés des vecteurs vitesse effectués **illustrent les réponses de la question 2.**

– Les vecteurs vitesse $\vec{\vartheta_2}$, $\vec{\vartheta_3}$ et $\vec{\vartheta_5}$ n'ont pas la même direction : la trajectoire est courbe, le mouvement est **curviligne**, et non rectiligne.

– Les vecteurs vitesse $\vec{\vartheta_2}$, $\vec{\vartheta_3}$ et $\vec{\vartheta_5}$ n'ont pas la même longueur : la norme du vecteur vitesse augmente, le mouvement est **accéléré** sur la 1re phase.

– Le vecteur vitesse $\vec{\vartheta_5}$ et le vecteur vitesse $\vec{\vartheta_7}$ ont la même direction : donc la trajectoire est une droite, le mouvement est **rectiligne**.

– Le vecteur vitesse $\vec{\vartheta_5}$ et le vecteur vitesse $\vec{\vartheta_7}$ ont la même longueur : donc la norme du vecteur vitesse reste constante, le mouvement est **uniforme** sur la 2e phase.

5. a) Le point de la boule dont on a étudié le mouvement est G, le **centre de la boule** qui est également son **centre de gravité**.

b) Modéliser la boule par son centre de gravité constitue **une perte d'information : on ne tient pas compte des points en surface de la boule qui peuvent effectuer un mouvement de rotation autour du centre de gravité.**

À RETENIR

- Lorsque l'on caractérise le mouvement d'un objet en s'appuyant sur une chronophotographie, il est indispensable d'examiner la distance entre deux positions successives, parcourues pendant des durées égales :
  – si cette distance augmente, le mouvement est accéléré, la vitesse augmente ;
  – si cette distance diminue, le mouvement est ralenti, la vitesse diminue ;
  – si cette distance reste la même, le mouvement·est uniforme, la vitesse est constante.
- Ne pas confondre la valeur de la vitesse (exprimée en m.s^{-1}) avec la longueur du segment fléché représentant le vecteur vitesse à l'échelle donnée.
- Lorsque l'échelle n'est pas fournie, il faut la choisir en tenant compte des proportions du schéma.

Connaître le cours

Pour chaque exercice du *connaître le cours*, indiquer la (ou les) bonne(s) réponse(s) :

1 ⏱ 2 min Échelles spatiales et temporelles

	A	B	C
1. À notre échelle, on peut utiliser comme unité de distance le :	micromètre (µm)	millimètre (mm)	kilomètre (km)
2. À l'échelle microscopique, on peut utiliser comme unité de distance le :	millimètre (mm)	nanomètre (nm)	femtomètre (fm)
3. À l'échelle macroscopique, dans l'infiniment grand, on peut utiliser comme unité de distance le :	gigamètre (Gm)	année-lumière (a.l)	décamètre (dam)
4. L'unité de temps la mieux adaptée aux durées des mouvements en astronomie est :	la seconde (s)	la nanoseconde (ns)	l'année (an)

→ *Corrigé p. 183*

2 ⏱ 3 min Relativité du mouvement et notion de référentiel

	A	B	C
1. Le choix d'un référentiel influe sur :	la trajectoire	la vitesse	le mouvement
2. Le référentiel terrestre est adapté pour étudier le mouvement :	des satellites en orbite autour de la Terre	des objets se déplaçant au sol ou au voisinage de la surface terrestre	des planètes autour du Soleil
3. Le mouvement de la Lune est étudié plus facilement dans le référentiel :	héliocentrique	terrestre	géocentrique
4. Peut (peuvent) être considéré(s) comme un(des) référentiel(s) terrestre(s) :	une caméra posée sur le sol terrestre	un astronaute à la surface de Mars	le laboratoire

→ *Corrigé p. 183*

3 ⏱ 2 min Mouvement d'un point

	A	B	C
1. Le système est :	le référentiel	l'objet dont on étudie le mouvement	le repère associé au référentiel d'étude
2. On modélise le système :	par un point	généralement par le centre de gravité du système	par l'ensemble de ses points
3. Modéliser un système par un point :	a pour objectif de simplifier l'étude du mouvement du système	n'a pas d'influence sur l'étude du mouvement du système	entraîne une perte d'informations pour l'étude du mouvement du système

➜ *Corrigé p. 183*

4 ⏱ 5 min Trajectoires

	A	B	C
1. La trajectoire d'un point mobile :	est l'ensemble des positions occupées par ce point au cours de son mouvement	peut être obtenue grâce à une chronophotographie	ne dépend pas du référentiel
2. Si le mouvement est rectiligne, la trajectoire est :	un cercle	une courbe quelconque	une droite
3. Si le mouvement est curviligne, la trajectoire :	est une droite	est une ligne courbe	peut être représentée par un cercle

Pour les questions **4.** à **7.**, on dispose de quatre enregistrements de trajectoire d'un mobile en mouvement. Les relevés des positions ont été effectués à intervalles de temps égaux.

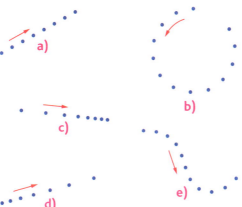

	A	B	C
4. Les mouvements sont rectilignes dans les cas :	a), b), c)	a), c), d)	a), c), e)
5. Les mouvements sont curvilignes dans le cas :	b)	e)	c)
6. Les mouvements sont uniformes dans les cas :	a), c), d)	c), d)	a), b), e)
7. Le mouvement est ralenti dans le cas :	d)	e)	c)

➔ *Corrigé p. 183*

5 ⏱ 2 min Vecteurs déplacement et vecteurs vitesse

	A	B	C
1. Le vecteur déplacement d'un point mobile entre 2 positions M_1 et M_2 :	s'écrit $\overrightarrow{M_1M_2}$	traduit le passage d'un point mobile de M_1 à M_2	peut s'écrire $\overrightarrow{M_2M_1}$
2. Le vecteur vitesse moyenne d'un point mobile entre 2 positions voisines M_1 et M_2 séparées par la durée Δt :	est défini par : $\overrightarrow{\vartheta}_{moy} = \dfrac{\overrightarrow{M_1M_2}}{\Delta t}$	est défini par : $\overrightarrow{\vartheta}_{moy} = \dfrac{\overrightarrow{M_2M_1}}{\Delta t}$	a pour norme la vitesse moyenne de déplacement du point M entre M_1 et M_2
3. Le vecteur vitesse d'un point mobile M, entre deux positions voisines M_1 et M_2 est :	tangent à la trajectoire au point M	perpendiculaire en M à la trajectoire	de longueur proportionnelle à la vitesse moyenne de déplacement du point M entre M_1 et M_2

➔ *Corrigé p. 183*

6 ⏱ 2 min Mouvements rectilignes

	A	B	C
1. Si un point est animé d'un mouvement rectiligne et uniforme :	sa trajectoire est une droite	sa vitesse diminue au cours du temps	son vecteur vitesse garde la même direction, le même sens et la même norme
2. Si un point est animé d'un mouvement rectiligne non uniforme :	sa vitesse varie	la direction de son vecteur vitesse n'est pas constante	son vecteur vitesse varie

➔ *Corrigé p. 183*

Appliquer le cours et les savoir-faire

7 ⏱ **15** min ★ → COMMENT FAIRE 1

On s'intéresse à l'électron de l'atome d'hydrogène :
- Stabilité $> 6,3 \times 10^{29}$ s.
- Rayon de l'électron : $r \approx 2,82 \times 10^{-18}$ km.
- Distance au noyau pour laquelle la probabilité de trouver un électron est maximale (rayon de l'atome d'hydrogène) : $D = 0,53 \times 10^{-8}$ cm.
- Vitesse de l'électron autour du noyau : $\vartheta \approx 3,00 \times 10^5$ cm.ms^{-1}.

1. Pour chaque grandeur, expliquer pourquoi l'unité choisie n'est pas adaptée.

2. Pour chacune des unités, trouver l'unité la mieux adaptée et convertir la donnée numérique dans cette unité.

→ *Corrigé p. 183*

8 ⏱ **10** min ★★ → COMMENT FAIRE 2

Deux parachutistes, notés A et B, sautent simultanément d'un avion. La scène est filmée par un observateur, noté C, à l'aide d'une caméra fixée sur le sol.

1. Quels sont les personnages en mouvement dans le référentiel « avion » ? Justifier.

2. Après une minute, les deux parachutistes ont le même mouvement rectiligne uniforme dans le référentiel terrestre. Décrire le mouvement de B par rapport au parachutiste A. Justifier et indiquer le référentiel utilisé ici.

3. Le parachutiste B ouvre son parachute : décrire son mouvement par rapport à C juste après l'ouverture.

4. Dans le référentiel terrestre, la vitesse du parachutiste A est de 50 m.s^{-1}, celle du parachutiste B, situé à proximité du parachutiste A, également. Le parachutiste B ouvre son parachute, et sa vitesse diminue jusqu'à atteindre la valeur 8,3 m.s^{-1}.
Déterminer la vitesse du parachutiste A (son parachute étant encore fermé) par rapport au parachutiste B.

→ *Corrigé p. 184*

9 ⏱ **20** min ★★ → COMMENT FAIRE 3

Pour étudier un lancer de projectile à l'aide d'une fronde, on enregistre les différentes positions d'un projectile à intervalles de temps réguliers ($\Delta t = 50$ ms). L'enregistrement obtenu est reproduit page suivante (échelle : 1/10). Le mouvement du projectile est étudié dans le référentiel terrestre.

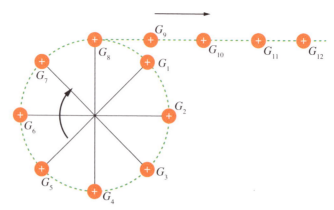

1. En combien de phases peut-on décomposer le mouvement du projectile ?

2. Décrire le mouvement sur chacune des phases. Justifier.

3. a) Représenter le vecteur vitesse $\overrightarrow{\vartheta_2}$ au point G_2 puis le vecteur vitesse $\overrightarrow{\vartheta_5}$ au point G_5.

b) Représenter le vecteur vitesse $\overrightarrow{\vartheta_9}$ au point G_9 puis le vecteur vitesse $\overrightarrow{\vartheta_{10}}$ au point G_{10}.

c) Représenter le vecteur vitesse $\overrightarrow{\vartheta_{11}}$ au point G_{11}.

Regrouper les résultats dans un tableau, en y faisant figurer les caractéristiques de chaque vecteur vitesse.

4. Justifier les réponses de la question **2.** en utilisant les tracés des vecteurs effectués. Échelle conseillée pour le tracé des vecteurs vitesse : 1 cm $\leftrightarrow$ 3 m.s^{-1}

→ Corrigé p. 184

S'entraîner au raisonnement

10 ⏱ **15 min** ★★

Les satellites géostationnaires évoluent à une altitude h voisine de 36 000 km, suivant une trajectoire circulaire dans le plan de l'équateur. Ils sont utilisés pour la météo et les télécommunications. Ils ont une particularité : ils restent toujours à  la verticale du même point de la surface terrestre ; ils paraissent donc immobiles, lorsqu'ils sont observés depuis la surface de la Terre.

1. Donner la vitesse d'un satellite géostationnaire dans le référentiel terrestre.

2. Deux lycéens se demandent pourquoi les satellites géostationnaires semblent immobiles, lorsque nous les observons depuis la surface de la Terre.

Pour expliquer cela, l'un d'eux émet l'hypothèse que le satellite et la Terre tournent à la même vitesse, soit environ 1 700 km.h^{-1} au niveau de l'équateur. Le deuxième lycéen, émet une autre hypothèse : le satellite réalise un tour d'orbite en 23 heures 56 minutes.

a) Calculer la vitesse de rotation du satellite géostationnaire sur son orbite.

b) Expliquer pourquoi le satellite géostationnaire semble immobile lorsqu'il est observé depuis la surface de la Terre.

c) Quel lycéen a raison ?

Données : Rayon terrestre R_T = 6 371 km.

Durée de rotation de la Terre sur elle-même (rotation propre) : $\Delta t \approx 24$ h.

3. Dans quel référentiel le deuxième lycéen a-t-il étudié le mouvement du satellite ?

4. Expliquer pourquoi les satellites géostationnaires sont utiles dans le domaine des télécommunications ou de la météo.

→ Corrigé p. 186

11 **10 min** ★

On dispose de trois enregistrements sur lesquels des vecteurs vitesse ont été tracés. Chaque vecteur correspond à une position d'un point du système en mouvement. Ces positions ont été effacées.

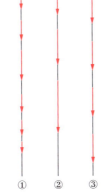

①   ②   ③

1. Décrire le mouvement pour chacun des enregistrements.

2. Attribuer, en justifiant, chaque enregistrement au mouvement du système correspondant, parmi la liste proposée :

• Saut d'un plongeur olympique.

• Chute d'un parachutiste (à l'ouverture du parachute).

• Chute d'un sauteur à l'élastique.

• Chute d'un parachutiste (parachute fermé) ayant atteint la vitesse constante de 50 m.s^{-1}.

→ Corrigé p. 187

Exercice ⊙ **30** min **10 points**

Le curling est un sport se pratiquant sur une piste de glace. Il consiste à lancer, puis laisser glisser une pierre de granit poli d'environ 20 kg, pour qu'elle arrive au plus près d'une cible.

Les partenaires du lanceur, se chargent de frotter la piste, en avant de la pierre, pour faciliter son avancée pendant son mouvement.

On étudie le mouvement de la pierre juste après son lancer en relevant les positions de son centre de gravité à intervalles de temps réguliers.

Sens de déplacement ⟶

$G_1 \quad G_2 \quad G_3 \quad G_4 \quad G_5 \quad G_6 \; G_7 G_8 G_9 G_{10}$

	C 0,5	A 4,5	R 5	10 points
1. Le relevé des positions ne fournit aucune échelle. Choisir, en justifiant, les échelles de distances et de temps adaptées au mouvement étudié parmi ces trois propositions :				
a) Échelle de temps : $\Delta t = 1,0$ s entre chaque position relevée ; échelle de distance : 1 cm ↔ 5 m.		×		1
b) Échelle de temps : $\Delta t = 1,0$ ms entre chaque position relevée ; échelle de distance : 1 cm ↔ 5 m.		×		1
c) Échelle de temps : $\Delta t = 1,0$ s entre chaque position relevée ; échelle de distance : 1 cm ↔ 50 m.		×		1
2. Dans quel référentiel est étudié le mouvement de la pierre ?		×		0,5
3. Décrire la trajectoire de la pierre.	×			0,5
4. En combien de phases peut-on décomposer ce mouvement ? Justifier.			×	2
5. Décrire le mouvement sur chacune des phases.		×		1
6. Retrouver les réponses des questions **4.** et **5.** à l'aide de tracés de vecteurs vitesse. Échelle conseillée : 1,5 cm ↔ 6 m.s⁻¹			×	3

→ *Corrigé p. 187*

1 → *Énoncé p. 176*

1. B & C ; **2.** B & C ; **3.** A & B ; **4.** C

2 → *Énoncé p. 176*

1. A, B & C ; **2.** B ; **3.** C ; **4.** A & C

3 → *Énoncé p. 177*

1. B ; **2.** A & B ; **3.** A & C

4 → *Énoncé p. 177*

1. A & B ; **2.** C ; **3.** B & C (un cercle est une courbe particulière) ; **4.** B ; **5.** A & B ; **6.** C ; **7.** C

5 → *Énoncé p. 178*

1. A & B ; **2.** A & C ; **3.** A & C

6 → *Énoncé p. 178*

1. A & C ; **2.** A & C

7 → *Énoncé p. 179*

1. Examinons les différentes données numériques :
• Stabilité de l'électron : valeur en seconde trop importante, **peu adaptée** à notre perception du temps.
• Rayon de l'électron : unité en km **non adaptée** à l'infiniment petit.
• Distance au noyau pour laquelle la probabilité de trouver un électron est maximale : unité en cm **non adaptée** à l'infiniment petit.
• Vitesse de l'électron autour du noyau : unité $cm.ms^{-1}$ **peu explicite** à notre échelle.

2. • Stabilité de l'électron : $6,3 \times 10^{29}$ s

soit $\dfrac{6,3 \times 10^{29}}{365,25 \times 24 \times 3\,600} = \mathbf{2,0 \times 10^{22}}$ **années**.

• Rayon de l'électron :
$r = 2,82 \times 10^{-18}$ km soit,
comme $1,0$ km $= 10^3$ m,
$r = 2,82 \times 10^{-18} \times 10^3 = 2,82 \times 10^{-15}$ m
ou **2,82 fm** (femtomètre).

Point Maths

On raisonne **par proportionnalité**.

365,25 j $\times$ 24 h $\times$ 3600 s	1,0 an
$6,3 \times 10^{29}$ s	x années

Soit $x = \dfrac{(1,0 \times 6,3 \times 10^{29})}{365,25 \times 24 \times 3600}$

$= \mathbf{2,0 \times 10^{22}}$ **années**.

• Distance au noyau pour laquelle la probabilité de trouver un électron est maximale :
$D = 0,53 \times 10^{-8}$ cm soit, comme $1,0$ cm $= 10^{-2}$ m,
$D = 0,53 \times 10^{-8} \times 10^{-2}$ m $= 0,53 \times 10^{-10}$ m
soit $D = 53 \times 10^{-12}$ m ou **53 pm** (picomètre).
• Vitesse de l'électron autour du noyau :
$\vartheta \approx 3,00 \times 10^5$ cm.ms^{-1} soit $\vartheta \approx 3,00 \times 10^5 \times 10^{-2}$ m/ms soit
$\vartheta \approx 3,00 \times 10^5 \times 10^{-2}$ m/10^{-3} s, ce qui donne au final :
$\vartheta \approx \mathbf{3,00 \times 10^6}$ **m/s (m .s^{-1})** soit le centième de la vitesse de la lumière dans le vide.

Conseil

Se référer à la fiche p. 218 pour connaître et utiliser les puissances de 10 équivalentes aux différentes unités.

Point Maths

Règles des puissances de 10 :
$$10^a \times 10^b = 10^{a+b} \; ;$$
$$\frac{10^a}{10^b} = 10^{a-b} \; ; \; (10^a)^b = 10^{a \times b}$$

---

8 → *Énoncé p. 179*

1. Dans le référentiel « avion » : **tous les personnages sont en mouvement**, puisque **l'avion s'éloigne** des parachutistes A et B et du caméraman C, donc **ils font de même**, **par rapport à l'avion.**

2. Dans **le référentiel « parachutiste A »**, **B est immobile**, puisqu'ils ont le même mouvement rectiligne uniforme dans le référentiel terrestre ; ils tombent verticalement à la même vitesse, lors de leur chute.

3. Le parachutiste B ouvre son parachute : **plusieurs réponses sont possibles.**
• Dans **le référentiel terrestre** (donc par rapport au caméraman C) : le parachutiste B continue à se rapprocher du sol en chutant, même s'il descend moins rapidement après l'ouverture du parachute : **son mouvement est rectiligne ralenti vers le bas.**
• Dans **le référentiel « parachutiste A »** : le parachutiste B remonte, puisque le parachutiste A, n'ayant à cet instant pas encore ouvert son parachute, chute plus rapidement que le parachutiste B. Le parachutiste A s'éloigne ainsi de B, donc le parachutiste B s'éloigne également de A, suivant un **mouvement rectiligne accéléré vers le haut**.

4. $\vartheta_{A/sol} = \vartheta_{A/B} + \vartheta_{B/sol}$ soit $\vartheta_{A/B} = \vartheta_{A/sol} - \vartheta_{B/sol} = 50 - 8,3$; $\vartheta_{A/B} = \mathbf{41,7 \ m.s^{-1}}$.
La vitesse **dépend donc du référentiel** et l'on comprend pourquoi le parachutiste A a la sensation de voir le parachutiste B remonter à l'ouverture de son parachute.

---

9 → *Énoncé p. 179*

1. Le mouvement du projectile se décompose en **trois phases :**
– de la position **1** à la position **8 ;**
– de la position **8** à la position **11** ;
– de la position **11** à la position **12.**

2. • De la position 1 à la position 8 : mouvement **circulaire** (trajectoire : cercle) et **uniforme** (la distance parcourue entre deux positions successives c'est-à-dire pendant des durées égales est constante, donc la vitesse est constante).

Point Maths

Un vecteur est caractérisé par :
– son point d'application ;
– sa direction ;
– son sens ;
– sa norme (la longueur du vecteur dessiné est proportionnelle à la norme).

• De la position 8 à la position 11 : mouvement **rectiligne** (trajectoire : droite) et **uniforme** (la distance parcourue entre deux positions successives c'est-à-dire pendant des durées égales est constante, donc la vitesse est constante).

• De la position 11 à la position 12 : mouvement **rectiligne** (trajectoire : droite) et **ralenti** (la distance parcourue diminue entre la position 11 et la position 12, la vitesse diminue).

3. a), **b)** et **c)** Tous les vecteurs ont pour sens celui du mouvement du mobile. La longueur de chaque vecteur tient compte de l'échelle fournie : 1 cm ↔ 3 m.s^{-1}.

 Attention

Penser à arrondir : 2 chiffres significatifs.

Caractéristiques / Vecteurs	Point d'application	Direction	Norme (m.s^{-1})	Longueur (cm)
$\vec{\vartheta}_2 = \dfrac{\overrightarrow{G_1G_3}}{t_3 - t_1}$	G_2	celle de $\overrightarrow{G_1G_3}$, perpendiculaire au rayon du cercle en G_2	$\vartheta_2 = \dfrac{G_1G_2 + G_2G_3}{t_3 - t_1}$ $= \dfrac{(1,55 + 1,55)\text{cm} \times 10 \times 10^{-2}}{2 \times 50 \times 10^{-3}}$; $\vartheta_2 = \mathbf{3,1\ m.s^{-1}}$	**1,0**
$\vec{\vartheta}_5 = \dfrac{\overrightarrow{G_4G_6}}{t_6 - t_4}$	G_5	celle de $\overrightarrow{G_4G_6}$, perpendiculaire au rayon du cercle en G_5	$\vartheta_5 = \dfrac{G_4G_5 + G_5G_6}{t_6 - t_4}$ $= \dfrac{(1,55 + 1,55)\text{cm} \times 10 \times 10^{-2}}{2 \times 50 \times 10^{-3}}$; $\vartheta_5 = \mathbf{3,1\ m.s^{-1}}$	**1,0**
$\vec{\vartheta}_9 = \dfrac{\overrightarrow{G_8G_{10}}}{t_{10} - t_8}$	G_9	celle de $\overrightarrow{G_8G_{10}}$	$\vartheta_9 = \dfrac{G_8G_{10}}{t_{10} - t_8}$ $= \dfrac{2,95\text{ cm} \times 10 \times 10^{-2}}{2 \times 50 \times 10^{-3}}$; $\vartheta_9 = \mathbf{3,0\ m.s^{-1}}$	**1,0**
$\vec{\vartheta}_{10} = \dfrac{\overrightarrow{G_9G_{11}}}{t_{11} - t_9}$	G_{10}	celle de $\overrightarrow{G_9G_{11}}$	$\vartheta_{10} = \dfrac{G_9G_{11}}{t_{11} - t_9}$ $= \dfrac{2,95\text{ cm} \times 10 \times 10^{-2}}{2 \times 50 \times 10^{-3}}$; $\vartheta_{10} = \mathbf{3,0\ m.s^{-1}}$	**1,0**
$\vec{\vartheta}_{11} = \dfrac{\overrightarrow{G_{10}G_{12}}}{t_{12} - t_{10}}$	G_{11}	celle de $\overrightarrow{G_{10}G_{12}}$	$\vartheta_{11} = \dfrac{G_{10}G_{12}}{t_{12} - t_{10}}$ $= \dfrac{2,70\text{ cm} \times 10 \times 10^{-2}}{2 \times 50 \times 10^{-3}}$; $\vartheta_{11} = \mathbf{2,7\ m.s^{-1}}$	**0,90**

 Point Maths

La tangente à un cercle en un point *M* du cercle est perpendiculaire au rayon du cercle en ce point *M*.

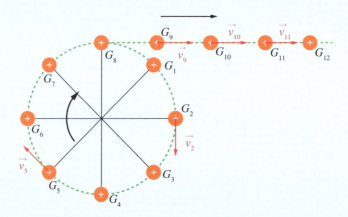

4. Les tracés des vecteurs vitesse effectués illustrent les réponses de la question **2.** :
– le vecteur vitesse $\vec{\vartheta}_2$ et le vecteur vitesse $\vec{\vartheta}_5$ **n'ont pas la même direction : donc le mouvement est circulaire (la trajectoire est un cercle)** ;
– le vecteur vitesse $\vec{\vartheta}_2$ et le vecteur vitesse $\vec{\vartheta}_5$ **ont la même norme : donc la vitesse est constante, le mouvement est uniforme lors de la 1re phase** ;
– le vecteur vitesse $\vec{\vartheta}_9$ et le vecteur vitesse $\vec{\vartheta}_{10}$ **ont la même direction : donc la trajectoire est une droite, le mouvement est rectiligne**, et les vecteurs ont **la même norme : le mouvement est uniforme lors de la 2e phase** ;
– le vecteur vitesse $\vec{\vartheta}_{10}$ et le vecteur vitesse $\vec{\vartheta}_{11}$ **ont la même direction : le mouvement reste rectiligne entre la 2e et la 3e phase** ;
– le vecteur vitesse $\vec{\vartheta}_{10}$ et le vecteur vitesse $\vec{\vartheta}_{11}$ **n'ont pas la même norme** (ϑ_{11} plus petite que ϑ_{10}) : donc la vitesse diminue, **le mouvement est ralenti** à partir la 3e phase.

10 → *Énoncé p. 180*

1. Dans le référentiel terrestre, **un satellite géostationnaire est immobile**, puisqu'observé depuis un lieu de la surface terrestre. **Sa vitesse est nulle.**

2. a) La distance parcourue par le satellite sur son orbite correspond à la circonférence de l'orbite de rayon ($R_T + h$), c'est-à-dire au périmètre du cercle de rayon ($R_T + h$).

> **Point Maths**
> Périmètre d'un cercle de rayon R :
> $2\pi R$

Cette distance est parcourue lors d'un tour de la Terre sur elle-même,

soit $\Delta t = 23\text{ h }56\text{ min} = 23\text{ h} + \dfrac{56}{60}\text{ h} = 23{,}93\text{ h}$.

La vitesse est alors : $\vartheta = \dfrac{2\pi(R_T + h)}{\Delta t}$; $\vartheta = \dfrac{2\pi(6\ 371 + 36\ 000)}{23{,}93}$; $\vartheta = \mathbf{1{,}113 \times 10^4\ km.h^{-1}}$

(vitesse très supérieure à 1 700 km.h^{-1}).

b) Pour que le satellite semble immobile lorsqu'il est observé depuis la surface terrestre, il faut que **le satellite et la Terre tournent de façon synchronisée**, c'est-à-dire en même temps, soit approximativement **23 heures et 56 minutes** pour faire un tour de la Terre.

c) D'après **a)** et **b) le deuxième lycéen a raison : son hypothèse est validée.**

3. Le deuxième lycéen a étudié le mouvement du satellite dans **le référentiel géocentrique**, adapté à l'étude des satellites de la Terre.

4. Les satellites géostationnaires « **stationnent** » **au-dessus du même lieu de la surface de la Terre :** cette particularité est très utile dans le domaine des télécommunications (par exemple la télévision par satellite) ou encore pour faire des prévisions météorologiques locales.

11 → *Énoncé p. 181*

1. Pour chacun des enregistrements, les vecteurs vitesse conservent la même direction : tous les mouvements sont **rectilignes**.
Enregistrement ① : la longueur des vecteurs **augmente progressivement** (donc leur norme augmente) sur une première partie de l'enregistrement (**mouvement accéléré**) puis **diminue progressivement** (donc leur norme diminue) sur une deuxième partie (**mouvement ralenti**).
Enregistrement ② : la longueur des vecteurs **augmente progressivement** (donc leur norme augmente) sur l'enregistrement ; le **mouvement est accéléré**.
Enregistrement ③ : la longueur des vecteurs **reste constante** (donc leur norme est constante) sur l'enregistrement ; le **mouvement est uniforme**.

2. Attribution des enregistrements aux mouvements des systèmes proposés :
• Saut d'un **plongeur olympique** : **enregistrement** ② (mouvement accéléré) car le plongeur accélère lors de sa chute.
• Chute d'un parachutiste (à l'ouverture du parachute) : aucun enregistrement ne correspond au mouvement ralenti du parachutiste.
• Chute d'un **sauteur à l'élastique** : **enregistrement** ① (mouvement accéléré puis ralenti) car le sauteur à l'élastique accélère lors de sa chute, puis est freiné par l'élastique auquel il est attaché.
• Chute d'un **parachutiste ayant atteint la vitesse constante** de 50 m.s^{-1}, son parachute étant fermé : **enregistrement** ③ (mouvement uniforme) car la vitesse atteinte est constante.

INTERROGATION ÉCRITE

Exercice → *Énoncé p. 182*

1. Par rapport à l'enregistrement :
a) Échelle de temps **adaptée** : Δ*t* = **1,0 s** entre chaque position relevée ; **échelle de distance adaptée : 1 cm ↔ 5 m.**

b) Échelle de temps : $\Delta t = 1{,}0$ ms entre chaque position relevée : **intervalle de temps trop court**.

c) Échelle de distance : **1 cm ↔ 50 m : la distance parcourue** par la pierre serait bien **trop élevée** pour du curling sur une piste de patinoire.

2. On étudie le mouvement de la pierre dans le **référentiel terrestre**.

3. Les points sont alignés : la trajectoire est **une droite**.

4. Le mouvement de la pierre comporte **deux phases**. La durée écoulée entre chaque position étant la même :
– phase 1 **entre G_1 et G_5** : **distances égales** entre deux positions successives ;
– phase 2 **entre G_5 et G_{10}** : la **distance diminue** entre deux positions successives.

5. La trajectoire étant une droite, et d'après **4.** :
– phase 1 **entre G_1 et G_5** : mouvement **rectiligne et uniforme** ;
– phase 2 **entre G_5 et G_{10}** : mouvement **rectiligne et ralenti**.

6. Tracé des vecteurs vitesse : $\vec{\vartheta}_2$ et $\vec{\vartheta}_4$ pour la phase 1, et : $\vec{\vartheta}_6$ et $\vec{\vartheta}_8$ pour la phase 2. Tous les vecteurs ont pour sens celui du mouvement de la pierre.

Sens de déplacement ⟶

$\vec{\vartheta}_2$ $\vec{\vartheta}_4$ $\vec{\vartheta}_6$ $\vec{\vartheta}_8$

G_1 G_2 G_3 G_4 G_5 G_6 G_7 G_8 G_9 G_{10}

Vecteurs / Caractéristiques	Point d'application	Direction	Norme $(m.s^{-1})$	Longueur (cm)
$\vec{\vartheta}_2 \approx \dfrac{\overrightarrow{G_1G_3}}{t_3 - t_1}$	G_2	celle de $\overrightarrow{G_1G_3}$	$\vartheta_2 = \dfrac{G_1G_3}{t_3 - t_1} = \dfrac{2{,}4 \text{ cm} \times 5{,}0}{2 \times 1{,}0}$; $\vartheta_2 = \mathbf{6{,}0 \text{ m.s}^{-1}}$	**1,5**
$\vec{\vartheta}_4 \approx \dfrac{\overrightarrow{G_3G_5}}{t_5 - t_3}$	G_4	celle de $\overrightarrow{G_3G_5}$	$\vartheta_4 = \dfrac{G_3G_5}{t_5 - t_3} = \dfrac{2{,}4 \text{ cm} \times 5{,}0}{2 \times 1{,}0}$; $\vartheta_4 = \mathbf{6{,}0 \text{ m.s}^{-1}}$	**1,5**
$\vec{\vartheta}_6 \approx \dfrac{\overrightarrow{G_5G_7}}{t_7 - t_5}$	G_6	celle de $\overrightarrow{G_5G_7}$	$\vartheta_6 = \dfrac{G_5G_7}{t_7 - t_5} = \dfrac{1{,}5 \text{ cm} \times 5{,}0}{2 \times 1{,}0}$; $\vartheta_6 = \mathbf{3{,}8 \text{ m.s}^{-1}}$	**0,95**
$\vec{\vartheta}_8 \approx \dfrac{\overrightarrow{G_7G_9}}{t_9 - t_7}$	G_8	celle de $\overrightarrow{G_7G_9}$	$\vartheta_8 = \dfrac{G_7G_9}{t_9 - t_7} = \dfrac{0{,}80 \text{ cm} \times 5{,}0}{2 \times 1{,}0}$; $\vartheta_8 = \mathbf{2{,}0 \text{ m.s}^{-1}}$	**0,50**

Les vecteurs ont la même direction : le mouvement est **rectiligne**.
Les vecteurs $\vec{\vartheta}_2$ et $\vec{\vartheta}_4$ ont la même norme : le mouvement est **uniforme** dans la première phase.
Les vecteurs $\vec{\vartheta}_6$ et $\vec{\vartheta}_8$ n'ont pas la même norme : elle diminue, donc le mouvement est **ralenti** dans la deuxième phase.

Actions mécaniques

1 Actions mécaniques

■ Une action mécanique **désigne toute cause susceptible de modifier la forme d'un objet ou de modifier son mouvement**.

■ Lorsqu'un objet A exerce une action mécanique sur un objet B, alors l'objet B exerce sur A **une action réciproque**. On dit qu'ils sont **en interaction.**

■ Une action mécanique met toujours en jeu deux objets au minimum. Il est important de **toujours identifier précisément l'objet qui exerce l'action et l'objet qui la subit.**

■ Les actions mécaniques peuvent être de différentes natures :
– **actions de contact** : les objets en interaction se touchent.
– **actions à distance** : les objets ne sont pas en contact.

■ Il peut être intéressant de construire un **diagramme objet-interaction** (DOI) pour identifier les différentes actions mécaniques subies par un objet.
Exemple : Considérons la situation ci-contre et intéressons-nous au ballon.
Le ballon de football est en interaction avec plusieurs objets : le pied du footballeur, le sol, l'air, la Terre. Chacun de ces objets exercent une action mécanique sur le ballon.

Pour construire le diagramme objet-interaction :
– l'objet étudié est placé dans un cercle (par exemple) ;
– ceux qui exercent une action sont placés autour dans des rectangles (par exemple) ;
– les actions de contact sont représentées par des flèches pleines ; celles à distance par des flèches en pointillés.

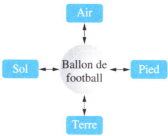

Air

Sol — Ballon de football — Pied

Terre

2 Modélisation d'une action mécanique

- Le **système** subissant les actions mécaniques est modélisé par un point.

- Une **force** modélise l'action d'un objet sur un autre objet.

- La force exercée par un objet A sur un objet B peut être modélisée par un **vecteur** $\overrightarrow{F_{A/B}}$.

Exemple : Une boule est soumise à trois forces : la force $\overrightarrow{F_{Fil/boule}}$ qui modélise l'action du fil, la force $\overrightarrow{F_{Aimant/boule}}$ qui modélise l'action de l'aimant et la force $\overrightarrow{F_{Terre/boule}}$ qui modélise l'action de la Terre.

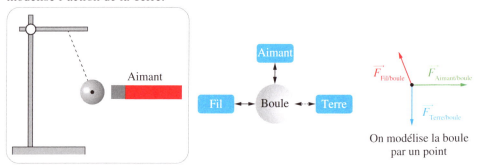

On modélise la boule par un point

- Les **caractéristiques mathématiques** du vecteur permettent de décrire la force qu'il modélise :

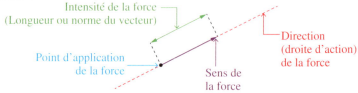

- **L'intensité ou valeur d'une force s'exprime en newton (N).**

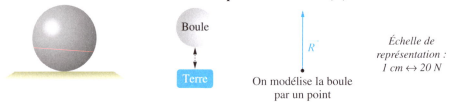

On modélise la boule par un point

Échelle de représentation : 1 cm ↔ 20 N

Exemple :
Le vecteur $\vec{R}$ modélise la force exercée par le sol sur la boule. Cette force s'applique au point de contact entre la boule et le sol, elle est verticale, dirigée vers le haut. La longueur du vecteur est de 2 cm. D'après l'échelle, l'intensité de la force est donc $R = 2 \times 20 = 40$ N.

3 Principe des actions réciproques

■ Tout objet A exerçant sur un objet B une force $\overrightarrow{F_{A/B}}$, subit de la part de l'objet B une force opposée notée $\overrightarrow{F_{B/A}}$, de **même direction, de même intensité mais de sens opposé.**

■ Ces deux forces sont telles que :

$$\overrightarrow{F_{A/B}} = -\overrightarrow{F_{B/A}}$$

Ce principe constitue **la troisième loi de Newton**. Il s'applique que les objets soient au repos ou en mouvement.

Exemple : le coureur et le sol sont en interaction. La force exercée par le coureur sur le sol et de même intensité mais de sens opposé à la force exercée par le sol sur le coureur.

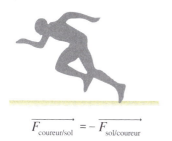

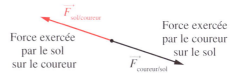

Force exercée par le sol sur le coureur

Force exercée par le coureur sur le sol

$$\overrightarrow{F_{\text{coureur/sol}}} = -\overrightarrow{F_{\text{sol/coureur}}}$$

On modélise le coureur par un point

4 Interaction gravitationnelle

■ L'attraction gravitationnelle exercée par un objet A sur un objet B peut être modélisée par une force appelée **force d'attraction gravitationnelle** et notée $\overrightarrow{F_{A/B}}$.

■ Deux objets A et B, à la distance d_{AB} l'un de l'autre, s'attirent mutuellement : ils sont en interaction. Cette interaction porte le nom d'**interaction gravitationnelle** et peut donc être **modélisée par deux forces opposées** $\overrightarrow{F_{A/B}}$ et $\overrightarrow{F_{B/A}}$.

■ **L'intensité de ces forces** est donnée par la relation :

$$F_{A/B} = F_{B/A} = G \times \frac{m_A \times m_B}{d^2}$$

G est une constante appelée constante universelle de gravitation ; elle a pour valeur $G = 6{,}67 \times 10^{-11}\,\text{N.m}^2.\text{kg}^{-2}$.

d est la distance entre les corps exprimée en mètre (m), les masses des corps m_A et m_B sont exprimées en kilogramme (kg).

Les valeurs $F_{A/B}$ et $F_{B/A}$ de ces forces sont exprimées en newton (N).

Exemple :

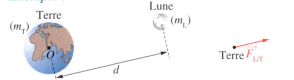

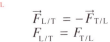

$$\vec{F}_{L/T} = -\vec{F}_{T/L}$$
$$F_{L/T} = F_{T/L}$$

5 Poids d'un objet

■ Le **poids** $\vec{P}$ modélise l'action attractive exercée par le centre de la Terre sur tout corps **au voisinage de sa surface**.

■ Le poids $\vec{P}$ possède les **caractéristiques suivantes** :
– son point d'application : le **centre de gravité** de l'objet qui le subit ;
– sa direction : la **verticale** du lieu où se trouve l'objet ;
– son sens : **vers le centre de la Terre** ;
– son intensité ou sa valeur : $\boxed{P = m \times g}$

avec m en kilogramme (kg) et g en newton par kilogramme (N.kg^{-1}).

g est appelé **intensité de la pesanteur**. Sur Terre, elle est environ égale à 9,8 N.kg^{-1}.

■ Le poids $\vec{P}$ peut être modélisé par **une flèche verticale.**

■ Le poids d'un objet situé au voisinage de la Terre est assimilé à la force d'attraction gravitationnelle exercée par la Terre.

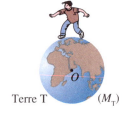

$\vec{P}$ Schéma modélisé par un point

■ On a : $\vec{F}_{T/B} = \vec{P}$ d'où $F_{T/B} = P$.

Ainsi, pour un objet B de masse m, on peut écrire : $P = m \times g$ et $F_{T/B} = G \times \dfrac{m \times M_T}{R_T^2}$.

avec M_T masse de la Terre et R_T rayon terrestre.

On peut alors en déduire l'expression suivante :

$$m \times g = G \times \frac{m \times M_T}{R_T^2} \quad \text{d'où :} \quad \boxed{g = \frac{G \times M_T}{R_T^2}}$$

Sur un astre quelconque de masse M et de rayon R, l'intensité de la pesanteur a pour

expression : $\boxed{g = \dfrac{G \times M_T}{R^2}}$

COMMENT FAIRE

1 ▸ Identifier des actions mécaniques

EXERCICE TYPE

On considère la situation ci-contre :
1. Identifier les actions mécaniques subies par l'échelle à l'aide d'un diagramme objet-interaction (DOI).
2. Donner la nature de ces interactions.

CORRIGÉ COMMENTÉ

1. L'échelle est en interaction avec **le sol, le mur et la Terre**. Les actions qu'elle subit de la part du sol et du mur tendent à la maintenir dans cette position alors que celle exercée par la Terre aurait plutôt tendance à l'attirer vers le sol. Un diagramme objet-interaction peut être construit :

$$\text{Sol} \longleftrightarrow \text{Échelle} \longleftrightarrow \text{Terre}$$

avec Mur au-dessus relié à Échelle.

2. Les actions exercées par le sol et le mur sont des **actions de contact** ; celle exercée par la Terre est une **action à distance**.

À RETENIR

• Identifier les objets qui sont en contact avec le système étudié.
• Ne pas oublier les actions à distance et en particulier l'action de la Terre.

2 ▸ Modéliser une force par un vecteur

EXERCICE TYPE

Un alpiniste se retrouve immobilisé le long d'une falaise.
1. Identifier les objets avec lesquels l'alpiniste est en interaction.
2. Nommer les forces exercées par ces objets sur l'alpiniste.
3. Modéliser le système par un point puis représenter ces vecteurs, sans souci d'échelle.
On négligera les frottements exercés par la paroi sur la semelle du grimpeur.

1. L'alpiniste est en interaction avec la Terre, la corde et la paroi de la falaise. Le diagramme objet-interaction peut être :

> **Conseil**
>
> Prendre le temps de faire un diagramme d'interaction pour identifier toutes les actions mécaniques.

2. L'alpiniste est soumis :
– à la force $\vec{P}$ exercée par **la Terre sur l'alpiniste (poids de l'alpiniste)** ;
– à la force $\overrightarrow{F_{C/A}}$ exercée par **la corde sur l'alpiniste** ;
– à la force $\overrightarrow{F_{P/A}}$ exercée par **la paroi sur l'alpiniste**.
Les caractéristiques de ces vecteurs sont les suivantes :

Vecteur	$\vec{P}$	$\overrightarrow{F_{C/A}}$	$\overrightarrow{F_{P/A}}$
Point d'application	Centre de gravité de l'alpiniste	Point d'attache de la corde	Point d'appui du pied de l'alpiniste sur la paroi
Direction	Verticale	Suivant la corde	Axe de la jambe en appui de l'alpiniste
Sens	Vers le centre de la Terre	Vers le haut	Vers la gauche (de la paroi vers l'alpiniste)

3. Il faut modéliser le système (l'alpiniste) par un point :

> **Conseil**
>
> Représenter les forces en fonction de leurs caractéristiques vectorielles sans souci d'échelle.

Les vecteurs ne sont pas représentés à l'échelle.

À RETENIR

• On évite de représenter les forces (qui n'ont pas de réalité) directement sur le dessin. On modélise le système par un point puis on modélise les forces par des vecteurs.
• Pour modéliser les forces appliquées à un système par des vecteurs, il faut :
– identifier les objets en interaction avec le système étudié en utilisant un diagramme objet-interaction (DOI) ;
– définir le système (objet ou ensemble d'objets) sur lequel s'exercent les forces ;
– donner les caractéristiques de ces vecteurs : point d'application, direction, sens et valeur (si l'énoncé le permet) ;
– utiliser une notation explicite des forces du type $\overrightarrow{F_{A/B}}$ pour indiquer la force exercée par un objet A sur un objet B. La force exercée par la Terre est le poids ; elle peut être notée $\vec{P}$.

3 ▶ Appliquer le principe des actions réciproques

Un archer se prépare à lancer une flèche comme le repré-sente le schéma ci-contre.

1. Identifier les forces modélisées par les vecteurs $\vec{T_1}$ et $\vec{T_2}$.

2. Modéliser le système par un point puis modéliser, par des vecteurs, les forces $\vec{T_1'}$ et $\vec{T_2'}$ exercées par l'arc sur la corde.

CORRIGÉ COMMENTÉ

1. Les vecteurs $\vec{T_1}$ et $\vec{T_2}$ modélisent les forces exercées par la corde sur les deux extrémités de l'arc. On modélise le système par un point :

> **Point Maths**
> Deux vecteurs opposés ont même direction, même longueur mais un sens opposé.

À RETENIR

• Deux actions mécaniques réciproques sont modélisées par des forces opposées (principe des actions réciproques).
• Deux vecteurs opposés ont même longueur mais des sens opposés.
• Les vecteurs sont souvent représentés sur le dessin mais ils ne sont qu'un modèle et n'ont pas de réalité, d'où la modélisation du système par un point.

4 ▶ Déterminer et représenter la force d'attraction gravitationnelle

La Terre subit, de la part du Soleil, une force d'attraction gravitationnelle notée $\vec{F_{S/T}}$.

1. Exprimer l'intensité $F_{S/T}$ de cette force en fonction de la constante universelle de gravitation G, de la masse M_T de la Terre, de la masse M_S du Soleil et de la distance d entre les centres de ces deux astres.

2. Calculer sa valeur.

3. Rappeler les caractéristiques de la force $\overrightarrow{F_{S/T}}$.

4. Modéliser la Terre et le Soleil par des points et modéliser cette force par un vecteur en adoptant l'échelle suivante : 1 cm $\leftrightarrow 3,5 \times 10^{22}$ N.

5. Représenter la force $\overrightarrow{F_{T/S}}$ exercée par la Terre sur le Soleil.

Données : Constante universelle de gravitation : G = $6,67 \times 10^{-11}$ S.I.

Distance des centres de la Terre et du Soleil : $d = 150 \times 10^6$ km.

Masse du Soleil : $M_S = 1,99 \times 10^{30}$ kg.

Masse de la Terre : $M_T = 5,98 \times 10^{24}$ kg.

CORRIGÉ COMMENTÉ

1. L'intensité de cette force s'écrit :

$$F_{S/T} = G \times \frac{M_S \times M_T}{d^2}.$$

> **Rappel**
> Convertir les distances en mètre pour les calculs.

2. $F_{S/T} = 6,67 \times 10^{-11} \times \dfrac{1,99 \times 10^{30} \times 5,98 \times 10^{24}}{\left(150 \times 10^9\right)^2}$;

$F_{S/T} = 3,53 \times 10^{22}$ **N.**

3. Avec l'échelle proposée, le vecteur $\overrightarrow{F_{S/T}}$ qui représente la force exercée par le Soleil sur la Terre mesure 1,0 cm. Ce vecteur est dirigé suivant l'**axe Soleil-Terre**. Il est orienté **de la Terre vers le Soleil** et s'applique **au centre de la Terre**.

4. et **5.** **La force $\overrightarrow{F_{T/S}}$ est opposée à la force $\overrightarrow{F_{S/T}}$.**

À RETENIR

• Exprimer les masses en kilogramme (kg), les distances entre les corps en mètre (m) et l'intensité de ces forces en newton (N).

• Se souvenir que les forces d'attraction gravitationnelle s'exerçant entre deux corps sont de mêmes intensités mais opposées ; elles sont donc représentées par des vecteurs opposés.

5 Utiliser l'expression du poids

EXERCICE TYPE

Le 20 juillet 1969, les astronautes américains Armstrong et Aldrin sont devenus officiellement les premiers hommes à marcher sur la Lune.

1. Exprimer puis calculer le poids P_T d'un astronaute et de son équipement sur la Terre.

2. Calculer l'intensité de la pesanteur g_L sur la Lune.

3. En déduire le poids P_L d'un astronaute et de son équipement sur la Lune.

4. Comparer P_T et P_L.

Données : Masse totale d'un astronaute et de son équipement : $m = 120$ kg.

Intensité de la pesanteur sur Terre : $g_T = 9,8$ N.kg^{-1}.

Masse de la Lune : $M_L = 7,35 \times 10^{22}$ kg.

Rayon de la Lune : $R_L = 1\ 750$ km.

Constante universelle de gravitation : $G = 6,67 \times 10^{-11}$ N.m^2.kg^{-2}.

Intensité de la pesanteur sur un astre de masse M et de rayon R :

$$g = \frac{G \times M}{R^2}.$$

CORRIGÉ COMMENTÉ

1. Sur Terre, le poids d'un astronaute et de son équipement a pour valeur :
$P_T = m \times g_T = 120 \times 9,8$; $\boldsymbol{P_T = 1,2 \times 10^3\ N.}$

2. L'intensité de la pesanteur sur la Lune a pour valeur :

$g_L = \dfrac{G \times M_L}{R_L^2} = \dfrac{6,67 \times 10^{-11} \times 7,35 \times 10^{22}}{(1\ 750 \times 10^3)^2}$;

$\boldsymbol{g_L = 1,60\ N.kg^{-1}.}$

> **Aide**
> La distance entre l'objet et le centre de la Lune correspond au rayon de l'astre R_L.

3. La valeur du poids de ces cosmonautes sur la Lune est donc :
$P_L = m \times g_L = 120 \times 1,60$; $\boldsymbol{P_L = 192\ N.}$

4. Pour comparer les valeurs du poids, on effectue le rapport : $\dfrac{P_T}{P_L}$.

$\dfrac{P_T}{P_L} = \dfrac{9,8}{1,6}$; $\boldsymbol{\dfrac{P_T}{P_L} = 6,1.}$

Le poids d'un corps est environ 6 fois plus important sur la Terre que sur la Lune.

À RETENIR

• L'expression du poids P d'un corps de masse m est $P = m \times g$.

• L'intensité de la pesanteur g sur un astre dépend de la masse de l'astre et de son rayon.

━━━ **Connaître le cours** ━━━

Pour chaque exercice du *connaître le cours*, indiquer la (ou les) bonne(s) réponse(s) :

1 ⏱ **5 min** Actions mécaniques

	A	B	C
1.	La main exerce une action de contact sur le mur	Le mur exerce une action de contact sur la main	La main exerce une action à distance sur le mur
2. L'action mécanique exercée par l'aimant sur la bille :	est une action de contact	est une action à distance	est une action qui repousse la bille
3. L'araignée suspendue :	est soumise à une seule action mécanique	est soumise à deux actions mécaniques	exerce une action mécanique sur le fil

→ Corrigé p. 204

2 ⏱ 3 min Modélisation d'une action mécanique

Dans cet exercice, les vecteurs sont directement représentés sur les schémas pour faciliter la compréhension.

	A	B	C
1. Le vecteur ci-dessous modélise : 	une force dirigée verticalement	une force orientée vers le haut	une force qui s'exerce à distance
2. D'après le schéma : 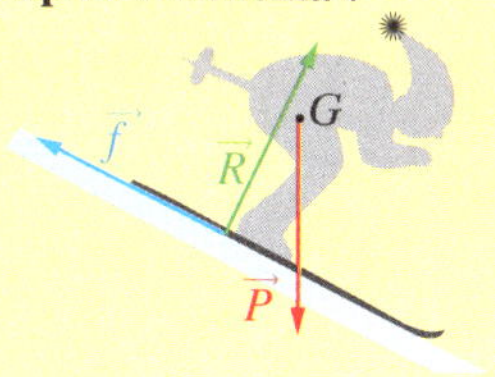	$\vec{R}$ modélise la force exercée par la piste sur les skis	le skieur est soumis à 3 forces	toutes les forces modélisées ont le même point d'application

→ Corrigé p. 204

3 ⏱ 3 min Principe des actions réciproques

Dans cet exercice, les vecteurs sont directement représentés sur les schémas pour faciliter la compréhension.

	A	B	C
1. Dans la situation schématisée ci-dessous la force exercée par le solide sur le ressort : 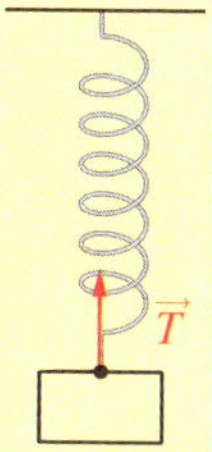	n'est pas représentée sur le schéma	est de même intensité que la force exercée par le ressort sur le solide	est opposée à la force exercée par le ressort sur le solide
2. Dans le schéma : 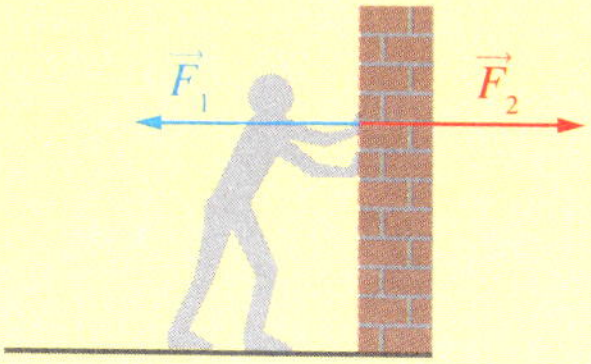	$\vec{F_1}$ et $\vec{F_2}$ représentent deux vecteurs opposés	$\vec{F_2}$ est la force exercée par le mur sur l'homme	$\vec{F_2}$ est la force exercée par l'homme sur le mur

→ Corrigé p. 204

4 ⏱ **3 min** Interaction gravitationnelle

	A	**B**	**C**
1. La valeur de la force d'attraction gravitationnelle exercée par un objet A sur un objet B :	dépend du produit de leur masse	est inversement proportionnelle au carré de la distance qui les sépare	est proportionnelle au carré de la distance qui les sépare
2. D'après le schéma ci-dessous : 	$\overrightarrow{F_{A/B}} = -\ \overrightarrow{F_{B/A}}$	$\overrightarrow{F_{A/B}} = \overrightarrow{F_{B/A}}$	$F_{A/B} = F_{B/A}$

➜ Corrigé p. 204

5 ⏱ **5 min** Poids d'un objet

	A	**B**	**C**
1. Le poids d'un corps au voisinage de la surface d'un astre :	dépend de la masse de ce corps	dépend de la masse de l'astre	ne dépend pas de l'astre
2. Le poids $\overrightarrow{P}$ d'une balle de tennis est correctement modélisé dans le schéma :	G ↓ $\overrightarrow{P}$	G ↘ $\overrightarrow{P}$	↑ $\overrightarrow{P}$ G
3. Le poids d'un objet sur Terre et la force d'attraction gravitationnelle exercée par la Terre sur cet objet :	sont deux forces opposées	modélisent la même action mécanique	ont la même valeur

➜ Corrigé p. 204

Appliquer le cours et les savoir-faire

6 ⏱ **10 min** ★   ➜ **COMMENT FAIRE** **1 et 2**

Le curling est un sport d'adresse qui se pratique sur une surface horizontale de glace très lisse. Le but est de placer des palets le plus près d'une cible dessinée sur la glace. Un palet est immobile sur la glace.

1. Identifier les objets en interaction avec le palet.

2. Donner les caractéristiques des forces exercées par ces objets sur le palet.

3. Modéliser le palet par un point et modéliser les forces par des vecteurs, sans souci d'échelle. On admet que ces forces ont la même intensité.

➜ Corrigé p. 204

200

7  **10 min** ★ → COMMENT FAIRE **2 et 3**

Une voiture tracte une caravane sur une route horizontale. On admet que la force de traction $\overrightarrow{F_{V/C}}$ exercée par la voiture sur la caravane s'applique au point A.

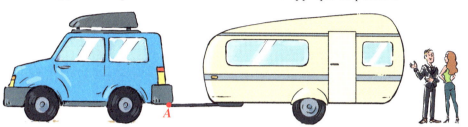

L'intensité de cette force est : $F_{V/C} = 2\ 000$ N.

1. Au point A, modéliser cette force par un vecteur en adoptant une échelle de : 1 cm ↔ 500 N.

2. Donner les caractéristiques de la force $\overrightarrow{F_{C/V}}$ exercée par la caravane sur la voiture.

3. Modéliser cette force par un vecteur.

→ *Corrigé p. 205*

8  **15 min** ★★ → COMMENT FAIRE **4 et 5**

Un satellite de télécommunication de masse $m_S = 1\ 000$ kg est en orbite circulaire autour de la Terre à une distance $d = 36\ 000$ km du centre de celle-ci.

1. Exprimer puis calculer l'intensité de la force gravitationnelle $\overrightarrow{F_{T/sat}}$ exercée par la Terre sur ce satellite.

2. En déduire la valeur de la force $\overrightarrow{F_{Sat/T}}$ exercée par le satellite sur la Terre.

3. Modéliser la Terre et le satellite par des points et modéliser ces deux forces par des vecteurs en adoptant l'échelle 1 cm ↔ 200 N.

4. Comparer l'intensité de ces forces à celle du poids du satellite lorsqu'il est sur Terre.

Données : Masse de la Terre : $M_T = 5{,}98 \times 10^{24}$ kg.

Rayon de la Terre : $R_T = 6\ 400$ km.

Constante universelle de gravitation : G = $6{,}67 \times 10^{-11}$ S.I.

Intensité de la pesanteur sur Terre : $g = 9{,}8$ N.kg^{-1}.

→ *Corrigé p. 205*

S'entraîner au raisonnement

9  **15 min** ★★

Les illustrations suivantes représentent différentes phases du geste du lancer du marteau. Le marteau est figuré par une boule métallique.

| 1 | 2 | 3 | 4 | 5 | 6 | 7 |

1. Calculer la valeur du poids du marteau sachant que sa masse est de 7,0 kg. On prendra $g = 10$ N.kg^{-1}.

2. Pour chacune des situations 1, 3, 5 et 7, modéliser le marteau par un point puis modéliser le poids par un vecteur en adoptant l'échelle suivante 1 cm $\leftrightarrow$ 50 N.

3. Identifier les forces qui s'appliquent au marteau pour chacune des situations.

→ Corrigé p. 206

10 ⏱ **15 min** ★★

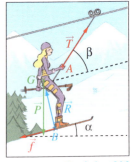

Les forces auxquelles une skieuse est soumise lorsqu'elle remonte une piste à l'aide d'un téléski sont modélisées sur le schéma ci-contre sans souci d'échelle.

1. Nommer les différentes forces représentées.

2. Indiquer les caractéristiques (point d'application, direction, sens) de chacune de ces forces.

→ Corrigé p. 206

11 ⏱ **15 min** ★★

Jupiter est la plus grosse planète du Système solaire. Elle possède de nombreux satellites dont Io et Europe.

1. Calculer la valeur de la force d'attraction gravitationnelle $\overrightarrow{F_{J/E}}$ qui maintient Europe en orbite autour de Jupiter.

2. Déterminer la longueur du vecteur représentant cette force avec une échelle de : 2 cm $\leftrightarrow$ 10^{22} N.

3. Comparer les valeurs des intensités de la pesanteur sur Europe et Io.

4. Sur lequel de ces satellites le poids d'un même corps est-il le plus important ?

Données : Masse de Jupiter : $1,89 \times 10^{27}$ kg. Masse de Europe : $4,8 \times 10^{22}$ kg.
Masse de Io : $8,9 \times 10^{22}$ kg. Rayon de Io : 1 836 km.
Rayon de Europe : 1 563 km. Distance Europe-Jupiter : $6,71 \times 10^{5}$ km.
Constante universelle de gravitation : $6,67 \times 10^{-11}$ N.m^{2}.kg^{-2}.

→ Corrigé p. 207

Exercice ⏱ **30** min **10 points**

Un satellite, de masse $m_S = 2{,}50$ t, est en orbite à une distance d de la Terre.

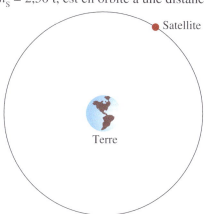

Satellite

Terre

Données : $d = 820$ km.

Constante universelle de gravitation : $G = 6{,}67 \times 10^{-11}$ S.I.

Masse de la Terre : $m_T = 5{,}98 \times 10^{24}$ kg.

Rayon de la Terre (valeur arrondie) : $R_T = 6\,400$ km.

Intensité de la pesanteur terrestre : $g_T = \dfrac{G \times M_T}{R_T^2}$.

	C 4	A 4	R 2	10 points
1. Donner les caractéristiques de la force exercée par la Terre sur le satellite.	×			/ 2
2. Exprimer l'intensité de cette force en fonction de G, m_{sat}, M_T, R_T et d.	×			/ 1
3. Calculer la valeur de cette force.	×			/ 1
4. Modéliser la Terre et le satellite par des points et modéliser cette force par un vecteur avec une échelle adaptée.		×		/ 2
5. Exprimer et calculer le poids de ce satellite sur Terre.		×		/ 2
6. Comparer les intensités de ces deux forces.			×	/2

→ *Corrigé p. 207*

1 → *Énoncé p. 198*

1. A & B ; **2.** B ; **3.** B & C

2 → *Énoncé p. 199*

1. A & C ; **2.** A & B

3 → *Énoncé p. 199*

1. A, B & C ; **2.** A & C

4 → *Énoncé p. 200*

1. A & B ; **2.** A & C

5 → *Énoncé p. 200*

1. A & B ; **2.** A ; **3.** B & C

6 → *Énoncé p. 200*

1. Le palet est en interaction avec le **centre de la Terre** et **le sol**.

Sol ←→ Palet ←··→ Terre

2. Le palet est soumis à deux forces :
– **son poids** $\vec{P}$, exercé par la Terre ;
– **la force** $\overrightarrow{F_{\text{sol/palet}}}$ exercée par le sol.

3.

Force	$\vec{P}$	$\overrightarrow{F_{\text{sol/palet}}}$
Point d'application	Centre de gravité du palet	Centre de la surface du palet en contact avec le sol
Direction	Verticale	Verticale
Sens	Vers le centre de la Terre	Vers le haut

7 → *Énoncé p. 201*

1. Cette force a pour intensité 2 000 N ; avec l'échelle proposée, elle est modélisée par un vecteur de longueur 4 cm. Elle s'applique au point A. **C'est une force horizontale et dirigée vers la gauche**.

2. D'après le principe des actions réciproques, la force qui modélise l'action de la caravane sur la voiture s'applique au point *A*, point d'attache de la caravane à la voiture. Elle est opposée à la force exercée par la voiture sur la caravane. **Elle est donc horizontale et dirigée vers la droite**. Son intensité est de 2 000 N.

3.

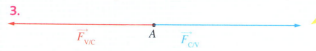

$\vec{F}_{V/C}$ *A* $\vec{F}_{C/V}$

Remarque

Afin de ne pas confondre le modèle de la force et la réalité de la Terre et du satellite, on modélise ces objets par des points.

8 → *Énoncé p. 201*

1. L'intensité de la force $\overrightarrow{F_{T/\text{sat}}}$ exercée par la Terre sur le satellite est :

$$F_{T/\text{sat}} = G \times \frac{m_{\text{sat}} \times M_T}{d^2} = 6{,}67 \times 10^{-11} \times \frac{1\,000 \times 5{,}98 \times 10^{24}}{(36\,000 \times 10^3)^2} \ ;$$

$F_{T/\text{sat}}$ **= 308 N**.

2. $F_{\text{sat}/T} = F_{T/\text{sat}} =$ **308 N** d'après le principe des actions réciproques.

3. Avec l'échelle proposée, ces deux forces sont modélisées par des **vecteurs de 1,5 cm**. Les forces sont attractives et s'appliquent aux centres de la Terre et du satellite.

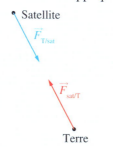

Satellite

$\vec{F}_{T/\text{sat}}$

$\vec{F}_{\text{sat}/T}$

Terre

Remarque

Afin de ne pas confondre le modèle de la force et la réalité de la Terre et du satellite, on modélise ces objets par des points.

4. Sur Terre, le poids du satellite est égal à :
$P_{\text{sat}} = m_{\text{sat}} \times g = 1\,000 \times 9{,}8$;
P_{sat} **= 9 800 N**.

Effectuons le calcul : $\dfrac{P_{\text{sat}}}{F_{T/\text{sat}}} = \dfrac{9\,800}{303}$; $\dfrac{P_{\text{sat}}}{F_{T/\text{sat}}} =$ **32,3.**

La valeur du poids du satellite sur Terre est environ **32 fois supérieure à la force d'attraction gravitationnelle** exercée par la Terre lorsqu'il est sur son orbite.

9 → *Énoncé p. 201*

1. Le poids $\vec{P}$ du marteau a pour valeur $P = m \times g = 7{,}0 \times 10$; **P = 70 N.**

2. Avec l'échelle proposée, **ce vecteur a une longueur de 1,4 cm.**

Dans chacun des cas, les caractéristiques du poids ne changent pas. Le poids s'applique au centre du marteau, il est vertical (dirigé vers le centre de la Terre) et son intensité est de 70 N.

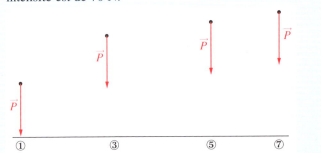

Remarque

Le poids du marteau ne change pas quelle que soit la phase du mouvement.

3. • **Situation 1** (marteau au sol) : le marteau est soumis à son poids $\vec{P}$ exercé par le centre de la Terre et à la force $\overrightarrow{F_{\text{Sol/M}}}$ exercée par le sol sur le marteau.

• **Situations 2, 3, 4, 5, 6** : le marteau est soumis à son poids $\vec{P}$ exercé par le centre de la Terre et à la force $\overrightarrow{F_{\text{fil/M}}}$ exercée par le fil sur le marteau.

• **Situation 7** : le marteau est soumis uniquement à son poids $\vec{P}$.

10 → *Énoncé p. 202*

1. Sur le schéma, on peut identifier **quatre forces** : $\vec{P}, \vec{T}, \vec{f}$ et $\vec{R}$.

2. $\vec{P}$ représente **le poids de la skieuse et de son équipement** ($\overrightarrow{F_{\text{Terre/S}}}$), $\vec{T}$ **la force exercée par la perche sur la skieuse** ($\overrightarrow{F_{\text{Perche/S}}}$), $\vec{f}$ représente **la force de frottement exercée par la neige sur la skieuse** ($\overrightarrow{F_{\text{Neige/S}}}$), et $\vec{R}$ la **force exercée par la piste sur la skieuse** ($\overrightarrow{F_{\text{Piste/S}}}$).

Les caractéristiques de ces forces sont :

Force	Point d'application	Direction	Sens
$\vec{P}$	G	Verticale	Vers le centre de la terre
$\vec{T}$	A	Suivant la perche	Vers le haut de la piste (de la gauche vers la droite)
$\vec{R}$	B	Perpendiculaire à la piste	Vers le haut
$\vec{f}$	B	Suivant les skis	Vers l'arrière

11 → *Énoncé p. 202*

1. La valeur de la force d'attraction gravitationnelle vaut :

$$F_{J/E} = 6,67 \times 10^{-11} \times \frac{1,89 \times 10^{27} \times 4,8 \times 10^{22}}{(6,71 \times 10^8)^2} \ ;$$

$$F_{J/E} = 1,3 \times 10^{22} \text{ N.}$$

2. On pose :

10^{22} N	$1,3 \times 10^{22}$ N
2 cm	$L = ?$

Le vecteur représentant cette force a pour longueur :

$$L = \frac{2 \times 1,3 \times 10^{22}}{10^{22}} \ ;$$

$$L = 2,8 \text{ cm.}$$

3. Comparaison des valeurs des intensités de la pesanteur sur Europe et Io :

$$g_{Europe} = G \times \frac{M_{Europe}}{R^2_{Europe}} = 6,67 \times 10^{-11} \times \frac{4,8 \times 10^{22}}{(1563 \times 10^3)^2} \ ;$$

$$g_{Europe} = 1,3 \text{ N.kg}^{-1}.$$

$$g_{Io} = G \times \frac{M_{Io}}{R^2_{Io}} = 6,67 \times 10^{-11} \times \frac{8,9 \times 10^{22}}{(1\,836 \times 10^3)^2} \ ;$$

$$g_{Io} = 1,8 \text{ N.kg}^{-1}$$

4. On pose le calcul suivant : $\dfrac{g_{Io}}{g_{Europe}} = \dfrac{1,8}{1,3} \ ; \ \dfrac{g_{Io}}{g_{Europe}} = 1,4.$

Le poids d'un même corps est 1,4 fois plus important sur Io que sur Europe.

> **Point Maths**
>
> Pour calculer une quatrième proportionnelle :
>
> | | | $\times 1,3$ |
> |---|---|---|
> | **Force** (N) | 10^{22} | $1,3 \times 10^{22}$ |
> | **Longueur** (cm) | 2 | ? |
>
> $\times 1,3$
>
> $L = 2 \times 1,3 = 2,6$ cm

INTERROGATION ÉCRITE

Exercice → *Énoncé p. 203*

1. La force d'attraction gravitationnelle s'applique au **centre du satellite**. Elle est dirigée **suivant la droite définie par les centres de la Terre et du satellite** et orientée du satellite **vers le centre de la Terre**.

2. L'intensité de cette force est donnée par la relation :

$$F_{T/sat} = G \times \frac{m_{sat} \times M_T}{(d + R_T)^2}.$$

> **Rappel**
>
> Tenir compte du rayon terrestre pour exprimer la distance entre le centre de la Terre et celui du satellite

3. Cette force a pour valeur :

$$F_{\text{T/sat}} = 6{,}67 \times 10^{-11} \times \frac{2{,}50 \times 10^3 \times 5{,}98 \times 10^{24}}{(820 \times 10^3 + 6\,400 \times 10^3)^2} \; ;$$

$$F_{\text{T/sat}} = 1{,}91 \times 10^4 \text{ N.}$$

4. En prenant comme échelle 1 cm $\leftrightarrow 10^4$ N, cette force peut être représentée par **un vecteur de 1,9 cm.**

Satellite

$\vec{F}_{\text{T/sat}}$

Terre

5. Sur Terre le poids de ce satellite a pour expression $P_{\text{sat}} = m \times g_{\text{T}}$ avec :

$$g_{\text{T}} = \frac{G \times M_{\text{T}}}{R_{\text{T}}^2} = 6{,}67 \times 10^{-11} \times \frac{5{,}98 \times 10^{24}}{(6400 \times 10^3)^2} \; ;$$

$$g_{\text{T}} = 9{,}73 \text{ N.kg}^{-1}$$

Donc : $P_{\text{sat}} = m \times g_{\text{T}} = 2\,500 \times 9{,}73$;

$$P_{\text{sat}} = 2{,}43 \times 10^3 \text{ N}$$

6. On compare les intensités des forces :

$$\frac{P_{\text{sat}}}{F_{\text{T/sat}}} = \frac{2{,}43 \times 10^3}{1{,}91 \times 10^3} \; ;$$

$$\frac{P_{\text{sat}}}{F_{\text{T/sat}}} = 1{,}3.$$

Le poids du satellite sur la Terre est 1,3 fois plus important que la force d'attraction gravitationnelle.

Principe d'inertie

Dans tout ce chapitre le système étudié est modélisé par un point (modèle du point matériel), son centre d'inertie est G.

1 Effets d'une force sur le mouvement

Une force peut **mettre en mouvement** ou **modifier le mouvement d'un système**. Il en résulte **une variation du vecteur vitesse** (de sa direction, de son sens ou de sa norme) du **centre d'inertie**.

Exemple : un volleyeur, smashant le ballon au filet, modifie la trajectoire du ballon. La force exercée par le volleyeur sur le ballon au moment du smash modifie donc le vecteur vitesse du centre d'inertie du ballon (sa direction, son sens et sa norme) :

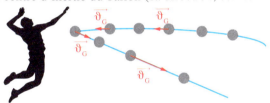

2 Principe d'inertie

■ **Dans le référentiel terrestre, en l'absence de force, ou si les forces appliquées à un point matériel se compensent, ce point matériel est immobile ou en mouvement rectiligne et uniforme.**

■ **Réciproquement :**
Si un point matériel est immobile ou en mouvement rectiligne et uniforme, dans le référentiel terrestre, alors les forces qui lui sont appliquées se compensent, ou bien il n'est soumis à aucune force.

■ Le principe d'inertie s'applique dans les **référentiels terrestre, géocentrique** et **héliocentrique**.

■ On dit que les forces appliquées à un point matériel se **compensent** si la somme vectorielle de ces forces est nulle.

■ **La somme vectorielle des forces** appliquées à un point matériel, appelée aussi **résultante des forces**, se note $\Sigma \vec{F}$.

■ Le principe d'inertie et sa réciproque peuvent donc se résumer ainsi :

$$\vec{F} = \vec{0} \ ou \ \Sigma \vec{F} = \vec{0} \Leftrightarrow \vec{\vartheta}_G = \vec{0} \ ou \ \vec{\vartheta}_G = \overrightarrow{\text{constant}}$$

Exemples :
– dans le référentiel héliocentrique, un astéroïde, modélisé par son centre d'inertie G, n'est soumis à aucune force, tant qu'il reste suffisamment éloigné de tout astre (afin de ne pas être en interaction gravitationnelle). Il se déplace alors selon un mouvement rectiligne et uniforme (sa trajectoire est une droite et sa vitesse est constante, ce qui se résume par $\vec{\vartheta}_G = \overrightarrow{\text{constant}}$).

– Un livre, modélisé par son centre d'inertie G, posé sur une table, est immobile dans le référentiel terrestre ($\vec{\vartheta}_G = \vec{0}$) :
Le livre est soumis à deux forces : son poids $\vec{P}$ et la réaction $\vec{R}$ exercée par la table.
D'après le principe d'inertie, ces deux forces se compensent : $\vec{P} + \vec{R} = \vec{0}$.
Ces deux forces ont donc même direction, des sens contraires et la même valeur ($P = R$).

3 Contraposée du principe d'inertie

■ **Lorsqu'un point matériel n'est ni immobile, ni en mouvement rectiligne et uniforme, dans le référentiel terrestre, alors les forces qui lui sont appliquées ne se compensent pas.**

■ **Réciproquement :**
Si les forces appliquées à un point matériel ne se compensent pas alors ce point n'est ni immobile, ni en mouvement rectiligne et uniforme.

■ La contraposée du principe d'inertie et sa réciproque peuvent se résumer ainsi :

$$\vec{\vartheta}_G \neq \overrightarrow{\text{constant}} \Leftrightarrow \Sigma \vec{F} \neq \vec{0}$$

Exemple : dans le référentiel terrestre, une voiture, modélisée par son centre d'inertie G, freine sur une route horizontale. Les actions qu'elle subit peuvent être modélisées par trois forces :
– son poids $\vec{P}$;
– la réaction $\vec{R}$ exercée par la route ;
– la force de freinage et les frottements dus à la route et à l'air $\vec{f}$.

La voiture est en mouvement rectiligne non uniforme. Sa vitesse diminue donc $\vec{\vartheta}_G \neq \overrightarrow{constant}$.

La résultante des forces s'écrit :

$$\Sigma\vec{F} = \underbrace{\vec{P} + \vec{R}}_{\vec{0}} + \vec{f} \quad donc \quad \Sigma\vec{F} = \vec{f} \neq \vec{0}$$

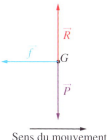

Sens du mouvement

4 | Relation entre variation du vecteur et somme des forces

■ **Dans le cas d'une chute libre à une dimension** :

– Un système est en chute libre s'il est uniquement soumis à son poids.

– Lors d'une chute libre, le vecteur variation de vitesse $\overrightarrow{\Delta\vartheta_G}$ du centre d'inertie du système et le vecteur poids $\vec{P}$ ont même direction et même sens.

Exemple : dans le référentiel terrestre, une bille, modélisée par son centre d'inertie G, est en chute libre verticale dans l'air : la bille n'est soumise qu'à son poids $\vec{P}$. Les forces de frottements $\vec{f}$ dues à l'air ainsi que la poussée d'Archimède $\vec{A}$ sont négligeables.

Le vecteur variation de vitesse $\overrightarrow{\Delta\vartheta_3} = \vec{\vartheta}_4 - \vec{\vartheta}_2$ au point G_3 et le vecteur poids $\vec{P}$ ont même direction et même sens.

■ **Dans le cas général** :

Le résultat précédant est toujours valable : la résultante des forces $\overrightarrow{\Sigma F}$ s'exerçant sur le centre d'inertie d'un système et le vecteur variation de vitesse $\overrightarrow{\Delta\vartheta_G}$ du centre d'inertie d'un système en mouvement ont même direction et même sens.

Les vecteurs $\Sigma\vec{F}$ et $\overrightarrow{\Delta\vartheta_G}$ sont colinéaires et de même sens.

Exemple : reprenons le précédent exemple, si les forces de frottements dues à l'air ne sont plus négligeables, on peut écrire la relation, au point G_3 :

$$\Sigma\vec{F} = \vec{P} + \vec{f} = k \times \overrightarrow{\Delta\vartheta_3}, \ avec \ k > 0.$$

1 ▸ Exploiter le principe d'inertie ou sa contraposée

Dans le référentiel terrestre, un hockeyeur s'entraîne sur une patinoire. On assimile le palet à son centre d'inertie G.

1. Le palet est initialement immobile sur la glace :

a) Établir le bilan des forces agissant sur le palet.

b) Les forces agissant sur le palet se compensent-elles ? Justifier. En déduire la relation existant entre ces forces.

c) Représenter ces forces sur un schéma, sans souci d'échelle.

2. Le hockeyeur frappe le palet : décrire le mouvement du palet sur la piste de glace. Justifier.

3. En réalité, au bout d'un certain temps, le palet ralentit puis s'arrête. Expliquer.

1. a) Le palet immobile est soumis à deux forces : **le poids $\vec{P}$ et la réaction de la piste $\vec{R}$**.

b) D'après **la réciproque du principe d'inertie**, le palet étant immobile dans le référentiel terrestre, il est soumis à des **forces qui se compensent**.

On peut donc écrire la relation : $\vec{P} + \vec{R} = \vec{0}$.

c) Schéma du palet immobile, assimilé à son centre d'inertie G :

> ### Rappel
> La relation mathématique $\vec{P} + \vec{R} = \vec{0}$ peut aussi s'écrire $\vec{P} = -\vec{R}$.
> Les deux vecteurs ont donc même longueur, même direction et des sens opposés.

2. Lorsque la crosse n'est plus en contact avec le palet, celle-ci n'exerce plus aucune action sur le palet. Ainsi, une fois le palet en mouvement, il est toujours sousmis aux mêmes forces que précédemment : le poids et la réaction. Ces deux forces se compensent toujours. Donc, **d'après le principe d'inertie**, le mouvement du palet, assimilé à son centre d'inertie G, est **rectiligne et uniforme** dans le référentiel terrestre.

3. Dans le référentiel terrestre, si le palet ralentit avant de s'arrêter c'est qu'il n'est plus en mouvement rectiligne et uniforme mais rectiligne ralenti.

D'après **la contraposée du principe d'inertie**, le palet n'est plus soumis à des forces qui se compensent : **les frottements $\vec{f}$ de la piste ne sont plus négligeables** et ralentissent le palet.

Une fois immobilisé, il est à nouveau soumis à des forces qui se compensent (le poids $\vec{P}$ et la réaction $\vec{R}$), **d'après la réciproque du principe d'inertie.**

Point Maths

Ne pas confondre « réciproque » et « contraposée ».
Soit la proposition : si « A » alors « B ».
La réciproque se traduit par : si « B » alors « A » tandis que la contraposée se traduit par si « non A » alors « non B ».

À RETENIR

- La réaction du support, notée $\vec{R}$, est perpendiculaire au support (ici la piste).
- Un système immobile est aussi qualifié de système « au repos » ou « en équilibre ».

2 Relier variation du vecteur vitesse et résultante des forces

EXERCICE TYPE

On étudie la chute d'une bille dans l'air. Pour cela, on lâche une bille de petites dimensions dans l'air, sans vitesse initiale dans le référentiel terrestre, et on filme l'expérience.

À l'aide d'un logiciel de pointage, on enregistre les positions successives du centre d'inertie G de la bille au cours de sa chute, à intervalles de temps réguliers ($\Delta t = 40$ ms). L'enregistrement réalisé est représenté en page suivante :

1. a) Établir un bilan des forces agissant sur la bille.

b) Pourquoi peut-on considérer la bille en chute libre ?

2. a) Les valeurs des vitesses instantanées au point G_5 et au point G_7 sont respectivement $\vartheta_5 = 2{,}0$ m.s^{-1} et $\vartheta_7 = 3{,}0$ m.s^{-1}.

Tracer les vecteurs vitesse $\vec{\vartheta_5}$ au point G_5 et $\vec{\vartheta_7}$ au point G_7.
Échelle conseillée : 1 cm $\leftrightarrow$ 1 m.s^{-1}.

b) Justifier la construction du vecteur variation de vitesse $\vec{\Delta \vartheta_6}$ au point G_6 figurant sur l'enregistrement.

3. Représenter la (ou les) force(s) agissant sur la bille au point G_6.

4. Comparer la direction et le sens du vecteur variation de vitesse $\overrightarrow{\Delta\vartheta_6}$ à ceux de la résultante des forces agissant sur la bille au point G_6. Conclure.

CORRIGÉ COMMENTÉ

1. a) Trois forces agissent sur la bille : **le poids** $\overrightarrow{P}$, les forces de **frottements** $\overrightarrow{f}$ dues à l'air et la **poussée d'Archimède** $\overrightarrow{A}$.

b) La bille est en chute libre si seul son poids agit sur elle. Les forces de frottements et la poussée d'Archimède doivent donc être négligeables devant le poids. **Les petites dimensions de la bille** offrent peu de résistance à l'air et permettent de nous placer dans cette hypothèse de chute libre.

2. a) Les vecteurs vitesse $\overrightarrow{\vartheta_5}$ et $\overrightarrow{\vartheta_7}$ ont pour sens celui du mouvement de la bille, et sont tangents à la trajectoire aux points G_5 et G_7.

La longueur de chaque vecteur vitesse tient compte de l'échelle fournie : 1 cm ↔ 1 m.s^{-1} :

$\overrightarrow{\vartheta_5}$ a pour longueur **2 cm** ; $\overrightarrow{\vartheta_7}$ a pour longueur **3 cm**.

Point Maths

On raisonne par proportionnalité.
Par exemple, pour le tracé du vecteur vitesse $\overrightarrow{\vartheta_7}$:

1 m.s^{-1}	1 cm
3 m.s^{-1}	x cm

Soit $x = \dfrac{1 \times 3}{1} = 3$ cm.

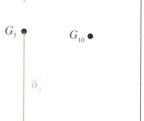

b) $\overrightarrow{\Delta\vartheta_6} = \overrightarrow{\vartheta_7} - \overrightarrow{\vartheta_5} = \overrightarrow{\vartheta_7} + (-\overrightarrow{\vartheta_5})$ a la **même direction** (car trajectoire rectiligne) et **le même sens** que les vecteurs vitesse $\overrightarrow{\vartheta_5}$ et $\overrightarrow{\vartheta_7}$. Sa longueur est de 1 cm, ce qui correspond à :

$\Delta\vartheta_6 = \vartheta_7 - \vartheta_5 = 3{,}0 - 2{,}0$;
$\Delta\vartheta_6 = \textbf{1,0 m.s}^{-1}$.

3. On représente le poids $\vec{P}$, appliqué au point G_6, de direction verticale et orientée vers le sol terrestre.

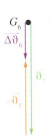

4. Le vecteur poids $\vec{P}$ et le vecteur variation de vitesse $\overrightarrow{\Delta\vartheta_6} = \vec{\vartheta_7} - \vec{\vartheta_5}$ sont colinéaires (même direction) et ont le même sens :

La résultante des forces $\Sigma\vec{F} = \vec{P}$ et le vecteur variation de vitesse ont donc la même direction et le même sens.

💡 À RETENIR

• Lorsque le mouvement est rectiligne, pour obtenir la différence géométrique entre les vecteurs vitesse, il suffit de soustraire algébriquement les longueurs des vecteurs vitesse, car les vecteurs sont colinéaires :

– si le résultat de la soustraction est positif, la vitesse du système augmente et la résultante des forces est colinéaire à la direction du mouvement et de même sens que le mouvement ;

– si le résultat de la soustraction est négatif, la vitesse du système diminue et la résultante des forces est colinéaire à la direction du mouvement mais de sens opposé au mouvement.

EXERCICES

Connaître le cours

Pour chaque exercice du *connaître le cours*, indiquer la (ou les) bonne(s) réponse(s) :

1 ⏱ 1 min Effets d'une force sur le mouvement

	A	B	C
1. Une force :	peut mettre en mouvement un système	est sans influence sur le mouvement d'un système	peut modifier le mouvement d'un système
2. Une seule force peut :	maintenir le système immobile	modifier la trajectoire du système	modifier le vecteur vitesse du centre d'inertie du système

→ *Corrigé p. 221*

2 ⏱ 4 min Principe d'inertie (et sa réciproque)

	A	B	C
1. Un système immobile dans le référentiel terrestre :	est soumis à une seule force	n'est soumis à aucune force	est soumis à des forces qui se compensent
2. Un système, dont le centre d'inertie est en mouvement rectiligne uniforme dans le référentiel héliocentrique :	est soumis à une seule force	n'est soumis à aucune force	est soumis à des forces qui se compensent
3. Dans le référentiel terrestre, le centre d'inertie d'un système, soumis à des forces qui se compensent peut :	avoir un mouvement rectiligne uniforme	être au repos	avoir un mouvement circulaire uniforme
4. Dans le référentiel terrestre, si un système est soumis à des forces qui se compensent alors :	le vecteur vitesse de son centre d'inertie reste constant	le vecteur vitesse de son centre d'inertie varie	le vecteur vitesse de son centre d'inertie est égal au vecteur nul
5. La résultante des forces appliquées à un système correspond à :	la différence des valeurs des forces	la somme des valeurs des forces	la somme vectorielle des forces
6. Deux forces se compensent si :	leur résultante est égal au vecteur nul	elles ont même direction, même sens et même valeur	elles ont même direction, des sens opposés et même valeur

→ *Corrigé p. 221*

3 ⏱ 3 min Contraposée du principe d'inertie (et sa réciproque)

	A	B	C
1. Dans le référentiel terrestre, le centre d'inertie d'un système en mouvement rectiligne non uniforme peut être soumis :	à une seule force	à des forces qui se compensent	à des forces qui ne se compensent pas
2. Dans le référentiel terrestre, le centre d'inertie d'un système, soumis à des forces qui ne se compensent pas :	a un mouvement rectiligne uniforme	peut avoir un mouvement rectiligne accéléré	peut avoir un mouvement circulaire uniforme
3. Dans le référentiel terrestre, si un système est soumis à des forces qui ne se compensent pas alors :	le vecteur vitesse de son centre d'inertie reste constant	le vecteur vitesse de son centre d'inertie varie	le vecteur vitesse de son centre d'inertie est égal au vecteur nul

→ Corrigé p. 221

4 ⏱ 2 min Relation entre variation du vecteur et somme des forces

	A	B	C
1. Si un système est en chute libre, dans le référentiel terrestre, alors :	les forces qui agissent sur lui se compensent	il est soumis uniquement à son poids	le vecteur variation de vitesse de son centre d'inertie a même direction et même sens que le poids
2. La résultante des forces $\sum \vec{F}$ appliquées à un système en chute verticale dans le référentiel terrestre :	est égale au vecteur variation de vitesse du centre d'inertie du système	n'est pas colinéaire au vecteur variation de vitesse du centre d'inertie du système	a même direction et même sens que le vecteur variation de vitesse du centre d'inertie du système
3. Si un système est en mouvement curviligne dans le référentiel terrestre, alors la résultante des forces $\sum \vec{F}$ s'exerçant sur le système et le vecteur variation de vitesse $\Delta \vec{\vartheta}_G$ du centre d'inertie d'un système :	ont même direction et même sens	ont même direction et des sens opposés	n'ont aucun lien entre eux

→ Corrigé p. 221

Appliquer le cours et les savoir-faire

→ COMMENT FAIRE 1

5 ⏱ **10** min ★

Dans le référentiel terrestre, un ballon est en équilibre sur le nez d'une otarie.

1. Établir le bilan des forces qui agissent sur le ballon.

2. Quelle condition doivent respecter ces forces ? Justifier.

3. On modélise le système étudié par le centre d'inertie G du ballon : représenter les forces sur un schéma, sans souci d'échelle.

4. L'otarie pousse et lance le ballon vers le haut, verticalement :

a) Établir le bilan des forces lorsque le ballon est en l'air ; les forces de frottements dues à l'air ainsi que la poussée d'Archimède sont négligées.

b) Montrer que le mouvement du ballon, une fois lancé, avant qu'il ne retombe, n'est pas rectiligne uniforme.

→ Corrigé p. 221

6 ⏱ **20** min ★★

→ COMMENT FAIRE 1 et 2

Dans le référentiel terrestre, on a relevé au cours du temps les positions successives du centre d'inertie G d'une fusée pendant sa phase de décollage, à intervalles de temps réguliers, toutes les secondes.

La poussée des moteurs de la fusée est modélisée par une force $\vec{F}$ verticale orientée vers le haut. On négligera l'action de l'air sur la fusée tout au long de la phase de décollage.

1. Établir le bilan des forces s'exerçant sur la fusée.

2. a) Décrire le mouvement du centre d'inertie G de la fusée au cours de son ascension.

b) En déduire la direction et le sens du vecteur variation de vitesse $\overrightarrow{\Delta \vartheta_7}$ au point G_7. Le représenter sans souci d'échelle.

c) En déduire la direction et le sens de la résultante des forces agissant sur la fusée.

3. Représenter, sans souci d'échelle, les forces agissant sur le centre d'inertie de la fusée au point G_7, la résultante des forces $\Sigma \vec{F}$ agissant sur la fusée et le vecteur variation de vitesse $\overrightarrow{\Delta \vartheta_7}$.

G_8 •

G_7 •

G_6 •

G_5 •

G_4 •

G_3 •
G_2 •
G_1 •

→ Corrigé p. 222

S'entraîner au raisonnement

7  **20** min ★★

Dans le référentiel terrestre, une montgolfière s'élève. On modélise la montgolfière par son centre d'inertie G.

1. Établir le bilan des forces agissant sur la montgolfière.

2. En détaillant le raisonnement, prévoir la direction et le sens de la résultante des forces $\Sigma \vec{F}$ s'exerçant sur la montgolfière dans les cas suivants :

a) la montgolfière s'élève verticalement en accélérant ;

b) la montgolfière s'élève verticalement en conservant une vitesse constante ;

c) la montgolfière s'élève verticalement en ralentissant.

3. Pour chacun des cas précédents, représenter sur un schéma, et sans souci d'échelle, les forces s'exerçant sur la montgolfière, la résultante des forces s'exerçant sur la mont-golfière et le vecteur variation de vitesse $\overrightarrow{\Delta \vartheta}_G$ du centre d'inertie de la montgolfière.

→ *Corrigé p. 222*

Exercice ⏱ **30** min **10 points**

Pour étudier l'influence de la viscosité d'un fluide sur le mouvement d'un objet, un élève décide d'enregistrer, dans le référentiel terrestre, le mouvement de la chute d'une bille dans de l'huile d'olive.

Des relevés des positions successives de la bille, modélisée par son centre d'inertie G, sont effectués à intervalles de temps réguliers, et figurent sur le schéma ci-contre.

Deux vecteurs vitesse, $\vec{\vartheta_2}$ et $\vec{\vartheta_4}$, sont tracés aux points M_2 et M_4. Le vecteur variation de vitesse $\Delta\vec{\vartheta_3}$ est également représenté.

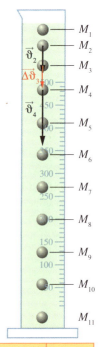

	C 2,5	A 3,5	R 4	10 points
1. En combien de phases peut-on décomposer le mouvement ? Les délimiter en justifiant la réponse.			×	/ 1
2. Décrire le mouvement de la bille sur chacune des phases. Justifier.		×		/ 1
3. Pour chacune des phases, identifier les forces qui agissent sur la bille. La poussée d'Archimède est négligée.			×	/ 2
4. Peut-on considérer la bille en chute libre ? Justifier.			×	/ 1
5. Le principe d'inertie s'applique-t-il à la bille ? Justifier.	×			/ 1
6. Représenter les forces intervenant dans chaque phase, pour une position de la bille, ainsi que la résultante des forces.		×		/ 2
7. Représenter sur un schéma, sans souci d'échelle, le vecteur variation de vitesse $\Delta\vec{\vartheta_3}$ et la résultante des forces en ce point. Justifier.		×		/ 2

→ *Corrigé p. 223*

CORRIGÉS

1 → *Énoncé p. 216*

1. A & C ; **2.** B & C

2 → *Énoncé p. 216*

1. C (B faux car le système est au moins soumis à son poids) ; **2.** B (s'il est suffisamment éloigné de tout astre) **& C** ; **3.** A & B ; **4.** A & C ; **5.** C ; **6.** A & C

3 → *Énoncé p. 217*

1. A & C ; **2.** B & C ; **3.** B

4 → *Énoncé p. 217*

1. B & C ; **2.** C ; **3.** A

5 → *Énoncé p. 218*

1. Les forces qui agissent sur le ballon dans le référentiel terrestre sont :
– **le poids** $\vec{P}$;
– **la réaction** $\vec{R}$ exercée par le nez de l'otarie.
2. D'après le principe d'inertie, les forces doivent se compenser pour que le ballon reste à l'équilibre, donc immobile.
3. Les forces se compensent donc :
$\vec{P} + \vec{R} = \vec{0}$.

Rappel

Les forces se compensent, donc on trace des vecteurs de même longueur, de même direction et de sens opposés.
$$\vec{P} + \vec{R} = \vec{0}$$

4. a) Lors de la montée, **le ballon est soumis uniquement à son poids**, les forces de frottements et la poussée d'Archimède étant négligées.
b) La résultante des forces appliquées au ballon est égale au poids :
$\Sigma \vec{F} = \vec{P}$ donc $\Sigma \vec{F} \neq \vec{0}$. Or, d'après **la réciproque** de **la contraposée du principe d'inertie**, comme les forces **ne se compensent pas**, alors le mouvement **n'est pas rectiligne et uniforme.**
Effectivement, le mouvement du ballon, une fois lancé, sera **rectiligne et ralenti** avant que le ballon ne retombe.

6 → *Énoncé p. 218*

1. Dans le référentiel terrestre, deux forces agissent sur le centre d'inertie de la fusée : **le poids $\vec{P}$ et la force $\vec{F}$ modélisant la poussée des moteurs.**

2. a) Le mouvement du centre d'inertie de la fusée est **rectiligne et accéléré** : la distance parcourue entre deux positions successives, pendant des durées égales, est de plus en plus grande.

b) Le mouvement est rectiligne et la fusée **accélère** : $\vartheta_8 > \vartheta_6$.
Donc : $\Delta\vartheta_7 = \vartheta_8 - \vartheta_6 > 0$.
Le vecteur variation de vitesse $\overrightarrow{\Delta\vartheta_7}$ au point G_7 a donc pour direction et **sens ceux du mouvement**.

c) La résultante des forces à l'instant t_7 a même direction et même sens que $\overrightarrow{\Delta\vartheta_7}$: **elle est donc verticale, orientée vers le haut.** Le mouvement n'étant pas rectiligne et uniforme, elle n'est pas nulle, les forces ne se compensent pas : $\Sigma\vec{F} \neq \vec{0}$.

3. La résultante des forces étant orientée vers le haut, la valeur de $\vec{F}$ est supérieure à celle de $\vec{P}$.

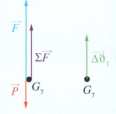

7 → *Énoncé p. 219*

1. Dans le référentiel terrestre, les forces agissant sur la montgolfière sont : **le poids $\vec{P}$** , les forces de **frottements $\vec{f}$** dues à l'air et la **poussée d'Archimède $\vec{A}$** .

2.a) La montgolfière s'élève verticalement en accélérant.
Le mouvement du centre d'inertie de la montgolfière est **rectiligne mais non uniforme (accéléré). D'après la contraposée du principe d'inertie**, les forces **ne se compensent pas** donc $\Sigma\vec{F} = \vec{P} + \vec{A} + \vec{f} \neq \vec{0}$. La résultante des forces **a pour direction celle de la trajectoire (verticale)** et pour **sens le sens du mouvement** de la montgolfière (vers le haut) car la vitesse augmente.

b) La montgolfière s'élève verticalement en conservant une vitesse constante.
Le mouvement du centre d'inertie de la montgolfière est **rectiligne et uniforme. D'après la réciproque du principe d'inertie**, les forces **se compensent** donc :
$\Sigma\vec{F} = \vec{P} + \vec{A} + \vec{f} = \vec{0}$. **La résultante des forces est égale au vecteur nul.**

c) La montgolfière s'élève verticalement en ralentissant.
Le mouvement du centre d'inertie de la montgolfière est **rectiligne mais non uniforme (ralenti). D'après la contraposée du principe d'inertie**, les forces **ne se compensent pas** donc $\Sigma\vec{F} = \vec{P} + \vec{A} + \vec{f} \neq \vec{0}$. La résultante des forces a **pour direction celle de la trajectoire (verticale)** et pour sens **le sens opposé** à celui du mouvement (vers le bas) car la vitesse diminue.

3. Représentation des forces extérieures, de la résultante des forces extérieures et du vecteur variation de vitesse $\overrightarrow{\Delta \vartheta}_G$ du centre d'inertie de la montgolfière dans chacun des cas précédents :

Cas a	Cas b	Cas c

– Pendant toute l'ascension, le poids $\vec{P}$ de la montgolfière est sensiblement constant (son altitude étant négligeable par rapport au rayon de la Terre).

– Au début de la montée (Cas a), les frottements $\vec{f}$ sont faibles et la poussée d'Archimède $\vec{A}$ vers le haut « l'emporte » sur $\vec{P}$ et $\vec{f}$ vers le bas : mouvement rectiligne accéléré.

– Ensuite, la vitesse de la montgolfière ayant augmenté, les frottements deviennent de plus en plus importants jusqu'à ce que toutes les forces se compensent (Cas b) : mouvement rectiligne uniforme.

– Enfin, à partir d'une certaine altitude, l'air se raréfie et la poussée d'Archimède $\vec{A}$ diminue : la résultante des forces est vers le bas mais la montgolfière continue de monter car elle avait déjà de la vitesse : mouvement rectiligne ralenti.

INTERROGATION ÉCRITE

Exercice → *Énoncé p. 220*

1. Le mouvement se décompose en **deux phases** :

• phase 1 : **de M_1 à M_4**, la distance parcourue entre deux positions successives séparées par des durées égales est de plus en plus grande ;

• phase 2 : **de M_4 à M_{11}**, la distance parcourue entre deux positions successives séparées par des durées égales est la même.

2. • **De M_1 à M_4** : le mouvement est **rectiligne** car la trajectoire est une droite et **accéléré** car la vitesse augmente.

• **De M_4 à M_{11}** : le mouvement est **rectiligne** car la trajectoire est une droite et **uniforme** car la vitesse est constante.

3. Les forces agissant sur la bille sont, pour les deux phases :
– **le poids $\vec{P}$** ;
– **les forces de frottements $\vec{f}$ dues à l'huile**.

4. La bille **ne peut être considérée en chute libre, car elle n'est pas uniquement soumise à son poids**, quelle que soit la phase du mouvement envisagée (voir réponse à la question 6.).

5. Le principe d'inertie s'applique pendant la 2e phase, puisque **le mouvement du centre d'inertie G de la bille est rectiligne et uniforme**.

6. Représentation des forces intervenant dans chaque phase, ainsi que la résultante des forces ($\Sigma\vec{F} = \vec{P} + \vec{f}$) :

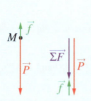

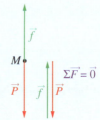

Phase 1 : les frottements sont faibles devant le poids, la bille accélère.

Phase 2 : les frottements et le poids se compensent, d'après le principe d'inertie.

7. Le vecteur variation de vitesse $\overrightarrow{\Delta\vartheta_3}$ et la résultante des forces $\overrightarrow{\Sigma F}$ ont **même direction et même sens**.

Émission et perception d'un son

CHAPITRE 13

1 De l'émission sonore à la réception

■ Un **signal** est une information qui se propage d'un **émetteur** à un **récepteur**.

■ Pour produire un son, un **émetteur** sonore doit être **animé d'un mouvement vibratoire.**

Exemples : vibrations des branches d'un diapason, d'une corde de guitare, de la membrane d'un haut-parleur, …

■ Les **vibrations d'un émetteur sonore sont transmises à un milieu matériel** (air, eau, mur en béton…) ce qui se traduit par la mise en vibration, de proche en proche, des molécules du milieu de propagation. Les vibrations se propagent jusqu'au tympan. Les vibrations du tympan sont interprétées par le cerveau.

■ **Un signal sonore ne se propage pas dans le vide**.

Exemple : aucun son ne se propage dans l'espace.

■ Un signal sonore se propage **sans transport de matière** mais **avec transport d'énergie**. La propagation s'effectue à partir de la source **dans toutes les directions offertes** au signal.

Exemple : un chant peut être perçu par tous les spectateurs lors d'un concert.

2 Vitesse de propagation des sons

■ La **vitesse ϑ de propagation** d'un signal sonore s'exprime par la relation :

$$\vartheta = \frac{\ell}{\Delta t}$$

Avec ℓ distance parcourue exprimée en mètre (m), Δt durée de propagation en seconde (s) et ϑ vitesse de propagation en mètre par seconde (m.s^{-1}).

■ La vitesse ϑ de propagation des sons dépend du **milieu de propagation**, de **la température** et de **la pression**.

Exemple : dans l'air, la vitesse de propagation du son est environ égale à 340 m.s^{-1} à température ordinaire. Elle est plus importante dans les solides et les liquides que dans les gaz.

3 Signaux périodiques

■ Un **signal périodique** se reproduit identiquement à lui-même à des intervalles de temps consécutifs égaux.
– La **période T** du signal est la plus petite durée au bout de laquelle le signal se reproduit identique à lui-même.
– La **fréquence f** d'un signal est le nombre de fois que le signal se reproduit par seconde. C'est l'inverse de la période :

$$f = \frac{1}{T}$$

Avec T en seconde (s) et f en hertz (Hz).

■ Le son émis par un instrument de musique est périodique. Sa fréquence (ou sa période) est indépendante du milieu de propagation. Elle dépend seulement de la fréquence des oscillations de l'émetteur.

■ Pour étudier un signal, on utilise un **capteur** qui transforme généralement le signal à étudier en un signal électrique.
Exemple : pour étudier le son émis par un diapason, on peut utiliser la chaîne suivante :

| **Émetteur :** diapason | → Signal sonore | **Capteur :** microphone | → Signal électrique | **Récepteur :** ordinateur |

■ Si l'on obtient la courbe ci-dessous sur l'écran de l'ordinateur, le signal affiché est périodique car le même motif se répète :

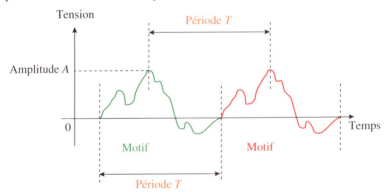

L'amplitude correspond à la valeur maximale de la tension du signal.

■ Si la vibration produite par l'émetteur est trop faible pour être audible, il est nécessaire de l'amplifier grâce à un **résonateur.** L'air, contenu dans le résonateur, entre en résonance, et vibre avec une plus grande amplitude : le son est amplifié.

Exemple : caisse de résonance d'une guitare, tuyaux des orgues...

4 Perception d'un son

■ Plus la fréquence des vibrations est élevée et plus le son émis est aigu.

Infrasons	Sons audibles par l'oreille humaine	Ultrasons

f(Hz)

20   20 000

■ La **hauteur** d'un son est la sensation auditive liée à la fréquence de la vibration sonore. Un son aigu et un son grave n'ont pas la même hauteur.

■ Le **timbre** est la qualité d'un son permettant de différencier deux notes de même hauteur jouées par deux instruments différents.

Exemple : la note « mi_4 » jouée par une guitare est perçue différemment de la note « mi_4 » jouée par une flûte alors que leur fréquence est la même.

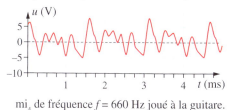
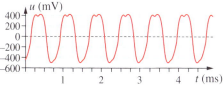

mi_4 de fréquence $f = 660$ Hz joué à la guitare. mi_4 de fréquence $f = 660$ Hz joué à la flûte.

■ **L'intensité sonore I** dépend de l'amplitude des vibrations sonores et s'exprime en watt par mètre carré ($W.m^{-2}$).
Le son paraît d'autant plus fort que l'amplitude est plus grande.

■ Le **niveau d'intensité sonore L** est une grandeur calculée par rapport à une valeur de référence correspondant au seuil de perception des sons par l'oreille humaine.

■ Le niveau d'intensité sonore L se mesure avec un sonomètre et s'exprime en décibel (dB). On obtient ainsi une échelle graduée en décibels (dB) pour laquelle 0 dB correspond au seuil à partir duquel l'oreille humaine entend le son. 125 dB est le seuil de douleur.

■ Les intensités sonores s'additionnent mais pas les niveaux d'intensité sonore : **quand l'intensité sonore est multipliée par deux, le niveau d'intensité sonore augmente de 3 dB**.

■ La sensation auditive n'est pas proportionnelle à l'intensité sonore : lorsque l'intensité sonore double, l'oreille ne perçoit pas un son deux fois plus fort.

COMMENT FAIRE

① Mesurer la vitesse d'un signal sonore

EXERCICE TYPE

Dans une expérience de détermination directe de la vitesse du son, on place deux microphones M_1 et M_2 à une distance $d = 4,00$ m l'un de l'autre.
On relie respectivement chaque microphone aux voies A et B de la carte d'acquisition d'un ordinateur et on produit un son intense devant le microphone M_1.

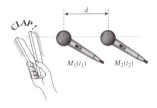

L'ordinateur enregistre le passage du son aux positions des deux microphones. On obtient les enregistrements ci-dessous :

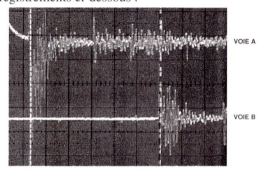

VOIE A

VOIE B

Donnée : Sensibilité horizontale (ou balayage) : k = 2,0 ms/DIV.
1. Déterminer la durée de propagation du signal entre les deux microphones.
2. Calculer la vitesse de propagation de ce signal dans l'air.

CORRIGÉ COMMENTÉ

1. Le microphone M_1 reçoit le signal à un instant t_1. Le microphone M_2 reçoit le signal à un instant t_2.
La durée de propagation du signal est donc :
$\Delta t = t_2 - t_1$.
Sur l'écran, cette durée se mesure entre les deux traits verticaux en pointillés. Elle correspond à $x = 5,8$ DIV. Comme chaque

Point Maths

Pour calculer une quatrième proportionnelle :

× 5,8

x (DIV)	1	5,8
Δt (ms)	2,0	?

$\Delta t = 2,0 \times 5,8$
$\Delta t = 12$ ms

division correspond à 2,0 ms, on en déduit la durée Δt de propagation du signal :
$\Delta t = k \times x$, avec $x = 5,8$ DIV ; $\Delta t = 2,0 \times 5,8 = 12$ ms ; $\mathbf{\Delta t = 12 \times 10^{-3}}$ **s**.

2. La distance entre M_1 et M_2 est $d = 4$ m.

La vitesse de propagation des sons dans l'air est donnée par :

$$\vartheta = \frac{d}{\Delta t} \; ; \; \vartheta = \frac{4}{(12 \times 10^{-3})} = \textbf{3,3} \times \textbf{10}^2 \textbf{ m.s}^{-1}.$$

Conseil

Lors d'un calcul, les données sont souvent fournies avec des nombres de chiffres significatifs différents. Dans le cas d'une multiplication ou d'une division, le résultat ne doit pas comporter plus de chiffres significatifs que la donnée qui en comporte le moins.

Ici, le résultat doit être donné avec 2 chiffres significatifs et être suivi d'une unité.

À RETENIR

• Une durée se lit sur l'axe horizontal de l'enregistrement.

• La sensibilité horizontale (ou balayage) k correspond à l'échelle sur l'axe horizontal.

• On détermine la durée de propagation du signal à l'aide de la relation : $\Delta t = k \times x$ (x représente le nombre de divisions lues sur l'axe horizontal).

2 ▸ Déterminer les caractéristiques d'un signal périodique

EXERCICE TYPE

On réalise l'acquisition du son émis par un diapason. On obtient l'oscillogramme suivant :

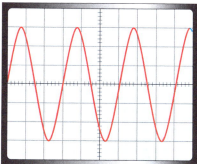

Données : La sensibilité horizontale (ou balayage) est $k_1 = 1$ ms/DIV.

La sensibilité verticale est $k_2 = 0,5$ V/DIV.

1. Pourquoi le signal électrique correspondant au son émis par le diapason peut-il être qualifié de périodique ?

2. a) Calculer la période T du signal.

b) En déduire sa fréquence f.

c) À quelle caractéristique du son la fréquence du signal est-elle liée ?

d) Le diapason utilisé joue la note mi_3 de fréquence 329,6 Hz. Cette valeur est-elle en accord avec la valeur trouvée ?

3. a) Déterminer la valeur de l'amplitude A du signal.

b) À quelle caractéristique du son l'amplitude du signal est-elle liée ?

CORRIGÉ COMMENTÉ

1. La tension est périodique **car elle se répète identiquement à elle-même, à des intervalles de temps successifs égaux.**

> **Point Maths**
>
> La représentation graphique de la fonction périodique est constituée d'un motif qui se reproduit. Pour la fonction $U = f(t)$, la période T est la durée d'un motif. C'est le temps qui s'écoule jusqu'à ce que la tension reprenne la même valeur, en variant dans le même sens.

2. a) La période T correspond à 3,0 divisions sur l'axe des temps (horizontal). La durée est proportionnelle au déplacement horizontal x du spot lumineux.

Le coefficient de proportionnalité est k_1 :

$T = k_1 \times x = 1 \times 3,0 = 3,0$ ms ;

$T = 3,0 \times 10^{-3}$ s.

b) Sa fréquence vaut : $f = \dfrac{1}{T} = \dfrac{1}{3,0 \times 10^{-3}}$;

$f = 3,3 \times 10^2$ Hz.

c) **La fréquence du signal est liée à la hauteur du son.**

d) Cette valeur est **en accord avec la valeur de la fréquence de la note mi_3** (329,6 Hz).

> **Astuce**
>
> Afin de diminuer l'incertitude de la mesure et de se rapprocher de la valeur exacte, la période peut se calculer en mesurant une durée t correspondant à n motifs : $T = \dfrac{t}{n}$.
>
> Si l'on mesure deux périodes, pour $2T$ on lit 6,1 divisions soit :
>
> $2T = k_1 \times x = 1 \times 6,1 = 6,1$ ms
>
> $2T = 6,1 \times 10^{-3}$ s.
>
> Donc $T = 3,05 \times 10^{-3}$ s et
>
> $f = \dfrac{1}{T} = \dfrac{1}{3,05 \times 10^{-3}}$
>
> $f = 3,28 \times 10^2$ Hz.

3. a) L'amplitude du signal correspond à la valeur maximale de la tension. Elle correspond à 3,0 divisions sur l'axe vertical. La tension est proportionnelle au déplacement vertical y du spot lumineux. Le coefficient de proportionnalité est k_2 :

$A = k_2 \times y = 0,5 \times 3,0$; $A = 1,5$ V.

b) **L'amplitude du signal est liée à l'intensité sonore.**

> **Rappel**
>
> L'amplitude se mesure entre l'axe des abscisses et la valeur maximale. Ce n'est pas la différence entre les valeurs maximale et minimale (qui est la tension crête à crête).

À RETENIR

• La connaissance de la sensibilité horizontale (ou balayage) k_1 (ici en ms/DIV) permet de déterminer une durée Δt (voir Comment faire 1).
• La connaissance de la sensibilité verticale k_2 (en V/DIV) permet de déterminer l'amplitude A de la tension à l'aide de la relation $U_{max} = k_2 \times y$ (y représente le nombre de divisions lues sur l'axe vertical).

3 Caractériser un son (hauteur, timbre, niveau d'intensité sonore)

EXERCICE TYPE

Un musicien émet la note ré$_4$ avec une flûte à bec. On enregistre, à l'aide d'un microphone relié au système d'acquisition de l'ordinateur, le signal électrique correspondant. Un sonomètre placé à 2 m de la flûte mesure un niveau d'intensité sonore $L = 62$ dB. L'intensité sonore I correspondante a pour valeur $1{,}6 \times 10^{-6}$ W.m^{-2}.

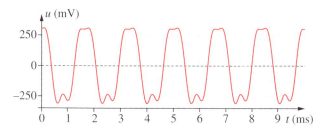

1. Déterminer la fréquence de ce son.
2. Comment serait modifié le signal électrique correspondant à un son de même hauteur et de même amplitude mais joué par une guitare ?
3. Un autre musicien joue simultanément, avec une flûte à bec identique, un ré$_4$ de même intensité sonore.
a) Calculer la valeur de l'intensité sonore mesurée à 2 m des deux flûtes jouant simultanément.
b) Calculer la valeur du niveau d'intensité sonore mesurée à 2 m des deux flûtes.
c) Quelle(s) modification(s) observerait-on si l'on effectuait l'acquisition du son joué simultanément par les deux flûtes ?

1. Le signal est périodique. Par lecture graphique, on mesure une période T pour ce son. Pour plus de précision, on mesure la durée correspondant à plusieurs périodes. 5 périodes correspondent à 8,6 ms :

$5T = 8,6$ ms donc $T = \dfrac{8,6}{5} = 1,7$ ms

> **Remarque**
> Pour calculer f, on n'utilise pas la valeur arrondie du résultat intermédiaire $T = 1,7$ ms mais on garde tous les chiffres donnés par la calculatrice.

$f = \dfrac{1}{T} = \dfrac{1}{1,7 \times 10^{-3}}$;

$f = 5{,}8 \times 10^{2}$ **Hz**.

2. Les deux notes ont la même hauteur et la même amplitude mais proviennent d'instruments différents :

– la hauteur d'un son correspond à la fréquence de la vibration sonore. Deux sons de même hauteur ont la même fréquence et donc la même période ;

– les deux notes proviennent d'instruments différents donc le timbre est différent. La forme des deux signaux est différente.

Ainsi les deux signaux sont périodiques, de même période T, de même amplitude mais ont une forme différente.

3. a) À 2 m des deux flûtes, l'intensité sonore a pour valeur

$I_{\text{totale}} = 2I$.

$I_{\text{totale}} = 2 \times 1,6 \times 10^{-6}$;

$I_{\text{totale}} = 3{,}2 \times 10^{-6}$ **W.m^{-2}**.

> **Remarque**
> Le deuxième son est perçu de manière plus forte que le premier mais, l'oreille ne perçoit pas un son deux fois plus fort.

b) Quand l'intensité sonore est multipliée par deux, le niveau d'intensité sonore augmente de 3 dB :

$L_{\text{totale}} = 62 + 3$;

$L_{\text{totale}} = 65$ **dB.**

c) L'intensité d'un son est liée à l'amplitude du signal sonore. L'intensité sonore augmente donc **l'amplitude du signal augmente**.

À RETENIR

• Ne pas confondre « hauteur d'un son » et « intensité sonore » :

 – plus un son est haut, plus il est aigu et a une fréquence élevée ;

 – plus l'intensité sonore est grande, plus le son paraît fort et son amplitude est grande.

• Les intensités sonores de deux sources s'ajoutent. Ce n'est pas le cas pour les niveaux d'intensité sonore.

Connaître le cours

Pour chaque exercice du *connaître le cours*, indiquer la (ou les) bonne(s) réponse(s) :

1 ⏱ 2 min De l'émission sonore à la réception

	A	B	C
1. Le son se propage dans :	l'eau	le vide	le béton
2. Un signal sonore transporte :	de l'énergie	de la matière	de la matière et de l'énergie
3. Quand un son se propage dans l'air :	les molécules de l'air se propagent	il en résulte un courant d'air	les molécules de l'air vibrent de proche en proche

➜ *Corrigé p. 241*

2 ⏱ 2 min Vitesse de propagation des sons

	A	B	C
1. La vitesse du son est plus grande dans :	les solides	le vide	les gaz
2. La vitesse de propagation du son :	dépend du milieu de propagation	dépend de la température du milieu de propagation	ne dépend pas de la température
3. Les sons aigus :	se propagent plus vite que les sons graves	se propagent à la même vitesse que les sons graves	se propagent moins vite que les sons graves

➜ *Corrigé p. 241*

3 ⏱ 10 min Signaux périodiques

	A	B	C
1. La période T d'un signal sonore :	peut se mesurer en seconde	est l'inverse de la fréquence	est égale à la période de vibration de la source
2. Un signal périodique :	a sa période qui varie régulièrement au cours du temps	se reproduit identiquement à lui-même à des intervalles de temps égaux	retrouve son amplitude au bout d'une période T

3. Un signal sonore de fréquence 10 Hz :	se reproduit identiquement à lui-même toutes les 10 s	se reproduit identiquement à lui-même tous les $\frac{1}{10}$ s	est constitué de 10 périodes par seconde
4. Un signal sonore de période $T = 10$ ms correspond à une fréquence de :	$f = 0{,}10$ Hz	$f = 1{,}0 \times 10^2$ Hz	$f = 1{,}0 \times 10^{-1}$ kHz
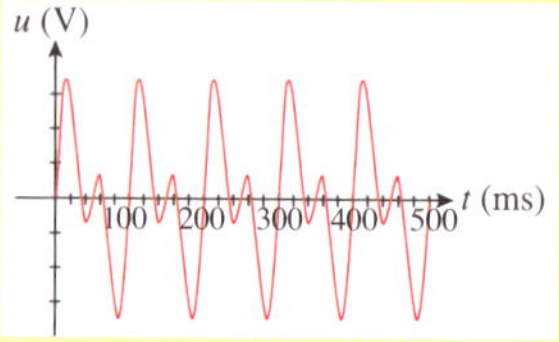 **5. Le signal reproduit ci-dessus est :**	périodique	aléatoire	sinusoïdal
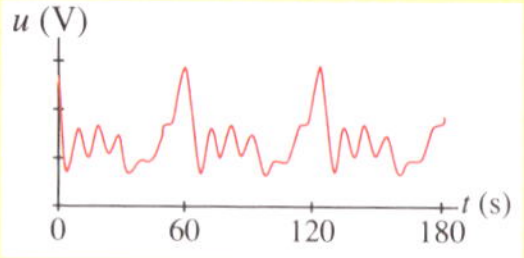 **6. Le signal reproduit ci-dessus est :**	périodique	aléatoire	sinusoïdal

➔ Corrigé p. 241

4 🕐 **5 min** Perception d'un son

	A	B	C
1. Un instrument de musique émet deux notes différentes :	l'une est forcément plus aiguë que l'autre	elles peuvent avoir la même fréquence	elles ont la même hauteur
2. Deux sons de timbres différents :	peuvent avoir des fréquences différentes	ont une représentation temporelle de même forme	n'ont jamais la même intensité sonore
3. Le niveau d'intensité sonore :	se mesure en W.m^{-2}	se mesure en dB	se mesure en dB.m^{-2}
4. Des sons aigus ont :	des intensités sonores plus grandes que les sons graves	des hauteurs plus grandes que les sons graves	des fréquences plus grandes que les sons graves

➔ Corrigé p. 241

Appliquer le cours et les savoir-faire

5 ⏱ **10 min** ★★   → **COMMENT FAIRE** **1**

Un télémètre à ultrasons permet de déterminer une distance par la technique de l'écho.

Dans le dispositif expérimental ci-après, on dispose d'un émetteur-récepteur d'ultrasons. Une salve d'ultrasons est émise par l'émetteur. Après sa réflexion sur la paroi, la salve revient vers l'émetteur-récepteur : elle est alors captée par le récepteur. La distance entre l'émetteur et la paroi est notée d.

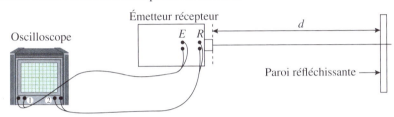

Un oscilloscope enregistre le signal émis (en voie ①) et le signal reçu (en voie ②).

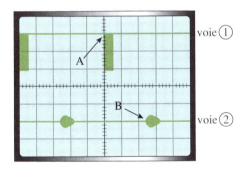

Donnée : horizontalement, 1 division vaut 2 ms.

1. Déterminer la durée Δt entre le début A de l'émission d'une salve et le début B de sa réception.

2. Calculer la distance D parcourue par la salve d'ultrasons.

3. En déduire la valeur de la distance d entre l'émetteur et la paroi.

Donnée : dans l'air, à température ordinaire, ϑ = 340 m.s⁻¹.

→ *Corrigé p. 241*

On a enregistré les signaux électriques correspondant au son émis par un même diapason situé à une distance fixe d'un microphone.

Pour l'enregistrement 1, le diapason est fixé sur une caisse en bois ouverte à l'une de ses extrémités. Ce n'est pas le cas lors de l'enregistrement 2.

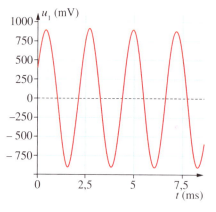

Enregistrement 1   *Enregistrement 2*

1. Comment peut-on qualifier ces signaux ?

2. a) Calculer la période de chacun de ces sons.

b) Exprimer puis calculer la fréquence de ces sons.

3. a) La caisse en bois modifie-t-elle la valeur de la fréquence de la note émise ?

b) Quel est le rôle de la caisse en bois sur laquelle est fixé le diapason ?

→ *Corrigé p. 241*

Le niveau sonore du son émis par une trompette située à 5 m a pour valeur 50 dB. Lorsqu'une seconde trompette identique, placée à côté de la première, joue simultanément la même note, l'intensité sonore double et le niveau d'intensité sonore augmente de 3 dB.

• Pour augmenter de 30 dB le niveau d'intensité sonore, combien faudrait-il de trompettes identiques, placées à côté de la première et jouant simultanément la même note ?

→ *Corrigé p. 242*

S'entraîner au raisonnement

8 ⏱ **5 min** ★★

On a enregistré les signaux électriques périodiques correspondant à trois sons :

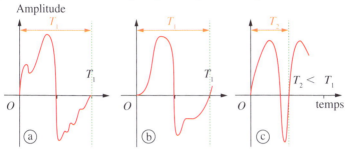

1. Quels sons ont la même hauteur ?
2. Quels sons ont le même timbre ?
3. Quel est le son le plus aigu ?

→ *Corrigé p. 242*

9 ⏱ **5 min** ★★

Un sifflet délivre un signal de période $3,0 \times 10^{-7}$ s.

• Ce sifflet est-il un sifflet d'arbitre ou un sifflet qui émet un son que seuls les chiens peuvent entendre ?

→ *Corrigé p. 242*

10 ⏱ **10 min** ★★★

Un haut-parleur émet, dans l'air, une onde sonore de fréquence f. Un microphone, relié à un oscilloscope, est placé à proximité du haut-parleur. On obtient l'oscillogramme de la *Figure 1*.
On éloigne le microphone du haut-parleur. On obtient l'oscillogramme de la *Figure 2*.

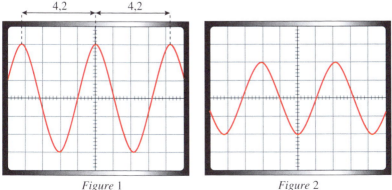

Figure 1   *Figure 2*

Données : La sensibilité horizontale (ou balayage) est $k_1 = 0,50$ ms/DIV.

La sensibilité verticale est $k_2 = 0,1$ V/DIV.

1. La vitesse du son dans l'air, à 20°C, est égale à 340 m.s⁻¹.

À l'aide de la *Figure 1*, déterminer :

a) la période et la fréquence du son émis par le haut-parleur ;

b) l'amplitude du signal reçu.

2. Lorsque l'on éloigne le microphone :

a) la fréquence du son augmente-t-elle, diminue-t-elle ou reste-t-elle inchangée ? Justifier.

b) l'amplitude varie-t-elle ? Justifier.

→ *Corrigé p. 243*

Le diagramme ci-dessous montre les limites de la sensibilité de l'oreille en fonction de la fréquence perçue :

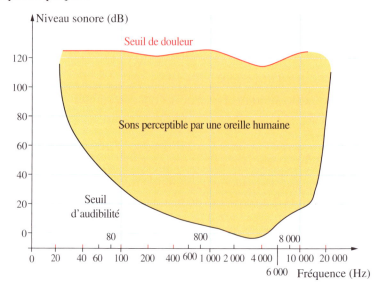

1. Déterminer pour quelles fréquences la sensibilité de l'oreille humaine est la plus grande.

2. Un son de fréquence 40 Hz et de niveau d'intensité sonore 40 dB peut-il être entendu par une oreille humaine ?

3. Déterminer la valeur moyenne du niveau d'intensité sonore correspondant au seuil de douleur.

→ *Corrigé p. 243*

Exercice ⏱ 30 min 10 points

Le violon est un instrument de musique à cordes frottées à l'aide d'un archet. Les cordes sont mises en mouvement par l'archet et transmettent leurs vibrations au chevalet, qui les répercute sur la table d'harmonie ; celle-ci les répercute et les transmet.

Un microphone est relié à un ordinateur. Les instruments sont placés à une distance $d = 50$ cm du microphone.

On réalise une acquisition des sons émis par différents instruments.

L'étude des courbes obtenues lors des acquisitions (*Figures 1 à 4*) permet de retrouver certaines propriétés physiologiques.

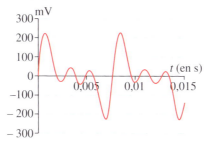

Figure 1 : son 1

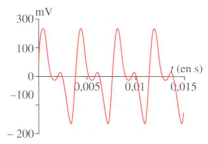

Figure 2 : son 2

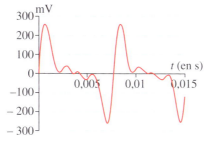

Figure 3 : son 3

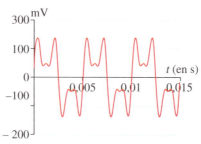

Figure 4 : son 4

	C 5	A 3	R 2	10 points
1. Quelles sont les deux fonctions que doit remplir un instrument de musique pour produire un son ? Indiquer le nom des parties du violon qui remplissent ces fonctions.	×	×		/ 2
2. a) Rappeler la valeur de la vitesse de propagation du son dans l'air à température ordinaire.	×			/ 1
b) Déterminer la durée de propagation du signal sonore entre l'instrument et le microphone.		×		/ 2
3. a) Deux des sons étudiés correspondent à la même note. Quelle est alors leur propriété physiologique commune ? Nommer la grandeur physique associée.	×			/ 1,5
b) Identifier les enregistrements correspondants et mesurer cette grandeur.			×	/ 2
c) Les deux sons sont-ils obtenus avec le même instrument ? Pourquoi ? Quelle est la propriété physiologique mise en jeu ?	×			/ 1,5

→ *Corrigé p. 243*

CORRIGÉS

1 → *Énoncé p. 233*

1. A & C ; **2. A** ; **3. C**

2 → *Énoncé p. 233*

1. A ; **2. A & B** ; **3. B**

3 → *Énoncé p. 233*

1. A, B & C ; **2. B & C** ; **3. B & C** ; **4. B & C** ; **5. A** ; **6. A**

4 → *Énoncé p. 234*

1. A ; **2. A** ; **3. B** ; **4. B & C**

5 → *Énoncé p. 235*

1. Le décalage entre les deux salves sur l'écran de l'oscilloscope correspond à 2,4 divisions. Comme chaque division correspond à 2,0 ms, on en déduit la durée Δt entre le début de l'émission d'une salve et le début de sa réception :
$\Delta t = k \times x$, avec $x = 2,4$ DIV ; $\Delta t = 2,0 \times 2,4$;
$\Delta t = 4,8$ ms.

2. La distance D parcourue par la salve d'ultrasons lors de l'aller-retour entre l'émission et la réception est égale à :
$D = \vartheta \times \Delta t$ avec $\vartheta = 340$ m.s^{-1} et $\Delta t = 4,8 \times 10^{-3}$ s.
$D = 340 \times 4,8 \times 10^{-3}$;
$D = 1,6$ m.

Conseil
Bien utiliser les unités du système international dans les formules employées.

3. La distance D correspond à un aller-retour de l'onde sonore, soit :
$D = 2 \times d$ d'où $d = \dfrac{D}{2}$;

$d = 0,80$ m.
($d = 0,82$ m si on n'utilise pas la valeur arrondie $D = 1,6$ m de la question 2. mais que l'on garde tous les chiffres donnés par la calculatrice ; ce qu'il est conseillé de faire).

6 → *Énoncé p. 236*

1. Ces signaux sont **périodiques et sinusoïdaux**.

2. a) La période est la même pour les deux signaux.
On mesure trois périodes afin de diminuer l'incertitude de la mesure : pour 3T, on lit 6,75 ms. La période a pour valeur **$T = 2,25$ ms**.

b) Calcul de la fréquence : $T = 2{,}25 \times 10^{-3}$ s et $f = \dfrac{1}{T} = \dfrac{1}{2{,}25 \times 10^{-3}}$;
$f = \textbf{444 Hz}$.

3. a) La caisse n'a pas d'influence sur la valeur de la fréquence du son émis par le diapason.

b) La caisse en bois augmente l'amplitude du signal : **la caisse est un amplificateur.**

7 → *Énoncé p. 236*

Le niveau sonore du son émis par une trompette située à 5 m a pour valeur 50 dB. On veut augmenter le son de 30 dB pour atteindre 50 + 30 = 80 dB.

Ainsi : si 2 trompettes identiques jouent simultanément, le niveau d'intensité sonore est augmenté de 3 dB : $L = 53$ dB.

Par un raisonnement identique :

$L = 56$ dB pour 4 trompettes identiques ;
$L = 59$ dB pour 8 trompettes identiques ;
$L = 62$ dB pour 16 trompettes identiques ;
$L = 65$ dB pour 32 trompettes identiques ;
$L = 68$ dB pour 64 trompettes identiques ;
$L = 71$ dB pour 128 trompettes identiques ;
$L = 74$ dB pour 256 trompettes identiques ;
$L = 77$ dB pour 512 trompettes identiques ;
$L = 80$ dB pour 1 024 trompettes identiques.

Il faudrait 1 024 trompettes identiques, placées côte à côte et jouant simultanément la même note, **pour augmenter de 30 dB le niveau d'intensité sonore.**

8 → *Énoncé p. 237*

1. Les sons **a)** et **b)** ont la même période T_1 donc la même fréquence. Deux sons de même fréquence ont la même hauteur.
Les sons a) et b) ont la même hauteur.

2. Le timbre est la qualité d'un son qui permet de distinguer deux notes de même hauteur jouées par deux instruments différents. Les trois sons ne sont pas obtenus avec le même instrument : les formes des oscillogrammes sont différentes.
Les sons n'ont pas le même timbre.

3. On a : $T_2 < T_1$ et $f_2 > f_1$.
Le son c) est le plus aigu.

9 → *Énoncé p. 237*

1. La fréquence du son émis est : $f = \dfrac{1}{T} = \dfrac{1}{3{,}0 \times 10^{-7}}$;
$f = \textbf{3,3} \times \textbf{10}^{\textbf{6}}\,\textbf{Hz}$.

Cette fréquence est supérieure à 20 000 Hz. Il s'agit d'un signal ultrasonore. Il n'est pas audible par l'oreille humaine, donc **ce sifflet ne peut pas servir pour arbitrer un match mais un chien peut l'entendre** (animal sensible aux ultrasons).

10 → *Énoncé p. 237*

1. a) Sur la *Figure 1*, la période du son émis correspond à 4,2 divisions. Comme chaque division correspond à 0,50 ms, on en déduit la période T :
$T = k \times x$ avec $x = 4,2$ DIV.
$T = 0,50 \times 4,2 = 2,1$ ms ; $\boldsymbol{T = 2,1 \times 10^{-3}\,\text{s}}$.
La fréquence du son émis est : $f = \dfrac{1}{T} = \dfrac{1}{2,1 \times 10^{-3}}$; $\boldsymbol{f = 4,8 \times 10^2\,\text{Hz}}$.

b) L'amplitude du signal reçu correspond à **3 divisions sur l'axe vertical**. L'amplitude est proportionnelle au déplacement vertical y du spot lumineux. Le coefficient de proportionnalité est k_2 : $A = k_2 \times y = 0,1 \times 3$; $\boldsymbol{A = 0,3\,\text{V}}$.
2. a) Sur la *Figure 2*, la période du son émis correspond à **4,2 divisions**.
La fréquence du son reste inchangée lorsque l'on éloigne le microphone.
b) L'amplitude du signal reçu correspond à **2 divisions sur l'axe vertical**.
L'amplitude du signal reçu diminue quand on éloigne le microphone.

11 → *Énoncé p. 238*

1. L'oreille humaine a une plus grande sensibilité pour **les fréquences voisines de 3 000 Hz.**
2. Non, un tel son ne peut pas être entendu.
3. Le seuil de douleur se situe aux alentours de 120 dB quelle que soit la fréquence du son perçu.

INTERROGATION ÉCRITE

Exercice → *Énoncé p. 239*

1. Pour qu'un instrument de musique produise un son, il doit remplir deux fonctions : **vibrer** et **émettre**.
La **vibration de la corde qui est frottée** est nécessaire pour produire un signal sonore. Les **cordes** du violon produisent une vibration mécanique transmise à la table d'harmonie du violon. Celle-ci est à même, par sa superficie, de mettre l'air environnant en vibration et c'est grâce à elle que l'on peut entendre la vibration émise par les cordes. **La table d'harmonie est la caisse de résonance.**
2. a) La vitesse du son dans l'air, à 20°C, est égale à **340 m.s⁻¹**.
b) La distance entre l'instrument et le microphone est $d = 0,50$ m.

La vitesse de propagation des sons dans l'air est donnée par $\vartheta = \dfrac{d}{\Delta t}$.

La durée de propagation est donnée par la relation :
$\Delta t = \dfrac{d}{\vartheta}$; $\Delta t = \dfrac{0,50}{340}$; $\boldsymbol{\Delta t = 1,5 \times 10^{-3}\,\text{s}}$.

3. a) Si les deux des sons étudiés correspondent à la même note, : **ils ont la même hauteur ; la hauteur d'un son est mesurée par sa fréquence (Hz)**.

b) Les sons correspondant aux *Figures 1* et *3*, possèdent la même période T donc la même fréquence : $T = 0,008$ s.

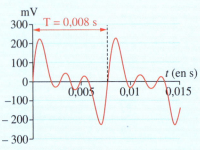

Figure 1 : son 1

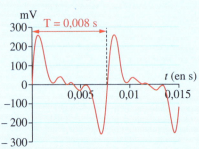

Figure 3 : son 3

La fréquence du son émis est : $f = \dfrac{1}{T} = \dfrac{1}{0,008} = 125$ Hz. Vu le manque de précision

sur la mesure de T, nous ne conservons que deux chiffres significatifs pour la valeur de f, soit :

$f = \mathbf{1,3 \times 10^2}$ **Hz**.

c) Ces deux sons n'ont pas été obtenus avec le même instrument. La **forme de la tension** obtenue aux bornes du microphone **est différente pour les deux sons**. Ces deux sons n'ont **pas le même timbre**.

La lumière

CHAPITRE 14

1 Propagation de la lumière

■ Dans un milieu **transparent** et **homogène** (milieu possédant les mêmes propriétés en tout point), **la lumière se propage en ligne droite.**

■ Dans le vide, la lumière se propage à la vitesse (ou célérité) c, dont la valeur est environ :

$$c = 3,00 \times 10^8 \text{ m.s}^{-1}$$

■ **La vitesse de la lumière dans l'air** est quasiment égale à la vitesse de la lumière dans le vide :

$$\vartheta_{air} = c$$

■ La vitesse de la lumière **dépend du milieu de propagation.**

Exemple : la valeur de la vitesse de la lumière dans l'eau est voisine de $2,25 \times 10^8$ m.s^{-1}.

2 Lumière blanche, lumières colorées

■ La lumière blanche est **constituée de radiations.**

■ Chaque radiation est **caractérisée par sa longueur d'onde, notée** λ (cette lettre grecque se prononce : « lambda »).
La longueur d'onde s'exprime en mètre (m) et de façon plus usuelle, en nanomètre (1 nm = 10^{-9} m).
La longueur d'onde d'une radiation se propageant dans l'air est quasiment égale à la longueur d'onde de la radiation se propageant dans le vide :

$$\lambda_{air} = \lambda_{vide}$$

■ La lumière blanche est composée de radiations qui, dans le vide, ont des longueurs d'onde environ comprises **entre 400 nm et 800 nm** : elles constituent **le spectre visible de la lumière blanche**.

Spectre de la lumière blanche

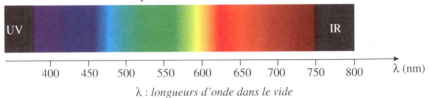

λ : *longueurs d'onde dans le vide*

Exemples : le Soleil émet une lumière blanche ; les lampes à incandescence, les lampes halogènes, les tubes néons et les lampes « LED » sont conçus pour reproduire au mieux la lumière blanche.

■ Chaque composante colorée du spectre de la lumière blanche correspond à une radiation **monochromatique**.

Exemple : le laser est une source lumineuse monochromatique ; il n'émet qu'une seule radiation colorée.

Spectre de la lumière émise par un laser Hélium-Néon

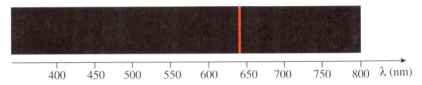

■ **La lumière blanche** est dite « **polychromatique** ».

■ Un prisme, éclairé par une source de lumière blanche, décompose cette lumière blanche. Il disperse les radiations qui la composent.

3 | Spectres d'émission

■ **Les spectres continus**

Un corps chaud (solide ou gaz à haute pression) émet un rayonnement **(ensemble de radiations) dont le spectre est continu.**

Exemples :

• Lorsque l'on augmente la température d'un corps émettant de la lumière, son spectre devient plus lumineux et s'enrichit en radiations de courtes longueurs d'onde (bleu, violet) ;

• La couleur des étoiles est liée à leur température de surface, les étoiles bleutées sont plus chaudes que les étoiles rouges.

■ **Les spectres de raies**

Lorsque l'on décompose la lumière produite **par un gaz à basse pression et à température élevée**, on obtient **un spectre discontinu** constitué d'un nombre réduit de radiations colorées, sous forme de raies : c'est un **spectre de raies d'émission**, qui est caractéristique du gaz.

Exemple : spectre de raies d'émission obtenu en décomposant, à l'aide d'un réseau, la lumière émise par une lampe spectrale à mercure.

1 Comparer la vitesse de la lumière aux vitesses couramment rencontrées

EXERCICE TYPE

Dans le cadre d'une étude, on cherche à comparer la vitesse de la lumière à des vitesses couramment rencontrées.

1. a) Citer la valeur de la vitesse de la lumière dans le vide.

b) La comparer à la valeur de la vitesse de la lumière dans l'air.

2. On relève des vitesses moyennes de déplacement suivantes :
– du guépard en sprint : 110 km.h^{-1} ;   – d'une formule 1 sur un circuit : 365 km.h^{-1};
– du son dans l'air : 340 m.s^{-1};   – d'un avion de ligne en vol : 900 km.h^{-1}.
Comparer la valeur de la vitesse de la lumière dans l'air aux différentes valeurs relevées.

CORRIGÉ COMMENTÉ

1. a) La vitesse de la lumière dans le vide a pour valeur :
$c = 3,00 \times 10^8$ **m.s^{-1}.**

b) La valeur de la vitesse de la lumière dans le vide et celle de la lumière dans l'air sont quasiment égales soit :
$c(\text{air}) = 3,00 \times 10^8$ **m.s^{-1}.**

2. Convertissons la valeur de la vitesse de la lumière dans l'air en km.h^{-1} :

Astuce
Pour convertir une vitesse en km.h^{-1}, on peut multiplier la valeur en m.s^{-1} par 3,6.

$c(\text{air}) = 3,00 \times 10^8 \times 3,6$ km.h^{-1} ; $c(\text{air}) = 10,8 \times 10^8$ **km.h^{-1}.**
Comparons les vitesses moyennes aux :

	Guépard en sprint	Formule 1 sur un circuit	Son dans l'air	Avion de ligne en vol
Vitesse moyenne	110 km.h^{-1}	365 km.h^{-1}	340 m.s^{-1}	900 km.h^{-1}
Comparaison à la vitesse de la lumière dans l'air	$\dfrac{10,8 \times 10^8}{110}$ $= 9,82 \times 10^6$	$\dfrac{10,8 \times 10^8}{365}$ $= 2,96 \times 10^6$	$\dfrac{3,00 \times 10^8}{340}$ $= 8,82 \times 10^5$	$\dfrac{10,8 \times 10^8}{900}$ $= 1,20 \times 10^6$

À RETENIR

• Pour comparer des valeurs, il faut effectuer le rapport de la plus grande valeur sur la plus petite, dans la même unité.

• Pour convertir, en m.s^{-1}, une vitesse exprimée en km.h^{-1} : ϑ (m.s^{-1}) $= \dfrac{\vartheta \ (\text{km.h}^{-1})}{3,6}$.

• Pour convertir, en km.h^{-1}, une vitesse exprimée en m.s^{-1} : ϑ (km.h^{-1}) $= 3,6 \times \vartheta$ (m.s^{-1}).

2 Caractériser le spectre du rayonnement émis par un corps chaud

On dispose d'une lampe à incandescence, d'une lampe halogène, d'une lampe fluo-compacte, d'une lampe LED (diode électroluminescente) et d'une lampe spectrale.
Par décomposition par un prisme ou par un réseau, on obtient le spectre d'émission de la lumière émise par chaque lampe.

1. Compléter le tableau proposé ci-après en caractérisant le spectre obtenu :

Lampe utilisée	Spectre obtenu	Caractéristiques du spectre
Lampe à incandescence		
Lampe halogène		
Lampe LED		
Lampe fluocompacte		
Lampe spectrale		

2. Quelles sont les lampes appropriées pour une utilisation domestique ? Justifier.

1.

Lampe utilisée	Spectre obtenu	Caractéristiques du spectre
Lampe à incandescence		**Spectre continu** de la lumière blanche.

Lampe halogène		**Spectre continu** (une dominante de radiations allant du jaune au rouge).
Lampe LED		**Spectre continu** (les radiations rouges sont les plus intenses ; des radiations violettes situées avant le bleu sont absentes du spectre).
Lampe fluocompacte		**Spectre de raies (spectre discontinu)**.
Lampe spectrale		**Spectre de raies (spectre discontinu).**

2. Les lampes domestiques doivent reproduire au mieux le spectre continu de la lumière blanche : **le choix se porte alors sur la lampe à incandescence, la lampe halogène et la lampe LED** (hors toute considération environnementale).

Rappel

Les lampes fluocompactes sont également utilisées. À l'heure actuelle, les lampes LED restent les seules majoritairement commercialisées, pour les économies d'énergie qu'elles procurent (durée de vie et faible consommation électrique), ainsi que les tubes néon.

À RETENIR

• Le spectre de la lumière blanche est continu et contient la totalité des radiations colorées visibles par l'être humain.
• Un spectre est qualifié de continu si l'on passe d'une couleur à une autre sans interruption dans la succession des couleurs.
• Un spectre est qualifié de « discontinu » s'il est constitué de raies colorées se détachant sur un fond noir.

3 Exploiter un spectre de raies

1. On dispose du spectre suivant, obtenu à l'aide d'une lampe spectrale et d'un système dispersif :

λ (nm)

a) Qualifier ce spectre. Justifier.

b) On donne, ci-dessous, les valeurs de longueurs d'onde correspondant à quelques radiations émises par des gaz présents dans les lampes spectrales. Identifier la lampe spectrale utilisée lors de l'obtention du spectre précédent.

Élément	Longueur d'onde (nm) de quelques raies caractéristiques						
Hydrogène	434,0	486,1	656,3				
Sodium	589,0	589,6					
Magnésium	470,3	516,7					
Calcium	422,7	458,2	526,2	527,0			
Fer	438,3	489,1	491,9	495,7	532,8	537,1	539,7
Titane	466,8	469,1	498,2				
Manganèse	403,6						
Nickel	508,0						

2. On remplace la lampe spectrale précédente par un « laser 650 nm ».

a) Décrire le spectre que l'on obtient. Justifier.

b) Représenter le spectre à l'aide de l'échelle suivante :

λ (nm)

1. a) **Le spectre est discontinu** car il ne présente que quelques radiations colorées, sous forme de raies : c'est **un spectre de raies.**

b) Les trois raies présentes sur le spectre correspondent aux longueurs d'onde :

Couleur de la raie	Violette	Bleu-cyan	Rouge
Longueur d'onde (nm)	434	486	656

D'après le tableau fourni, il s'agit d'une **lampe spectrale à hydrogène** sous basse pression : les trois longueurs d'onde relevées correspondent approximativement aux valeurs du tableau.

2. a) Le laser étant une **source monochromatique**, le spectre **ne contient qu'une seule raie rouge, puisque la longueur d'onde du laser est de 650 nm.**

b) Représentation du spectre à l'aide de l'échelle :

λ (nm)

EXERCICES

Connaître le cours

Pour chaque exercice du *connaître le cours*, indiquer la (ou les) bonne(s) réponse(s) :

1 ⏱ **2 min** Propagation de la lumière

	A	B	C
1. Dans un milieu transparent et homogène :	la lumière se propage en ligne droite	la lumière ne se propage pas en ligne droite	la lumière ne se propage pas de façon rectiligne
2. La vitesse de la lumière dans le vide a pour valeur :	$3{,}00 \times 10^5$ km.s^{-1}	$3{,}00 \times 10^5$ m.s^{-1}	$3{,}00 \times 10^8$ m.s^{-1}
3. La vitesse de la lumière :	est aussi appelée célérité	dépend du milieu dans lequel la lumière se propage	ne dépend pas du milieu de propagation

→ *Corrigé p. 258*

2 ⏱ **3 min** Lumière blanche, lumières colorées

	A	B	C
1. La lumière blanche est :	polychromatique	constituée d'une seule radiation colorée blanche	constituée d'une infinité de radiations colorées
2. Chaque radiation colorée est caractérisée :	par sa longueur d'onde	par son intensité	par sa couleur
3. La longueur d'onde λ d'une radiation peut s'exprimer :	en seconde	en mètre	en nanomètre
4. Les longueurs d'onde des radiations visibles ont des valeurs environ comprises entre :	400 et 800 m	400 et 800 nm	400×10^{-9} m et 800×10^{-9} m
5. La décomposition de la lumière blanche :	est la dispersion des différentes radiations colorées constituant la lumière blanche	peut être réalisée à l'aide d'un prisme	peut se produire lors de la formation d'un arc-en-ciel

→ *Corrigé p. 258*

3 ⏱ **4 min** Spectres d'émission

	A	**B**	**C**
1. Le spectre visible de la lumière blanche :	est continu	est formé de quelques radiations colorées	est formé d'une infinité de radiations colorées
2. Un corps chaud (solide ou gaz à haute pression) émet un rayonnement dont le spectre est :	constitué de quelques radiations colorées	continu	similaire à celui de la lumière blanche
3. Le spectre d'une lumière, émise par un corps chaud dont la température diminue :	s'enrichit en radiations de grandes longueurs d'onde	s'enrichit en radiations de courtes longueurs d'onde	devient moins lumineux
4. Le spectre représenté ci-dessous est : 	un spectre continu	un spectre discontinu	un spectre de raies

→ *Corrigé p. 258*

Appliquer le cours et les savoir-faire

4 ⏱ **15 min** ★★   → COMMENT FAIRE **1**

Lorsqu'un orage se produit, un observateur voit « toujours l'éclair avant d'entendre le son du tonnerre ».

Données : Vitesse de la lumière dans l'air : $c = 3{,}00 \times 10^8$ m.s^{-1}.
Vitesse du son dans l'air : $\vartheta = 340$ m.s^{-1}.

1. Comparer la vitesse de la lumière dans l'air à celle du son dans l'air.

2. L'observateur est situé à une distance $d = 2{,}00$ km du point d'impact de la foudre. Comparer la durée du trajet effectué par la lumière émise par l'éclair jusqu'à l'observateur à celle émise par le son du tonnerre pour parvenir à l'observateur.

3. Commenter la phrase entre guillemets.   → *Corrigé p. 258*

5 ⏱ **10 min** ★   → COMMENT FAIRE **2**

On étudie le spectre suivant :

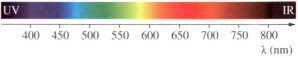

Le spectre ci-dessus :

a) est-il continu ou discontinu ? Justifier ;

b) peut-il être celui d'une lumière émise par une lampe spectrale à gaz ?

c) peut-il être celui d'une lumière blanche ?

→ Corrigé p. 258

6  → COMMENT FAIRE **3**

On dispose d'une lampe à mercure, d'une lampe à sodium, d'une lampe à lithium et d'une lampe à hydrogène.

1. Quel type de spectre obtient-on lorsque l'on décompose la lumière issue de ces lampes ?

2. On dispose d'un tableau regroupant les longueurs d'onde de quelques radiations émises par chacun des gaz des lampes précédentes :

Élément	Longueur d'onde (nm) de quelques raies caractéristiques			
Hydrogène	434,0	486,1	656,3	
Lithium	412	497	610	671
Sodium	589,0	589,6		
Mercure	436	546	580	615

a) À l'aide de l'échelle fournie ci-après, représenter le spectre de la lampe à mercure :

3. Le spectre figurant ci-après correspond-il à l'une des lampes spectrales précédentes ? Justifier.

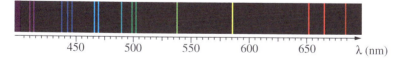

→ Corrigé p. 259

S'entraîner au raisonnement

7

1. On dispose de deux spectres, obtenus à partir de la décomposition de la lumière blanche issue d'une même lampe à incandescence.

Spectre 1

Spectre 2

Expliquer comment le deuxième spectre a été obtenu.

2. Lorsque l'on observe la constellation d'Orion, on remarque que certaines étoiles ont un éclat bleuté, alors que d'autres étoiles ont un éclat jaune-orangé ou rougeâtre. Pourquoi les étoiles ont-elles des couleurs différentes ?

→ *Corrigé p. 259*

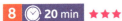

On dispose du spectre d'émission d'une lampe spectrale à hydrogène :

Un deuxième spectre est fourni, correspondant à une lampe contenant un gaz inconnu :

• Identifier le gaz inconnu contenu dans la lampe.

Données : La ligne en pointillés correspond à la première raie du spectre de l'hydrogène.

Valeurs de longueurs d'onde correspondant à quelques radiations émises par des gaz présents dans les lampes spectrales :

Élément	Longueur d'onde (nm) de quelques raies caractéristiques						
Hydrogène	434	486	656				
Sodium	589	590					
Magnésium	470	517					
Calcium	423	458	526	527			
Fer	438	489	492	496	533	537	540
Mercure	436	546	579	615			
Titane	467	469	498				
Manganèse	404						
Nickel	508						

→ *Corrigé p. 259*

Exercice ⏱ 30 min · 10 points

	C 3,5	A 2,5	R 4	10 points
1. Citer le principe de propagation rectiligne de la lumière.	×			/ 0,5
2. a) Citer la valeur de la vitesse de la lumière c dans le vide. La convertir en km.s⁻¹.	×	×		/ 0,5 / 0,5
b) La comparer à la vitesse de la lumière dans l'eau : $\vartheta = 2,25 \times 10^8$ m.s⁻¹.		×		/ 1
3. Caractériser le spectre d'émission d'un corps chaud (solide ou gaz à haute pression)	×			/ 1
4. a) Donner le domaine de longueurs d'onde des radiations visibles. **b)** Justifier que la radiation de longueur d'onde : $\lambda = 2,91 \times 10^{-7}$ m ne fasse pas partie du domaine visible. Identifier son domaine. **Données :** Domaine de longueurs d'onde des infrarouges : 700 nm à 0,1 mm. Domaine de longueurs d'onde des ultraviolets : 10 nm à 380 nm.	×	×	×	/ 1 / 2
5. On dispose du spectre d'émission d'une lampe spectrale à hydrogène et d'un spectre ne comportant qu'une seule raie : 434 nm 486 nm 656 nm 434 nm **a)** Comment nomme-t-on la lumière correspondant au second spectre ? Justifier. **b)** Déterminer la longueur d'onde de la radiation rouge présente sur le second spectre. **c)** À quelle source de lumière correspond ce spectre ?	×	×	×	/ 1 / 2 / 0,5

→ Corrigé p. 260

CORRIGÉS

1 → *Énoncé p. 253*

1. A ; **2.** A & C ; **3.** A & B

2 → *Énoncé p. 253*

1. A & C ; **2.** A & C ; **3.** B & C ; **4.** B & C ; **5.** A, B & C

3 → *Énoncé p. 254*

1. A & C ; **2.** B & C ; **3.** A & C ; **4.** B & C

4 → *Énoncé p. 254*

1. Pour comparer les deux vitesses, il faut effectuer leur rapport, sachant qu'elles sont dans la même unité :

$$\frac{c}{\vartheta} = \frac{3,00 \times 10^8}{340} = 8,82 \times 10^5.$$

La vitesse de la lumière dans l'air est environ **un million (10^6, ordre de grandeur de $8,82 \times 10^5$) de fois plus grande** que celle du son dans l'air.

2. Pour la lumière, on a :

$$c = \frac{d}{\Delta t_1} \text{ alors } \Delta t_1 = \frac{d}{c} = \frac{2,00 \times 10^3}{3,00 \times 10^8} \text{ ; } \Delta t_1 = 6,67 \times 10^{-6} \text{ s.}$$

Pour le son :

$$\Delta t_2 = \frac{d}{\vartheta} \text{ soit } \Delta t_2 = \frac{2,00 \times 10^3}{340} \text{ ; } \Delta t_2 = 5,88 \text{ s.}$$

Si l'on compare les deux valeurs :

$$\frac{\Delta t_2}{\Delta t_1} = \frac{5,88}{6,67 \times 10^{-6}} = 8,82 \times 10^5.$$

3. On voit l'éclair avant d'entendre le tonnerre car le son met environ **10^6 fois (1 million de fois) plus de temps** que la lumière pour parcourir la même distance.

> **Conseil**
>
> Lorsque l'on compare deux grandeurs, il est préférable de diviser la valeur la plus élevée par la valeur la plus faible.

> **Rappel**
>
> $$\text{Vitesse moyenne} = \frac{\text{distance parcourue}}{\text{durée du parcours}}$$

5 → *Énoncé p. 254*

a) Le spectre **n'est pas discontinu**, puisqu'il n'y a pas d'interruption dans l'enchaînement des radiations colorées présentes dans le spectre. Il est, au contraire, **continu**.
b) Le spectre de la lumière émise par un gaz d'une lampe spectrale est **un spectre discontinu (spectre de raies)**, ce qui n'est pas le cas ici.
c) La lumière blanche est constituée de l'ensemble des radiations colorées, allant du violet au rouge : **son spectre est donc continu et contient l'ensemble des radiations colorées**, ce qui est le cas du spectre présenté ici.

6 → *Énoncé p. 255*

1. Le spectre obtenu est **un spectre discontinu (spectre de raies)**.

2. Spectre de raies de la lampe à mercure :

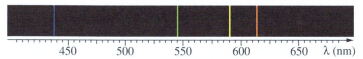

3. Ce spectre ne correspond pas à l'une des lampes proposées.
En effet, par exemple :
– la raie bleu clair située à environ 470 nm ne figure pas dans le tableau de données ;
– la raie verte située à environ 539 nm ne figure pas dans le tableau de données ;
– la raie jaune située à environ 585 nm ne figure pas dans le tableau de données ;
– la raie rouge située à environ 685 nm ne figure pas dans le tableau de données.
Comme chaque gaz n'émet que les radiations qui lui sont caractéristiques, **les radiations présentes sur le spectre sont émises par un gaz d'une lampe différente de celles proposées.**

7 → *Énoncé p. 255*

1. Le deuxième spectre est plus sombre que le premier ; les radiations violettes et bleues ne sont pas présentes. **On a donc diminué la température de la lampe et ainsi obtenu le spectre 2 à partir du spectre 1.**

2. La différence de couleurs des étoiles provient de **la différence de température de surface des étoiles.**

8 → *Énoncé p. 256*

La méthode utilisée est décrite ci-dessous :

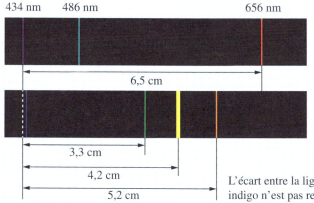

Point Maths

On raisonne **par proportion-nalité**.
Par exemple, pour la raie verte :

222 nm	6,5 cm
Écart x	3,4 cm

Soit écart $x = \dfrac{(222 \times 3,4)}{6,5}$
$= 113$ nm.

L'écart entre la ligne pointillée et la raie indigo n'est pas représenté (1,0 mm).

Les deux radiations de longueurs d'onde 434 nm et 656 nm sont distantes de 6,5 cm sur le schéma, correspondant à 656 – 434 = 222 nm. Cela nous permet d'obtenir une échelle de représentation.

On mesure ensuite la distance, en cm, entre la ligne en pointillés (434 nm correspondant à la première raie indigo de l'hydrogène) et la raie colorée du spectre du gaz inconnu (voir ci-dessus) puis on raisonne par proportionnalité :

Raie	Écart (cm)	Valeur de longueur d'onde
Indigo	0,10	$\dfrac{222 \times 0,10}{6,5} = 3,4$ nm soit $434 + 3,4 = $ **437 nm**
Verte	3,3	$\dfrac{222 \times 3,3}{6,5} = 113$ nm soit $434 + 113 = $ **547 nm**
Jaune	4,2	$\dfrac{222 \times 4,2}{6,5} = 144$ nm soit $434 + 144 = $ **578 nm**
Orangée	5,2	$\dfrac{222 \times 5,2}{6,5} = 178$ nm soit $434 + 178 = $ **612 nm**

Aux incertitudes de mesure près, nous pouvons identifier le gaz, par comparaison avec les valeurs de longueurs d'onde données dans le tableau de l'énoncé : **il s'agit vraisemblablement du gaz mercure (436 nm ; 546 nm ; 579 nm et 615 nm).**

INTERROGATION ÉCRITE

Exercice → *Énoncé p. 257*

1. Dans un milieu **transparent** et **homogène** (milieu possédant les mêmes propriétés en tout point), **la lumière se propage en ligne droite.**

2. a) $c = 3,00 \times 10^8$ m.s^{-1} soit **$c = 3,00 \times 10^5$ km.s^{-1}**

b) $\dfrac{c}{\vartheta} = \dfrac{3,00 \times 10^8}{2,25 \times 10^8} = 1,33$.

La lumière est environ 1,3 fois plus rapide dans le vide ou dans l'air, que dans l'eau.

3. **Un corps chaud émet un rayonnement dont le spectre est continu.**

4. a) Les longueurs d'onde sont **comprises entre 400 nm et 800 nm environ.**

b) La radiation de longueur d'onde $\lambda = 2,91 \times 10^{-7}$ m ne fait pas partie du domaine visible car $\lambda = 2,91 \times 10^{-7}$ m $= 291 \times 10^{-9}$ m ; **$\lambda = 291$ nm (domaine des UV).**

5. a) C'est une lumière **monochromatique (une seule raie).**

b) La distance entre la raie indigo (434 nm) et la raie rouge (656 nm) figurant sur le premier spectre est de 5,5 cm pour $656 - 434 = 222$ nm de différence de longueur d'onde. La distance entre la ligne pointillée à 434 nm et la raie rouge figurant sur le second spectre est de 4,4 cm. Par proportionnalité, on en déduit la longueur d'onde recherchée :

$\lambda = 434 + \dfrac{222 \times 4,4}{5,5}$; **$\lambda = 612$ nm.**

c) Une **source laser** émet une lumière monochromatique.

Lumière et milieux transparents

■ Lorsqu'un faisceau de lumière, se propageant dans un milieu transparent, rencontre un autre milieu transparent, alors la vitesse de propagation de la lumière change et des modifications du trajet de la lumière se produisent.

1 Indice optique d'un milieu matériel

■ **L'indice de réfraction** n d'un milieu transparent homogène est caractéristique du milieu. Il est défini par :

$$n = \frac{c}{\vartheta}$$

Avec : n sans unité ; c vitesse de la lumière dans le vide en m.s^{-1} et ϑ vitesse de la lumière dans un milieu en m.s^{-1}.
– l'indice de réfraction d'un milieu est toujours supérieur à 1 ;
– l'indice de l'air est très voisin de 1 ;
– l'indice de réfraction (des milieux autres que le vide et l'air) dépend de la longueur d'onde de la radiation incidente.
Exemple : l'indice de réfraction du plexiglas a pour valeurs :
• $n_R = 1{,}42$ pour la radiation rouge de longueur d'onde 750 nm ;
• $n_B = 1{,}43$ pour la radiation bleue de longueur d'onde 470 nm.

2 Phénomènes de réflexion et réfraction de la lumière

■ **Le phénomène de réflexion** correspond au changement de direction que subit un rayon de lumière lorsqu'il rencontre la surface de séparation entre deux milieux.

■ **Le phénomène de réfraction** correspond au changement de direction que subit un rayon de lumière lorsqu'il traverse la surface séparant deux milieux transparents différents. Il s'accompagne toujours d'une réflexion partielle sur la surface de séparation des deux milieux transparents.

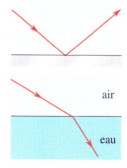

air

eau

3 Lois de Snell-Descartes

■ **Lois de la réflexion :**
– **le rayon réfléchi est dans le plan d'incidence** (plan formé par le rayon d'incidence *SI* et la normale *IN* à la surface de séparation entre les deux milieux) ;
– **l'angle de réflexion est égal à l'angle d'incidence :**

$$r = i$$

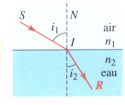

I : point d'incidence
IN : normale (perpendiculaire à la surface réfléchissante)
SI : rayon incident
IR : rayon réfléchi

– Les rayons incident et réfléchi se trouvent dans le même milieu et de part et d'autre de la normale au point d'incidence.

■ **Lois de la réfraction :**
– **le rayon réfracté est dans le plan d'incidence ;**
– **l'angle d'incidence i_1 dans le milieu 1 d'indice de réfraction n_1 et l'angle de réfraction i_2 dans le milieu 2 d'indice de réfraction n_2 sont liés par la relation :**

$$n_1 \times \sin i_1 = n_2 \times \sin i_2$$

I : point d'incidence
IN : normale (perpendiculaire à la surface de séparation des milieux)
SI : rayon incident
IR : rayon réfracté

– Les rayons incident et réfracté se trouvent respectivement dans des milieux différents, et de part et d'autre de la normale au point d'incidence.

– Si $n_2 > n_1$, le rayon réfracté se rapproche de la normale ; il existe toujours.

– Si $n_2 < n_1$, le rayon réfracté s'éloigne de la normale ; il n'existe pas toujours.

4 Prisme et dispersion

■ Les matériaux dont sont faits **les prismes** permettent une séparation des radiations de la lumière blanche (**phénomène de dispersion**). On dit que ces **matériaux** sont **dispersifs** : l'indice de réfraction de ces matériaux dépend de la longueur d'onde des radiations.

■ Le phénomène de dispersion permet d'obtenir, sur un écran, le spectre de la lumière décomposée (voir Chapitre 14).

COMMENT FAIRE

1 Exploiter les lois de Snell-Descartes pour la réflexion et la réfraction

EXERCICE TYPE

1. On considère un rayon lumineux passant de l'eau dans l'air. Les indices de réfraction sont : n_{eau} et $n_{air} = 1{,}0$.

Le rayon incident arrive sur la surface de séparation des deux milieux en faisant un angle de 60° avec cette surface. Le rayon réfracté (transmis dans l'air) fait un angle de 48° avec la surface de séparation.

a) Schématiser la situation décrite. Noter I le point d'incidence sur le schéma, puis nommer SI le rayon incident et IR le rayon réfracté. Faire apparaître les angles d'incidence et de réfraction.

b) Déterminer les valeurs des angles d'incidence i_1 et de réfraction i_2.

2. En utilisant la deuxième loi de Snell-Descartes pour la réfraction, calculer la valeur de l'indice de réfraction de l'eau.

3. Le plus grand angle de réfraction possible est $i_{2max} = 90°$. Calculer la valeur de l'angle d'incidence i_{lim} correspondant à l'angle de réfraction le plus grand.

4. Si l'angle d'incidence i est supérieur à cet angle i_{lim}, il ne pourra plus y avoir de réfraction : il y a alors une réflexion totale.

Schématiser le parcours du rayon de lumière qui arrive sur la surface de séparation eau/air avec un angle d'incidence supérieur à i_{lim}.

CORRIGÉ COMMENTÉ

1. a) et **b)** Le point d'incidence I est le point où le rayon incident arrive sur la surface de séparation des deux milieux.

– Les angles donnés dans l'énoncé sont définis par rapport à la surface de séparation des deux milieux ; **ce ne sont pas les angles d'incidence i_1 et de réfraction i_2.**

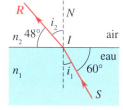

L'angle d'incidence et l'angle de réfraction sont définis par rapport à une droite de référence : **la normale**, (c'est-à-dire la perpendiculaire), en I, à la surface de séparation.

– L'angle d'incidence i_1 est formé par le rayon incident et la normale. Donc $i_1 = 90° - 60° = \mathbf{30°}$.

– L'angle de réfraction i_2 est formé par le rayon réfracté et la normale. Donc $i_2 = 90° - 48° = \mathbf{42°}$.

2. D'après la deuxième loi de Snell-Descartes pour la réfraction :

$n_{eau} \times \sin i_1 = n_{air} \times \sin i_2$, soit : $n_{eau} = \dfrac{1{,}00 \times \sin i_2}{\sin i_1}$

$n_{eau} = \dfrac{\sin 42}{\sin 30}$; $\boldsymbol{n_{eau} = 1{,}3}$.

3. Le plus grand angle d'incidence possible est
$i_{2max} = 90°$.

D'après la deuxième loi de Snell-Descartes :
$n_{eau} \times \sin i_1 = n_{air} \times \sin i_2$

$\sin i_{lim} = \dfrac{\sin i_{2max} \times n_{air}}{n_{eau}} = \dfrac{\sin 90° \times 1{,}0}{1{,}3}$

$\sin i_{lim} = 0{,}77$; $i_{lim} = \sin^{-1}(0{,}77)$; $\boldsymbol{i_{lim} = 50°}$.

4. Le rayon se réfléchit en $\boldsymbol{I}$ suivant la deuxième loi de Descartes pour la réflexion avec : $r = i$.

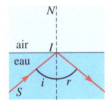

À RETENIR

• Avant d'appliquer les lois de Snell-Descartes concernant la réflexion ou la réfraction, il est conseillé de :
– bien repérer le rayon incident. C'est celui qui est issu de la source lumineuse et arrive sur le miroir (réflexion), ou sur la surface de séparation des deux milieux (réfraction), au point d'incidence I ;
– bien repérer les angles d'incidence, de réflexion ou de réfraction.
• Ces angles sont formés par un rayon et la normale IN (perpendiculaire au miroir ou à la surface de séparation des deux milieux).

Connaître le cours

Pour chaque exercice du *connaître le cours*, indiquer la (ou les) bonne(s) réponse(s) :

1 ⏱ 2 min Indice optique d'un milieu matériel

	A	B	C
1. L'indice de réfraction n d'un milieu peut être :	égal à 1	supérieur à 1	inférieur à 1
2. L'indice de réfraction d'un milieu dépend :	de la nature du milieu	de la longueur d'onde de la radiation	de la surface de séparation
3. L'indice de réfraction d'un milieu s'exprime par :	$n = \dfrac{c}{\vartheta}$	$n = \dfrac{\vartheta}{c}$	$n = c \times \vartheta$

→ Corrigé p. 270

2 ⏱ 1 min Phénomènes de réflexion et réfraction de la lumière

	A	B	C
1. Le(s) schéma(s) représentant une réflexion est (sont) :	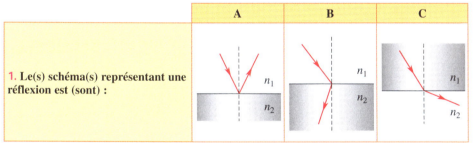		

→ Corrigé p. 270

3 ⏱ 2 min Lois de Snell-Descartes

	A	B	C
1. La deuxième loi de Snell– Descartes pour la réflexion est :	l'angle d'incidence i a la même valeur que l'angle de réflexion r	l'angle d'incidence i est inférieur à l'angle de réflexion r	l'angle d'incidence i est supérieur à l'angle de réflexion r
2. Lorsqu'un rayon passe d'un milieu 1 d'indice n_1 à un milieu 2 d'indice n_2 :	il se rapproche de la normale si $n_2 > n_1$	il s'éloigne de la normale si $n_2 > n_1$	il se rapproche de la normale si $n_2 < n_1$

3. Dans le cas de la situation schématisée, la 2ᵉ loi de Snell-Descartes s'écrit : 	$n_1 \times \sin i_1 = n_2 \times \sin i_2$	$n_1 = \dfrac{n_2 \times \sin i_2}{\sin i_1}$	$\sin i_2 = \dfrac{\sin i_1 \times n_2}{n_1}$

→ Corrigé p. 270

4 ⏱ 1 min Prisme et dispersion

	A	B	C
1. Le prisme :	est un système dispersif	dévie différemment les radiations violettes et rouges	est constitué d'un matériau d'indice $n < 1$

→ Corrigé p. 270

Appliquer le cours et les savoir-faire

5 ⏱ 10 min ★

→ COMMENT FAIRE 1

Un rayon de lumière arrive sur la surface d'une lame de verre d'indice $n_{verre} = 1,5$.

L'indice de l'air a pour valeur $n_{air} = 1,0$.

1. Déterminer la valeur de :

a) l'angle d'incidence i_1 ;

b) l'angle de réflexion i' ;

c) l'angle de réfraction i_2 ;

2. Reproduire le schéma et le compléter en représentant les rayons réfléchi et réfracté.

→ Corrigé p. 270

6 ⏱ 10 min ★★

→ COMMENT FAIRE 1

On considère un rayon de lumière passant de l'air d'indice $n_{air} = 1,0$ dans un milieu transparent d'indice $n = 1,7$.

1. Le rayon incident SI arrive sur la surface de séparation des deux milieux sous un angle d'incidence $i_1 = 50°$.

a) Schématiser la situation.

b) Calculer la valeur de l'angle de réfraction i_2 puis comparer i_1 et i_2.

2. Calculer la valeur de l'angle de réfraction lorsque :

a) $i_1 = 0$;

b) $i_1 = 90°$.

3. Tous les rayons incidents peuvent-ils se réfracter dans le milieu transparent d'indice 1,7 quelle que soit la valeur de l'angle d'incidence ? Justifier.

➜ *Corrigé p. 271*

S'entraîner au raisonnement

7 ⏱ **15 min** ★ ★ ★

1. L'indice de réfraction d'un liquide est un critère de pureté. Deux flacons A et B sont sans étiquette : l'un contient de l'eau et l'autre du cyclohexane. Pour une radiation rouge de longueur d'onde $\lambda = 740$ nm, l'indice de réfraction de l'eau est $n_1 = 1,33$ et celui du cyclohexane est $n_2 = 1,43$. Chaque liquide est placé dans une cuve et un faisceau laser rouge, se propageant dans l'air, arrive en un point de la surface plane séparant l'air (indice $n_{air} = 1,00$) et le liquide avec un angle de 40,0 °.

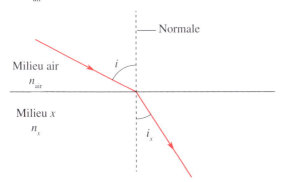

1. Pour quel liquide le faisceau est-il le plus dévié ?

2. Avec le liquide du flacon A, le rayon réfracté, se propageant dans le liquide, fait un angle de 29,0° avec la normale à la surface du liquide. De quel liquide s'agit-il ?

3. Déterminer l'angle de réfraction, avec le liquide du flacon B.

➜ *Corrigé p. 271*

À Rome, un touriste lance une pièce dans la fontaine de Trevi tout en faisant un vœu.
1. Le bassin de la fontaine a été vidé de son eau pour être nettoyé. La pièce de monnaie, située au fond du bassin, n'est pas visible par le touriste se trouvant au bord du bassin.

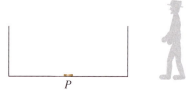

Expliquer pourquoi le touriste, tel qu'il est positionné, ne peut pas voir la pièce quand le bassin ne contient pas d'eau.
2. Le bassin est maintenant rempli avec de l'eau et le touriste peut voir la pièce.

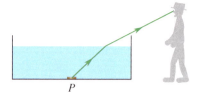

a) Quel phénomène permet au touriste de voir la pièce de monnaie alors qu'il se trouve dans la même position que précédemment ?
b) Un rayon, issu de la pièce et se propageant dans l'eau, fait un angle $i_1 = 12°$ avec la normale à la surface de l'eau. Calculer la valeur de l'angle i_2 que fait le rayon réfracté avec la normale à la surface de l'eau.
c) Calculer la valeur de l'angle i_2 lorsque l'incidence est normale, c'est-à-dire lorsque $i_1 = 0°$.

Données : L'indice de l'air a pour valeur $n_{air} = 1,0$.
L'indice de l'eau a pour valeur $n_{eau} = 1,3$.

→ *Corrigé p. 273*

Un rayon de lumière *SI* se propageant dans l'air arrive en *I* sur la surface de séparation de l'air et du verre. En *J*, il atteint la surface de séparation du verre et de l'eau.

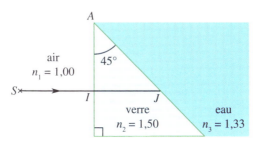

	C 5	A 2	R 3	10 points
1. Énoncer les lois de Descartes pour la réfraction	×			/ 2
2. Au point *I*, pourquoi le rayon de lumière passe-t-il de l'air dans le verre sans déviation ?		×		/ 2
3. Lorsque le rayon de lumière arrive en *J*, une partie de la lumière est réfléchie dans une direction privilégiée et une partie de la lumière traverse la surface et passe dans l'eau. Nommer chacun des phénomènes ainsi décrits.	×			/ 2
4. a) Quelle est la condition nécessaire concernant les indices de réfraction pour qu'une réfraction au point *J* ne se produise pas systématiquement ?	×			/ 1
b) Une réfraction se produit tant que la valeur de l'angle d'incidence reste inférieure à celle de l'angle de réfraction limite. Dans le cas contraire, une réflexion totale se produit. L'angle de réfraction limite est donné par la relation : $$\sin i_{\lim} = \frac{n_3}{n_2}.$$ Déterminer si le rayon *SJ* pénètre dans l'eau au point *J*.			×	/ 3

→ *Corrigé p. 273*

1 → *Énoncé p. 265*

1. B ; **2. A & B** ; **3. A**

2 → *Énoncé p. 265*

1. A

3 → *Énoncé p. 265*

1. A ; **2. A** ; **3. A & B**

4 → *Énoncé p. 266*

1. A & B

5 → *Énoncé p. 266*

1. a) L'angle donné n'est pas défini par rapport à la surface de séparation des deux milieux ; **ce n'est pas l'angle d'incidence.** L'angle d'incidence i_1 est formé par le rayon incident et la normale à la surface de séparation :
$$i_1 = 90° − 20° \; ; \; \mathbf{i_1 = 70°.}$$

b) L'angle de réflexion est tel que : $\mathbf{\textit{i}_1 = \textit{i}'}$ (deuxième loi de Snell-Descartes pour la réflexion).

c) D'après la deuxième loi de Snell-Descartes pour la réfraction :

$n_1 \times \sin i_1 = n_2 \times \sin i_2$, d'où : $\sin i_2 = \dfrac{n_1 \times \sin i_1}{n_2}$.

Le milieu 1 est l'air, donc $n_1 = 1{,}0$; le milieu 2 est le verre et a pour indice $n_2 = 1{,}5$. L'angle d'incidence est $i_1 = 70°$.

$\sin i_2 = \dfrac{1{,}0 \times \sin 70°}{1{,}5} = 0{,}63$.

L'angle de réfraction est : $i_2 = 39°$.

2.

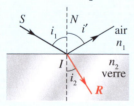

Remarque

La valeur de l'angle i_1 étant donnée avec 2 chiffres significatifs, on garde donc 2 chiffres significatifs pour celle de l'angle i_2.

6 → *Énoncé p. 266*

a)

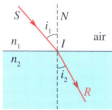

b) D'après la deuxième loi de Snell-Descartes pour la réfraction :

$n_1 \times \sin i_1 = n_2 \times \sin i_2$, d'où : $\sin i_2 = \dfrac{n_1 \times \sin i_1}{n_2}$.

Le milieu 1 est l'air, donc $n_1 = n_{air} = 1{,}0$; le second milieu a pour indice $n_2 = n = 1{,}7$. L'angle d'incidence est $i_1 = 50°$.

$\sin i_2 = \dfrac{1{,}0 \times \sin 50°}{1{,}7} = 0{,}45$.

L'angle de réfraction est : $\boldsymbol{i_2 = 27°}$.
L'angle de réfraction i_2 est plus petit que l'angle d'incidence i_1.
Le rayon réfracté se rapproche de la normale

2. a) Quand $i_1 = 0°$, le rayon incident est confondu avec la normale.

$\sin i_2 = \dfrac{n_1 \times \sin i_1}{n_2}$; $\sin i_2 = \dfrac{1{,}0 \times \sin 0°}{1{,}7} = 0$, d'où : $\boldsymbol{i_2 = 0°}$.

Le rayon n'est pas dévié.

b) Quand $i_1 = 90°$, $\sin i_2 = \dfrac{1{,}0 \times \sin 90°}{1{,}7} = 0{,}59$, d'où : $\boldsymbol{i_2 = 36°}$.

3. Comme $n_2 > n_1$, l'angle d'incidence est toujours plus grand que l'angle de réfraction : $i_2 < i_1$.
Pour chaque rayon d'incidence dont l'angle avec la normale est compris entre 0° et 90°, il existe un rayon réfracté dont l'angle avec la normale est compris entre 0° et 36°.

Point Maths

Pour éviter les calculs intermédiaires arrondis, on peut directement écrire sur la calculatrice :

$\sin^{-1}\left(\dfrac{1{,}0 \times \sin 50°}{1{,}7}\right)$

Le résultat est $\boldsymbol{i_2 = 27°}$.

7 → *Énoncé p. 267*

1.

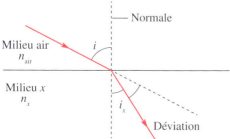

Remarque

La déviation d'un rayon lumineux est la valeur de l'angle formé par la direction du rayon incident et la direction du rayon réfracté.

Appliquons la deuxième loi de Descartes pour la réfraction :

• Pour le liquide 1 (eau) : $n_{air} \times \sin i = n_1 \times \sin i_1$,

• Pour le liquide 2 (cyclohexane) : $n_{air} \times \sin i = n_2 \times \sin i_2$,

• On a donc : $\sin i = \dfrac{n_1 \times \sin i_1}{1,00} = \dfrac{n_2 \times \sin i_2}{1,00}$ d'où $\dfrac{n_2}{n_1} = \dfrac{\sin i_1}{\sin i_2}$

• Si $n_2 > n_1$, alors : $\dfrac{\sin i_1}{\sin i_2} > 1$ et $\sin i_1 > \sin i_2$; donc : $i_1 > i_2$.

L'angle de réfraction i_1 est plus grand donc le rayon réfracté s'écarte davantage de la normale au point d'incidence dans le liquide 1 (eau) et se rapproche de la direction du rayon incident ; il est donc moins dévié.

Le faisceau est plus dévié pour le liquide ayant l'indice de réfraction le plus grand donc pour le cyclohexane.

Remarque

Le phénomène de dispersion par un prisme s'explique par les lois de Snell-Descartes :

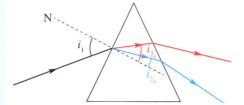

Ainsi le prisme dévie différemment les différentes radiations et peut décomposer la lumière blanche.

2. D'après la deuxième loi de Descartes pour la réfraction :

$n_{air} \times \sin i = n_x \times \sin i_x$, soit : $n_x = \dfrac{n_{air} \times \sin i}{\sin i_x}$; avec $n_{air} = 1,00$.

$n_x = \dfrac{\sin 40,0}{\sin 29,0}$; **$n_x = 1,33$; donc le liquide A est l'eau.**

3. D'après la deuxième loi de Descartes pour la réfraction :

$n_{air} \times \sin i = n_2 \times \sin i_2$, soit : $\sin i_2 = \dfrac{n_{air} \times \sin i}{n_2}$; avec $n_{air} = 1,00$;

$\sin i_2 = \dfrac{\sin 40}{1,43}$; $\sin i_2 = 0,450$.

$i_2 = \arcsin (0,450)$; **$i_2 = 26,7°$.**

8 → *Énoncé p. 268*

1. Le touriste ne peut pas voir la pièce car **aucun des rayons de lumière issus de la pièce ne peut parvenir dans son œil.**

Rappel
Pour être vu, un objet doit envoyer de la lumière dans l'œil de l'observateur.

P

Rappel
La lumière se propage en ligne droite.

2. a) **Les rayons de lumière issus de la pièce subissent une réfraction au passage de l'eau dans l'air**.

b) Angle d'incidence $i_1 = 12°$.
D'après la deuxième loi de Descartes pour la réfraction :

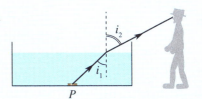

$n_{eau} \times \sin i_1 = n_{air} \times \sin i_2$, soit :

$\sin i_2 = \dfrac{n_{eau} \times \sin i_1}{n_{air}}$; avec $n_{air} = 1,0$

$\sin i_2 = \dfrac{1,3 \times \sin 12}{1,0}$; $\sin i_2 = 0,27$

$i_2 = \arcsin (0,27)$; $\boldsymbol{i_2 = 16°}$.

c) D'après la deuxième loi de Snell-Descartes pour la réfraction :
$n_{eau} \times \sin i_1 = n_{air} \times \sin i_2$
Si $i_1 = 0°$, $\sin i_1 = 0$, donc $\sin i_2 = 0$. **L'angle de réfraction : $i_2 = 0°$.**
Si l'incidence est normale, **le rayon n'est pas dévié** à la traversée entre les deux milieux.

INTERROGATION ÉCRITE

Exercice → *Énoncé p. 269*

1. Lois de Descartes pour la réfraction d'une radiation :
– le rayon réfracté est dans le plan d'incidence (plan formé par le rayon incident et la perpendiculaire à la surface de séparation).
– si le rayon incident se propage dans un milieu d'indice n_1 et le rayon réfracté dans un milieu d'indice n_2, l'angle d'incidence i_1 et l'angle de réfraction i_2 sont liés par la relation : $n_1 \times \sin i_1 = n_2 \times \sin i_2$.

2. Si $i_1 = 0$ alors $\sin i_1 = 0$
et $n_1 \times \sin i_1 = n_2 \times \sin i_2 = 0$
donc $i_2 = 0$.

Remarque

Quand l'angle d'incidence est égal à 0°, le rayon incident est confondu avec la normale. On parle d'incidence normale.

3. Lorsque le rayon de lumière arrive en J, une partie de la lumière est renvoyée dans une direction privilégiée : **c'est le phénomène de réflexion.**

Lorsque le rayon de lumière arrive en J, une partie de la lumière traverse la surface et passe dans l'eau : **c'est le phénomène de réfraction.**

4. a) **L'indice de réfraction du deuxième milieu doit être inférieur à celui du premier milieu rencontré par la lumière : $n_3 < n_2$.**

b) **Angle de réfraction limite :**

$$\sin i_{\text{lim}} = \frac{n_3}{n_2}$$

Remarque

L'angle i_{lim} est un angle d'incidence. Il se calcule en appliquant la relation :
$n_1 \times \sin i_1 = n_2 \times \sin i_2$
avec $i_2 = i_{2\text{max}} = 90°$.

$$\sin i_{\text{lim}} = \frac{1,33}{1,50} \ ; \ \sin i_{\text{lim}} = 0,887$$

et $i_{\text{lim}} = \arcsin(0,887)$; $i_{\text{lim}} = \mathbf{62,5°}$.

Angle d'incidence i_2 en J, dans le triangle rectangle AIJ :

Point Maths

La somme des angles d'un triangle est égale à 180°.

$\widehat{AJI} + 45° + 90° = 180°$; $\widehat{AJI} = 45°$.

$i_2 = 90° - 45°$; $i_2 = \mathbf{45°}$.

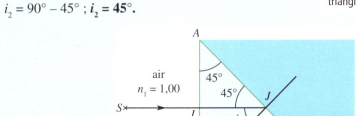

L'angle d'incidence i_2 est inférieur à i_{lim} : il y a donc réfraction et le rayon de lumière pénètre dans l'eau.

Lentilles minces convergentes

CHAPITRE 16

1 Lentilles convergentes

■ **Une lentille** est un milieu transparent limité par deux surfaces dont l'une au moins n'est pas plane. Elle modifie le trajet d'un rayon lumineux par réfraction.
Exemples : une loupe, un verre de lunette.

■ **Une lentille convergente** a une épaisseur plus grande au centre que sur les bords.

■ L'axe de symétrie principal d'une lentille est appelé **axe optique**. Il passe par le **centre optique O.** Elle peut être modélisée par le schéma ci-contre :

$O \quad \Delta$
Axe optique

■ **Une lentille convergente** fait converger un faisceau de lumière parallèle :
– plus la lentille est convergente et plus les rayons de lumière émergents se croisent près de la lentille ;
– plus la lentille est épaisse au centre plus la lentille est convergente.

2 Image donnée par une lentille convergente

■ Des rayons incidents parallèles à l'axe optique convergent en un point F' de l'axe appelé **foyer principal image de la lentille**.
Le point F, symétrique du foyer image F' par rapport au centre optique, est appelé **foyer principal objet**.

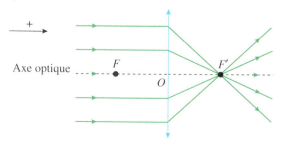

■ La grandeur algébrique $\overline{OF'}$ (notée f') est appelée **distance focale**. Elle est positive sur le schéma en prenant, pour convention, le sens de propagation de la lumière comme sens positif.

■ Plus le foyer principal image F' est proche du centre optique O et plus la lentille est convergente.

■ Une lentille convergente donne, d'un point objet A, un point image A' : **tous les rayons issus de A ressortent de la lentille en passant par A'.**

■ Une lentille convergente permet d'obtenir une image $A'B'$ d'un objet AB.

■ Pour construire l'image $A'B'$ d'un objet plan AB, perpendiculaire à l'axe optique, on utilise trois rayons particuliers :
(1) les rayons passant par le centre optique O ne sont pas déviés ;
(2) les rayons incidents parallèles à l'axe optique émergent en convergeant au foyer principal image F' ;
(3) les rayons incidents passant par le foyer principal objet F émergent parallèlement à l'axe optique.

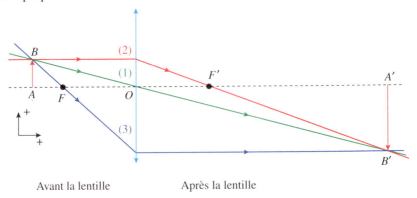

Avant la lentille   Après la lentille

■ Si l'on peut **recueillir l'image $A'B'$ sur un écran, l'image est dite réelle**. C'est le cas lorsque **l'objet est situé avant le foyer objet F.**
L'image $A'B'$ est perpendiculaire à l'axe optique et située après la lentille. Elle est renversée et réelle.

Exemple : un appareil photographique est un système de lentilles permettant d'obtenir d'un objet (arbre, personnage…) une image réelle sur un écran.

3 Formule de grandissement

■ Le grandissement γ est donné par la relation :

$$\gamma = \frac{\overline{A'B'}}{\overline{AB}} = \frac{\overline{OA'}}{\overline{OA}}$$

– Il s'exprime sans unité.
– Dans cette relation, les longueurs sont exprimées dans la même unité. On choisira l'unité légale : le mètre.
– Cette **relation est algébrique**. Les conventions d'orientation doivent être précisées sur les schémas.
– Si γ > 0 alors l'image est droite ;
– Si γ < 0 alors l'image est renversée.

4 Modèle de l'œil

■ On peut donner de l'œil réel un modèle simplifié appelé « œil réduit » :

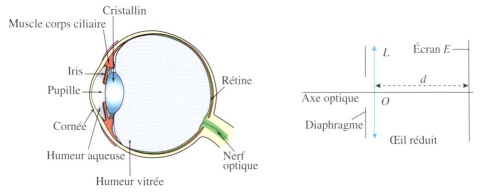

– Une lentille convergente de distance focale f' variable modélise l'ensemble {cornée, humeur aqueuse et cristallin} ;
– Un écran situé à une distance d de la lentille modélise la rétine ;
– Un diaphragme qui permet de limiter l'entrée des rayons lumineux dans le système optique modélise la pupille, d'ouverture variable, et l'iris.

■ **Pour un œil normal, sans défaut de vision**, l'image d'un objet à l'infini se forme **sur la rétine**, sans fatigue de l'œil.

1 Déterminer graphiquement les caractéristiques d'une image

On considère une lentille convergente de distance focale f' égale à 3,0 cm.

À 8,0 cm, à gauche de la lentille, on place un objet plan AB, perpendiculaire à l'axe optique, de hauteur 2,0 cm. On suppose que le sens de propagation de la lumière est de la gauche vers la droite.

1. a) Sur un schéma, représenter la lentille, l'axe optique, les foyers principaux image et objet ainsi que l'objet AB (le point A étant situé sur l'axe optique).

b) En justifiant la construction, tracer le parcours d'au moins deux rayons de lumière issus du point B et traversant la lentille.

c) Déterminer graphiquement l'image B' du point objet B. Justifier.

d) Déterminer la position du point A' image du point objet A et tracer l'image $A'B'$.

2. Mesurer :

a) la distance entre l'image $A'B'$ et la lentille ;

b) la hauteur de l'image.

3. Donner les valeurs algébriques de $\overline{OA}$, $\overline{OA'}$, $\overline{AB}$ et $\overline{A'B'}$.

4. Donner les caractéristiques de cette image.

1. a) et **b)**

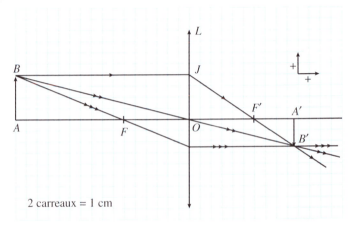

2 carreaux = 1 cm

Les rayons tracés sont tels que :
– **le rayon *BO*, passant par le centre optique, n'est pas dévié ;**
– **le rayon *BJ*, parallèle à l'axe, émerge en passant par le foyer image *F′* ;**
– **le rayon *BF*, passant par le foyer objet, ressort de la lentille parallèlement à l'axe optique.**

c) Tous les rayons issus du point objet *B* passent par le point image *B′*.
L'image *B′* se trouve à l'intersection des rayons émergents de la lentille.

d) *A′* **est le point d'intersection entre l'axe optique et la perpendiculaire à l'axe optique passant par *B′* : il est situé sur l'axe optique.**

2. a) La distance *OA′* est égale à 4,8 cm.
b) L'image *A′B′* mesure 1,2 cm.

3. – Le point *A* est situé avant la lentille. En utilisant l'orientation indiquée sur le schéma, $\overline{OA} < 0$: $\overline{OA}$ **= – 8,0 cm.**
– Le point *A′* est situé après la lentille. En utilisant l'orientation indiquée sur le schéma, $\overline{OA'} > 0$: $\overline{OA'}$ **= 4,8 cm.**
– Le point B est situé au-dessus de l'axe. En utilisant l'orientation indiquée sur le schéma, $\overline{AB} > 0$: $\overline{AB}$ **= 2,0 cm.**
– Le point *B′* est situé au-dessous de l'axe optique. En utilisant l'orientation indiquée sur le schéma, $\overline{A'B'} < 0$: $\overline{A'B'}$ **= – 1,2 cm.**

4. Cette image réelle est renversée et plus petite que l'objet.

À RETENIR

• Tracer deux rayons particuliers peut suffire pour déterminer graphiquement l'image d'un point. Néanmoins, il est conseillé de tracer le troisième pour s'assurer de l'exactitude de la réponse.
• Flécher les rayons pour indiquer le trajet de la lumière.
• Attention aux grandeurs algébriques induites par les sens d'orientation positifs choisis.
• Lorsque les mesures sont réalisées sur du papier millimétré, les distances peuvent être données au millimètre près.
• Tenir compte éventuellement d'une échelle si elle est donnée.
• Donner les caractéristiques de l'image réelle, c'est préciser si cette image est :
– droite ou renversée ;
– plus grande ou plus petite que l'objet.

② Déterminer géométriquement un grandissement

Pour simplifier, on modélise l'œil par une lentille convergente et un écran distants de 17 mm. L'œil observe un objet mesurant 2,0 cm et se trouvant à 25,0 cm.

1. Schématiser la situation, sans souci d'échelle.

2. Calculer le grandissement.

3. Déterminer les caractéristiques et la taille de l'image.

CORRIGÉ COMMENTÉ

1.

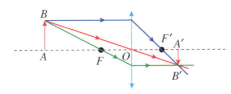

L'image se forme sur la rétine donc $\overline{OA'}$ = 17 mm = 17×10^{-3} m

$\overline{OA}$ = − 25,0 cm = − $25,0 \times 10^{-2}$ m

$\overline{AB}$ = 2,0 cm = $2,0 \times 10^{-2}$ m.

2. La formule de grandissement est :

$$\gamma = \frac{\overline{A'B'}}{\overline{AB}} = \frac{\overline{OA'}}{\overline{OA}}$$

avec $\overline{OA}$ = − $25,0 \times 10^{-2}$ m ; $\overline{OA'}$ = 17×10^{-3} m.

$$\gamma = \frac{17 \times 10^{-3}}{-25,0 \times 10^{-2}} \ ; \gamma = -\textbf{0,068.}$$

3. Calcul de la taille de l'image :

$$\gamma = \frac{\overline{A'B'}}{\overline{AB}} = \frac{\overline{OA'}}{\overline{OA}} \qquad \overline{A'B'} = \frac{\overline{OA'}}{\overline{OA}} \times \overline{AB}$$

$$\overline{A'B'} = \frac{17 \times 10^{-3}}{-25,0 \times 10^{-2}} \times 2,0 \times 10^{-2} = -1,4 \times 10^{-3}\,\text{m}$$

soit $\overline{A'B'}$ = **− 1,4 mm.**

• $\overline{OA'}$ est positive donc l'image se situe après la lentille et elle se forme sur la rétine : **l'image est donc réelle.**

• $\overline{AB}$ et $\overline{A'B'}$ sont de signe contraire ($\gamma < 0$) : **l'image est donc renversée.**

• **L'image est plus petite que l'objet : elle mesure 1,4 mm.**

Point Maths

Théorème de Thalès

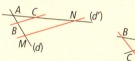

(d) et (d') sont deux droites sécantes en A,
B et M deux points de la droite (d), distincts de A,
C et N deux points de la droite (d'), distincts de A.

Si les droites (BC) et (MN) sont parallèles, alors : $\dfrac{AM}{AB} = \dfrac{AN}{AC} = \dfrac{MN}{BC}$.

Avec la disposition suivante, on a : $\dfrac{OB'}{OB} = \dfrac{OA'}{OA} = \dfrac{A'B'}{AB}$

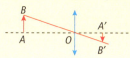

À RETENIR

• La formule de grandissement utilise des grandeurs algébriques.

• Pour une lentille convergente, le sens de propagation de la lumière étant le sens positif :
  • $\overline{OF'}$ est toujours positif ;
  • $\overline{OA}$ est toujours négatif car l'objet est toujours avant la lentille.

• Exploiter tous les renseignements donnés par ces formules.
Si le grandissement est tel que :
  $\gamma > 1$ alors l'image est plus grande que l'objet ;
  $\gamma < 1$ alors l'image est plus petite que l'objet ;
  $\gamma > 0$ alors l'image est droite ;
  $\gamma < 0$ alors l'image est renversée.

Connaître le cours

Pour chaque exercice du *connaître le cours*, indiquer la (ou les) bonne(s) réponse(s) :

1 ⏱ 1 min Lentilles convergentes

	A	B	C
1. Une lentille convergente peut être schématisée par :			
2. Une lentille convergente :	ne dévie pas un rayon de lumière	éloigne les rayons de lumière de l'axe optique	rapproche les rayons de lumière de l'axe optique
3. Une lentille est d'autant plus convergente :	qu'elle est épaisse au centre	que les rayons émergents se croisent près d'elle	que les rayons émergents se croisent loin d'elle

→ Corrigé p. 287

2 ⏱ 3 min Image donnée par une lentille convergente

La figure ci-dessous concerne les questions 1 à 5.

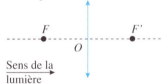

	A	B	C
1. Le centre optique est :	le point F	le point O	le point F'
2. Le foyer image est :	le point F	le point O	le point F'
3. Le foyer objet est :	le point F	le point O	le point F'
4. La distance $\overline{OF'}$ est telle que :	$\overline{OF'} = \overline{OF}$	$\overline{OF'} = -\overline{OF}$	$\overline{OF} > \overline{OF'}$
5. Des rayons incidents parallèles à l'axe optique :	ne sont pas déviés	convergent au point F	convergent au point F'
6. Le trajet d'un rayon passant par F peut être représenté par :			
7. Une image réelle :	est assimilable à l'objet	peut être recueillie sur un écran	peut être vue par l'œil d'un observateur

→ Corrigé p. 287

3 ⏱ 1 min Formule de grandissement

Répondre à la question **1.** à partir du schéma suivant :

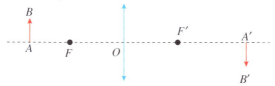

	A	**B**	**C**
1. La relation de grandissement s'exprime par :	$\gamma = \dfrac{\overline{A'B'}}{\overline{AB}}$	$\gamma = \dfrac{\overline{OA'}}{\overline{OA}}$	$\gamma = \dfrac{\overline{OB'}}{\overline{OB}}$
2. Le grandissement :	s'exprime en mètre	n'a pas d'unité	est toujours positif

→ *Corrigé p. 287*

4 ⏱ 2 min Modèle de l'œil

	A	**B**	**C**
1. La rétine peut être assimilée à :	un écran	une lentille	un diaphragme
2. La pupille peut être assimilée à :	un écran	une lentille	un diaphragme
3. Lorsqu'un œil normal observe à l'infini :	il est au repos	l'image ne se forme pas sur la rétine	l'image se forme sur la rétine

→ *Corrigé p. 287*

Appliquer le cours et les savoir-faire

5 ⏱ 10 min ★★
→ COMMENT FAIRE 1

À une distance $OA = 4{,}2$ cm d'une lentille convergente de distance focale 2,5 cm, on place un objet plan AB, de hauteur 1,4 cm, perpendiculairement à l'axe optique. Le point A se trouve sur l'axe optique.

1. Schématiser la situation à l'échelle 1.

2. Construire l'image $A'B'$ de l'objet AB.

3. En déduire graphiquement :

a) la position de l'image ;

b) les caractéristiques de l'image.

→ *Corrigé p. 287*

6 ⏱ **15 min** ★★

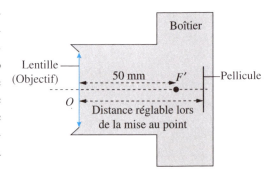

→ **COMMENT FAIRE** **2**

Un appareil photographique argentique « autofocus » effectue automatiquement la mise au point de l'objet. L'objectif d'un appareil photo « 24 × 36 » peut être modélisé par une lentille convergente de distance focale égale à 50 mm. Le dispositif de mise au point règle la distance lentille-pellicule. L'image se forme ainsi sur la pellicule située au fond du boîtier.

1. L'image obtenue est-elle droite ou renversée par rapport à l'objet ? Justifier à l'aide d'un schéma.

2. À quelle distance de l'objectif doit se trouver la pellicule pour que l'image d'un objet lointain (supposé à l'infini) soit nette ?

3. La distance lentille-pellicule augmente-t-elle ou diminue-t-elle si l'on photographie un objet plus proche de l'objectif ? Justifier à l'aide de schéma(s).

4. On photographie un arbre situé à 5,0 m de l'appareil. Déterminer sa hauteur maximale afin que son image ait une taille de 24 mm sur la pellicule :

Données : On admet que la distance lentille-pellicule est de 50 mm.
Le format de la pellicule est 24 mm × 36 mm.

→ *Corrigé p. 287*

S'entraîner au raisonnement

7 ⏱ **10 min** ★★

Le système optique de l'œil est assimilable à une lentille convergente qui permet d'obtenir des images nettes sur la rétine quelle que soit la position des objets observés. La rétine se trouve à 17 mm du cristallin. Lorsque l'œil est au repos, il voit nettement les objets très éloignés.

1. Pour modéliser l'œil, on utilise une lentille convergente, de distance focale 5,0 cm. La représenter sur un schéma en indiquant les positions du centre optique et des foyers image et objet. On utilisera l'échelle horizontale suivante : 1 cm sur le schéma représente 2 cm en réalité et l'échelle verticale suivante : 1 cm sur le schéma représente 1 cm en réalité.

2. Construire l'image d'un objet de 2,0 cm de hauteur et placé à 8,0 cm de cette lentille, perpendiculairement à l'axe optique.

3. Déterminer graphiquement la position de l'image et sa hauteur.

4. Donner les caractéristiques de l'image.

→ Corrigé p. 289

8 ⏱ **15 min** ★★ **D'après Bac**

L'orthokératologie (Ortho-K) est l'élimination ou la réduction temporaire de la myopie grâce à une lentille rigide de forme spéciale. Cette lentille se porte la nuit et remodèle la cornée pendant le sommeil : elle permet d'aplatir légèrement la cornée pour la rendre moins épaisse au centre. Ceci permet une bonne vision pendant la journée, sans recours au port de lunettes ou de lentilles de contact. C'est pourquoi elle est aussi nommée lentille de nuit.

1. On modélise l'œil par le schéma ci-contre :
Identifier à quelles parties de l'œil réel correspondent la lentille et l'écran.

2. a) Reproduire le schéma ci-dessous et le compléter en construisant l'image $A'B'$ de l'objet AB.

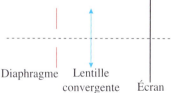

Diaphragme   Lentille
convergente   Écran

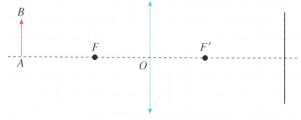

b) Ce schéma correspond à une mauvaise vision de loin (myopie). Pourquoi, en réduisant l'épaisseur de la cornée en son centre, la myopie peut-elle être corrigée ?

3. La vergence d'un patient myope est de 59 δ. Avec la correction par une lentille de nuit, la vergence est ramenée à 57 δ.

À partir des informations fournies, proposer une explication quantitative au mode d'action des lentilles de nuit.

Données : La vergence C d'une lentille est liée à la distance focale f' par la relation suivante : $C = \dfrac{1}{f'}$ avec f' en mètres (m) et C en dioptries (δ).

INTERROGATION ÉCRITE

Exercice ⏱ **20** min **10 points**   **D'après Bac**

Le Soleil ne doit pas être observé à l'œil nu. Pour l'observer sans danger, on réalise un modèle réduit de l'œil dans une boîte en carton avec le matériel suivant : une lentille convergente, un diaphragme et un écran translucide.

	C 2	A 5	R 3	10 points
1. Dans le modèle réduit de l'œil : – Quel est le rôle de la lentille ? de l'écran ? – Que modélise le diaphragme ?	×			/ 1
2. Afin de positionner correctement le matériel dans la boîte en carton, il faut connaître la distance focale de la lentille. Sur la lentille, on peut lire $C = 10\ \delta$. Calculer la valeur de la distance focale de la lentille. **Données :** La vergence C et la distance focale f' sont liées par : $C = \dfrac{1}{f'}$ avec C en dioptrie (δ) et f' en mètre (m).		×		/ 1
3. Pour vérifier la valeur de la distance focale, on utilise une bougie allumée (notée CD) en guise d'objet et on recherche une position pour laquelle l'image de la bougie (notée $C'D'$) est nette sur l'écran. **a)** Placer, sur le schéma ci-dessous, le foyer F' de la lentille en traçant le rayon lumineux adéquat.	×			/ 1
b) À partir du schéma, déterminer la valeur de la distance focale f' de la lentille. Cette valeur est-elle en accord avec celle trouvée à la question **2.** ?		×		/ 1
c) Calculer le grandissement.		×		/ 3
4. On considère que le Soleil est situé à une distance infiniment grande de la lentille. Déterminer la valeur de la distance entre l'écran translucide et la lentille permettant d'obtenir une image nette du Soleil sur l'écran.			×	/ 3

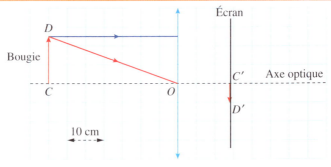

→ *Corrigé p. 290*

1 → *Énoncé p. 282*

1. A ; **2. C** ; **3. A & B**

2 → *Énoncé p. 282*

1. B ; **2. C** ; **3. A** ; **4. B** ; **5. C** ; **6. C** ; **7. B & C**

3 → *Énoncé p. 283*

1. A & B ; **2. B**

4 → *Énoncé p. 283*

1. A ; **2. C** ; **3. A & C**

5 → *Énoncé p. 283*

1. et **2.**

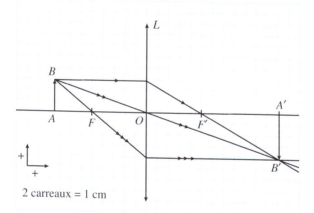

2 carreaux = 1 cm

3. a) Sur le schéma, $OA' = 6,2$ cm.

b) L'image $A'B' = 2,1$ cm ; elle est **réelle, renversée et plus grande que l'objet**.

6 → *Énoncé p. 284*

1. L'image A_1B_1 obtenue est **renversée**.

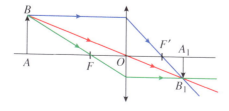

2. L'image d'un objet placé à l'infini **se forme dans le plan focal de l'objectif** c'est-à-dire **le plan perpendiculaire à l'axe et passant par** F'. **La pellicule doit donc se trouver à 50 mm de l'objectif.**

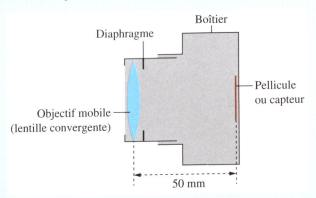

3. Quand on rapproche l'objet de la lentille, l'image réelle s'éloigne de la lentille ; **la distance lentille-pellicule augmente**.

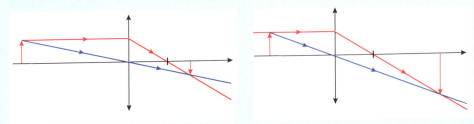

4. La formule de grandissement est :

$$\gamma = \frac{\overline{A_1 B_1}}{\overline{AB}} = \frac{\overline{OA_1}}{\overline{OA}} \quad \text{avec} : \overline{OA_1} = \overline{OF'} = 50 \text{ mm et } \overline{OA} = -5,0 \text{ m.}$$

$$\gamma = \frac{\overline{OA_1}}{\overline{OA}} = \frac{50 \times 10^{-3}}{-5,0} = -1,0 \times 10^{-2}$$

$\gamma < 0$: l'image est renversée et 100 fois plus petite que l'objet.

$$\gamma = \frac{\overline{A_1 B_1}}{\overline{AB}} = -1,0 \times 10^{-2} \quad \text{avec} : \overline{A_1 B_1} = -24 \text{ mm} = -0,024 \text{ m.}$$

$$\overline{AB} = \frac{\overline{A_1 B_1}}{\gamma} = \frac{-0,024}{-1,0 \times 10^{-2}} \quad \text{soit } \overline{AB} = 2,4 \text{ m.}$$

L'objet est 100 fois plus grand que son image donc l'objet AB **mesure 2,4 m.**

7 → *Énoncé p. 284*

1. et **2.**

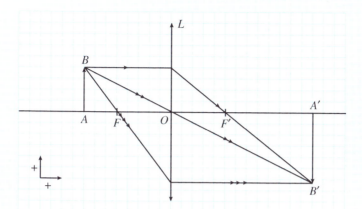

3. On trouve $\overline{OA'}$ = **13,0 cm** et $\overline{A'B'}$ = **3,3 cm**.

4. L'image se situe après la lentille : elle est **réelle, renversée** et **plus grande que l'objet**.

 Conseil

Pour déterminer graphiquement les caractéristiques de l'image, il faut comparer la grandeur algébrique $\overline{A'B'}$ à $\overline{AB}$.

8 → *Énoncé p. 285*

1. La lentille correspond à l'ensemble cornée-cristallin et l'écran correspond à la rétine.

2. a)

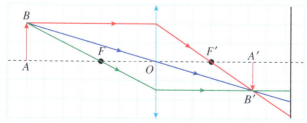

b) La cornée remodelée doit permettre aux rayons lumineux de se croiser plus loin du cristallin, sur la rétine.
Une cornée moins épaisse au centre est moins convergente.

3. La vergence d'un patient **diminue** avec la correction par une lentille de nuit, donc **la distance focale de l'ensemble cornée-cristallin augmente. Les lentilles de nuit ont modifié la courbure de la cornée pour la rendre moins convergente.**

Point Maths

De deux nombres représentés par des écritures fractionnaires de même numérateur, le plus grand est celui dont l'écriture fractionnaire a le plus petit dénominateur.

Exemples : $\dfrac{1}{2} = 0,5$ et $\dfrac{1}{4} = 0,25$ donc $\dfrac{1}{2} > \dfrac{1}{4}$

Ainsi : $\dfrac{1}{57} > \dfrac{1}{59}$

INTERROGATION ÉCRITE

Exercice → *Énoncé p. 286*

1. Une lentille a pour fonction de former une image ; l'écran a pour fonction de recevoir l'image ; un diaphragme modélise l'ensemble iris-pupille.

2. Calcul de la distance focale :

$f' = \dfrac{1}{C} = \dfrac{1}{10}$; $f' = \mathbf{0,10\ m.}$

3. a) et **b)** Soit sur le schéma :

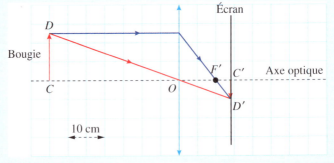

La distance focale trouvée sur le schéma est $f' = 10$ cm = **0,10 m**. Elle est en accord avec le résultat trouvé par le calcul.

c) Calcul du grandissement : $\gamma = \dfrac{\overline{OC'}}{\overline{OC}} = \dfrac{14\ \text{cm}}{-35\ \text{cm}}$; $\gamma = -\,\mathbf{0,40}$.

$\gamma < 1$ alors l'image est plus petite que l'objet ;

$\gamma < 0$ alors l'image est renversée.

4. Le Soleil étant situé à une distance infiniment grande de la lentille, on considère que les rayons du Soleil sont pratiquement parallèles.

L'image d'un objet à l'infini donnée par une lentille convergente se situe au foyer image. **La distance entre la lentille et l'écran est donc égale à la distance focale soit 10 cm.**

Signaux et capteurs

CHAPITRE 17

1 Circuits électriques et leur schématisation (Rappels de collège)

■ Un **circuit électrique** est une **association de composants électriques en série ou en dérivation.**

■ Pour schématiser un circuit électrique, on représente symboliquement les différents dipôles :

Générateur	Fil conducteur	Interrupteur		Conducteur ohmique	Lampe	Diode	Diode électro-luminescente (DEL)	Moteur
		ouvert	fermé					
⊣⊢	—	—•⁄•—	—•‿•—	—▭—	⊗	▷⊢	▷⊢	Ⓜ

■ Tout point d'un circuit qui relie plus de deux dipôles est un **nœud**.

■ Toute portion de circuit entre deux nœuds constitue une **branche** du circuit.

■ Toute boucle pouvant être tracée au sein d'un circuit est appelée **maille**.

Exemple :

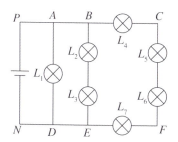

- Les points *A*, *B*, *E* et *D* sont des nœuds.
- Les portions *APND*, *AD*, *BE* et *BCFE* sont des branches du circuit.
- Les boucles *PADNP*, *ABEDA* et *ACFDA* sont des mailles du circuit.
- L_2 et L_3 sont en série ainsi que L_4, L_5, L_7 et L_6.
- L_1 et le générateur sont en dérivation.

2 | Lois relatives aux intensités électriques

■ **L'intensité du courant électrique** s'exprime en **ampère** (A) et peut se noter *I*.

■ Par convention, à l'extérieur du générateur, le courant électrique circule **de la borne positive du générateur vers sa borne négative**.

■ L'intensité du courant électrique se mesure avec un **ampèremètre associé en série** dans le circuit avec les dipôles pour lesquels on souhaite connaître l'intensité du courant qui les traverse.
Exemple :

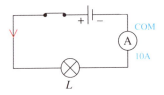

■ Dans un circuit ne comportant qu'une seule maille, l'intensité du courant électrique est la même en tout point du circuit.

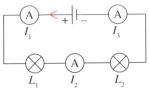

$$I_1 = I_2 = I_3$$

■ **Loi des nœuds** : dans un circuit constitué de plusieurs mailles, la somme des intensités des courants qui arrivent à un nœud est égale à la somme des intensités des courants qui en repartent.
Exemple : $I_1 + I_2 = I_3$

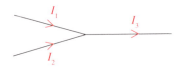

3 | Lois relatives aux tensions électriques

■ La **tension électrique** s'exprime en **volt** (V) et peut se noter *U*.

■ La tension électrique entre deux points *A* et *B* d'un circuit est représentée, par convention, par une **flèche**.

Exemple :

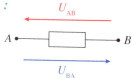

Les tensions U_{AB} et U_{BA} sont telles que :

$$U_{AB} = -U_{BA}$$

■ La tension électrique est une **grandeur algébrique** : elle peut être positive ou négative.

■ La tension se mesure avec un **voltmètre** branché en dérivation entre les bornes du dipôle étudié.

Exemple :

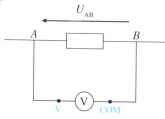

Dans ces conditions, l'appareil mesure la tension U_{AB}.

■ **Il existe une tension entre les bornes d'un générateur** en fonctionnement même si le circuit est ouvert.

■ **La tension entre les bornes d'un fil de connexion** ou d'un interrupteur fermé est considérée comme **nulle**.

■ Les tensions électriques entre les bornes de dipôles en dérivation sont identiques.

Exemple :

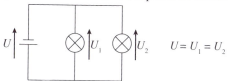

$$U = U_1 = U_2$$

■ **Loi des mailles** : la somme algébrique des tensions électriques entre les bornes de dipôles, associés dans la même maille d'un circuit, est nulle.

■ L'application de cette loi nécessite de **choisir un sens de parcours de la maille**.

Exemple :

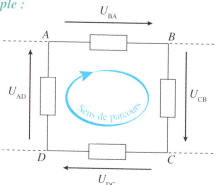

Dans ces conditions :
$$U_{AD} + U_{BA} + U_{CB} + U_{DC} = 0 \text{ V.}$$

COURS

4 Loi d'Ohm

■ Un **conducteur ohmique** est caractérisé par sa **résistance R** qui s'exprime en **ohm** (Ω) et qui se mesure avec un **ohmmètre**.

■ **Loi d'Ohm :** la tension entre les bornes d'un conducteur ohmique est proportionnelle à l'intensité du courant qui le traverse.

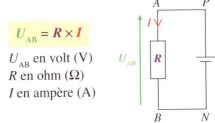

$$U_{AB} = R \times I$$

U_{AB} en volt (V)
R en ohm (Ω)
I en ampère (A)

■ La **caractéristique tension-intensité** $U = f(I)$ d'un conducteur ohmique est une droite passant par l'origine et de coefficient directeur R.

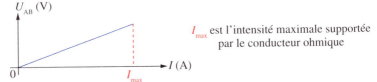

I_{max} est l'intensité maximale supportée par le conducteur ohmique

5 Capteurs

■ Les **capteurs** sont des dispositifs qui permettent de mesurer des grandeurs physiques telles que la température, la luminosité, la pression…

■ Leur **résistance** varie en fonction de la grandeur physique étudiée.

■ Ils sont utilisés dans des objets présents dans les cuisines, les dispositifs de sécurité, les climatisations, l'automobile, les consoles de jeu…

Exemple : La température de l'eau d'un lave-linge lors d'un cycle de lavage est contrôlée avec une thermistance (sa résistance varie en fonction de la température). La courbe ci-contre est représentative de cette variation.

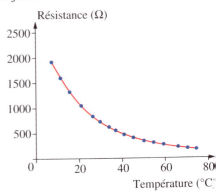

COMMENT FAIRE

1 Exploiter le schéma d'un circuit électrique

1. Identifier les différents dipôles représentés dans le circuit schématisé ci-dessous :

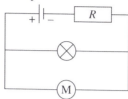

2. Identifier les dipôles en série et les dipôles en dérivation.
3. Représenter le sens conventionnel du courant dans chaque branche du circuit.
4. Placer un ampèremètre permettant de mesurer l'intensité du courant qui traverse le conducteur ohmique en précisant les bornes de branchement de l'appareil.
5. Représenter, par une flèche, la tension électrique U_{PN} entre les bornes du générateur.
6. Schématiser les branchements d'un voltmètre permettant de mesurer cette tension.

CORRIGÉ COMMENTÉ

1. Le circuit est composé d'un **générateur**, d'un **conducteur ohmique**, d'une **lampe** et d'un **moteur**.

2. **Le générateur et le conducteur ohmique** sont associés en **série**. La **lampe et le moteur** sont associés en **dérivation**.

3.

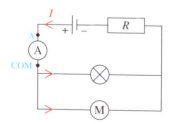

> **Conseil**
> Il faut identifier la borne positive du générateur.

4. **L'ampèremètre doit être branché en série** avec le générateur et le conducteur ohmique (voir ci-dessus).

5. **Voir ci-contre**.

6. **Le voltmètre doit être branché en dérivation** en associant la borne V de l'ohmmètre à la borne positive du générateur et la borne COM à la borne négative.

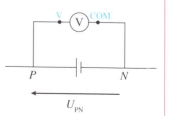

• Connaître les symboles normalisés des dipôles usuels (générateur, lampe, moteur, conducteur ohmique, diode).
• Savoir que dans un circuit électrique le courant circule toujours de la borne positive du générateur vers la borne négative.
• Brancher l'ampèremètre en série en utilisant les bornes A et COM.
• Brancher le voltmètre en dérivation entre les bornes du dipôle étudié en utilisant les bornes V et COM.

2 ▶ Appliquer la loi des nœuds

EXERCICE TYPE

On considère le circuit électrique schématisé ci-dessous :

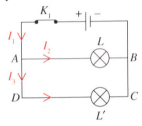

1. Identifier les nœuds du circuit.
2. Appliquer la loi des nœuds pour établir une relation entre les intensités I_1, I_2 et I_3.
3. Calculer l'intensité du courant qui traverse la lampe sachant que :
$I_1 = 0,9$ A et $I_2 = 0,5$ A.

CORRIGÉ COMMENTÉ

1. Ce circuit possède 2 nœuds notés A et B.
2. D'après **la loi des nœuds appliquée en** A, on peut écrire que :
$I_1 = I_2 + I_3$.
3. On a donc : $I_3 = I_1 - I_2 = 0,9 - 0,5$;
$I_3 = \mathbf{0,2}$ **A.**

> **Rappel**
> Seuls les points A et B sont des nœuds car un nœud relie plus de deux dipôles ; C et D n'en relient que deux chacun.

• Identifier les nœuds d'un circuit.
• Représenter les courants électriques au niveau des nœuds avant d'appliquer la loi des nœuds.

3 Exploiter la loi des mailles

Plusieurs conducteurs ohmiques sont associés de la façon suivante :

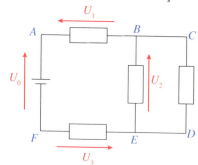

1. Établir une relation simple entre U_0, U_1, U_2 et U_3.
2. Calculer la tension U_{CD}.
Données : $U_0 = 12$ V, $U_1 = 5$ V et $U_3 = 4$ V.

1. Considérons la **maille** *ABEFA* : d'après la loi des mailles et en choisissant de parcourir la maille *ABEFA* dans le sens représenté sur le schéma, on peut écrire :
$U_{AF} + U_{BA} + U_{EB} + U_{FE} = 0$ **V.**

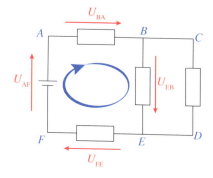

Rappel

Il faut toujours choisir un sens de parcours de la maille ; ici, ce sens de parcours est pris dans le sens des aiguilles d'une montre.

D'après le schéma de l'énoncé :
$U_1 = U_{AB} = -U_{BA}$
$U_2 = U_{BE} = -U_{EB}$
$U_3 = U_{EF} = -U_{FE}$
Donc : $U_0 - U_1 - U_2 - U_3 = 0$ **V.**

2. D'après le schéma, on trouve que $U_{CD} = U_{BE} = U_2$. La réponse à la question précédente conduit à : $U_2 = U_0 - U_1 - U_3 = 12 - 5 - 4$; $U_2 = \mathbf{3\ V}$.

Rappel

Les tensions électriques entre les bornes de dipôles en dérivation sont identiques.

À RETENIR

• Identifier les différentes mailles d'un circuit et choisir celle qui permet de calculer la tension demandée dans l'énoncé.
• Choisir un sens de parcours de la maille.
• Si elles ne sont pas imposées par l'énoncé, attribuer des lettres aux différentes portions du circuit.
• Pour éviter de se tromper, appliquer la loi des mailles avec les lettres attribuées avant de remplacer les tensions par celles imposées par l'énoncé.

4 ▶ Connaître et exploiter la loi d'Ohm

EXERCICE TYPE

L'étude du fonctionnement d'un conducteur ohmique a permis d'obtenir le graphe suivant :

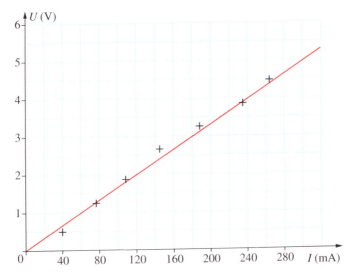

1. Déterminer la résistance de ce conducteur ohmique.
2. Calculer la valeur de l'intensité du courant qui le traverse lorsque la tension entre ses bornes est égale à 10 V.

CORRIGÉ COMMENTÉ

1. La résistance de ce conducteur ohmique correspond au **coefficient directeur de cette droite passant par l'origine**.

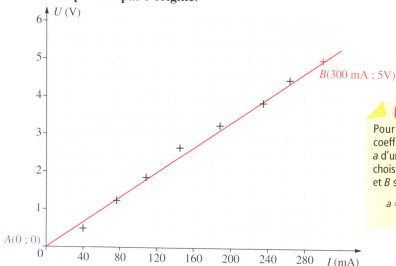

Point Maths

Pour calculer le coefficient directeur a d'une droite, il faut choisir deux points A et B sur la droite :

$$a = \frac{y_B - y_A}{x_B - x_A}.$$

Les tensions doivent être exprimées en volt et les intensités en ampère pour déterminer la résistance R.

$$R = \frac{U_B - U_A}{I_B - I_A} = \frac{5,0 - 0}{0,300 - 0} \; ; \; R = 17 \; \Omega.$$

2. Ce dipôle est un conducteur ohmique. En appliquant la loi d'Ohm, la tension entre ses bornes est telle que $U = R \times I$ soit : $I = \dfrac{U}{R}$.

Lorsque U est égale à 10 V, l'intensité du courant qui le traverse I a donc pour valeur :

$$I = \frac{10}{17} \; ; \; I = 0,60 \; A.$$

Rappel

Pour le calcul de la valeur de la résistance, la calculette affiche 16,6666... Le nombre de chiffres significatifs (deux) impose d'écrire 17 Ω comme résultat. Mais, lors du calcul de l'intensité, il faut garder tous les chiffres de la calculette ; ce qui revient à calculer :

$$I = \frac{10}{\frac{5,0 - 0}{0,300 - 0}} = 0,60 \; A$$

Si on avait calculé $I = \dfrac{10}{17}$, on aurait trouvé : 0,59 A.

À RETENIR

• Pour calculer le coefficient directeur d'une droite, choisir deux points éloignés l'un de l'autre ; ces deux points appartenant à la droite ne doivent pas être des points expérimentaux.

• Lors de calculs enchaînés, conserver tous les chiffres significatifs de la calculette jusqu'au résultat final.

• En revanche, les résultats des calculs devront être écrits en tenant compte du nombre de chiffres significatifs imposé par les données de l'énoncé.

⑤ Exploiter la courbe d'étalonnage d'un capteur résistif

La PT100 est une sonde de température.
Le capteur est vendu avec la caractéristique reproduite ci-dessous :

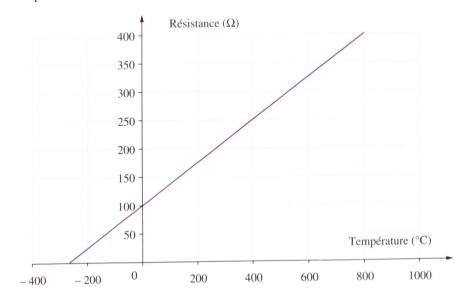

1. Commenter les variations de la résistance du capteur lorsque la température augmente.

2. Déterminer la valeur de la résistance de la sonde à une température de 400°C.

3. La caractéristique est une droite d'équation $R = a \times T + b$. Déterminer les valeurs de a et b en exploitant le graphe.

4. À partir de cette relation, en déduire la température de la sonde lorsque sa résistance est de 25 Ω. Vérifier graphiquement le résultat.

CORRIGÉ COMMENTÉ

1. La résistance augmente lorsque la température augmente.

2. À 400 °C, la résistance du capteur a pour valeur **$R = 250$ Ω**.

3. Cette caractéristique est une droite d'équation $R = a \times T + b$.
a est le coefficient directeur de cette droite et b son ordonnée à l'origine.
En choisissant deux points M et N sur le graphe :

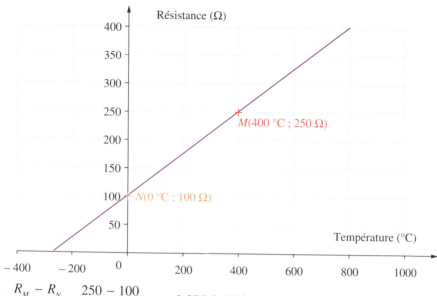

$$a = \frac{R_M - R_N}{T_M - T_N} = \frac{250 - 100}{400 - 0} \; ; a = \mathbf{0{,}375 \; \Omega.°C^{-1}}.$$

L'ordonnée à l'origine est : $b = 100 \; \Omega$.
La relation s'écrit : $R = 0{,}375 \times T + 100$.

4. Pour une valeur donnée de la résistance, en transformant la relation ci-dessus :
$$T = \frac{R - 100}{0{,}375} \; .$$

Lorsque $R = 25 \; \Omega$, $T = \dfrac{25 - 100}{0{,}375}$;
$T = -200$ °C.

Ce résultat est conforme à la valeur lue sur la courbe.

À RETENIR

• Une fonction linéaire est de la forme $f(x) = ax$ où a est un nombre réel appelé coefficient directeur ou coefficient de proportionnalité ou pente.
• La représentation graphique d'une fonction linéaire est une droite qui passe par l'origine du repère.
• Une fonction affine est une fonction de la forme $f(x) = ax + b$ où a est un nombre réel appelé coefficient directeur ou coefficient de proportionnalité ou pente, et b l'ordonnée à l'origine.
• La représentation graphique d'une fonction linéaire est une droite qui ne passe pas par l'origine.

EXERCICES

Connaître le cours

Pour chaque exercice du *connaître le cours*, indiquer la (ou les) bonne(s) réponse(s) :

1 ⏱ 3 min Circuits électriques et leur schématisation

	A	B	C
1. Le symbole ci-dessous est celui 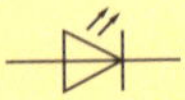 :	d'un générateur	d'un conducteur ohmique	d'une diode électrolumines-cente
2. Dans le circuit électrique ci-dessous : 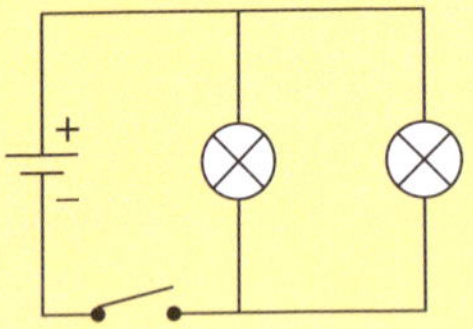	la pile et l'interrupteur sont en série	les deux lampes sont en série	les deux lampes sont en dérivation

→ *Corrigé p. 310*

2 ⏱ 5 min Lois relatives aux intensités

	A	B	C
1. L'unité de l'intensité du courant électrique est :	l'ampère (A)	le volt (V)	l'ohm (Ω)
2. Un ampèremètre :	se branche en série	se branche en dérivation	peut indiquer une mesure négative si ses bornes de branchement sont inversées
3. D'après la figure ci-dessous : 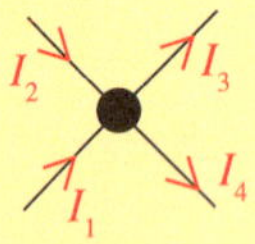	$I_1 = I_2 + I_3 + I_4$	$I_1 + I_2 = I_3 + I_4$	$I_1 + I_2 + I_3 + I_4 = 0$
4. Dans le circuit ci-dessous : 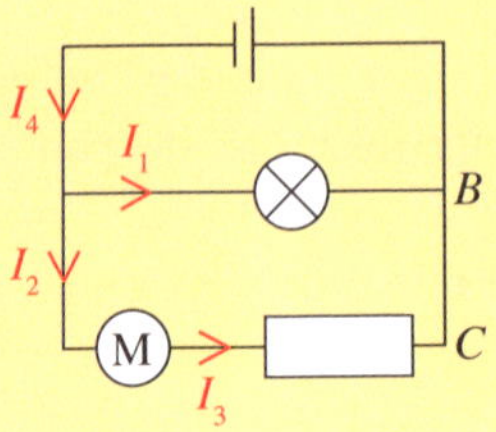	$I_4 = I_2$	$I_2 = I_3$	$I_4 = I_1 + I_3$

→ *Corrigé p. 310*

3 ⏱ **10 min** **Lois relatives aux tensions électriques**

	A	B	C
1. La tension électrique :	s'exprime en volt (V)	se mesure avec un voltmètre branché en série avec le dipôle étudié	se mesure avec un voltmètre branché en dérivation aux bornes du dipôle étudié
2. La flèche ci-dessous  :	représente la tension U_{AB}	représente la tension U_{BA}	représente le sens de circulation du courant électrique qui traverse le dipôle AB
3. L'appareil 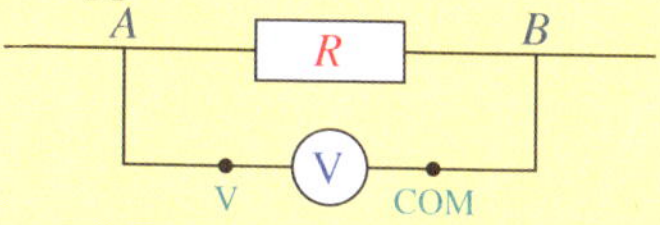 :	mesure la tension U_{AB}	mesure la tension U_{BA}	est branché en série avec le dipôle AB
4. D'après le schéma ci-dessous 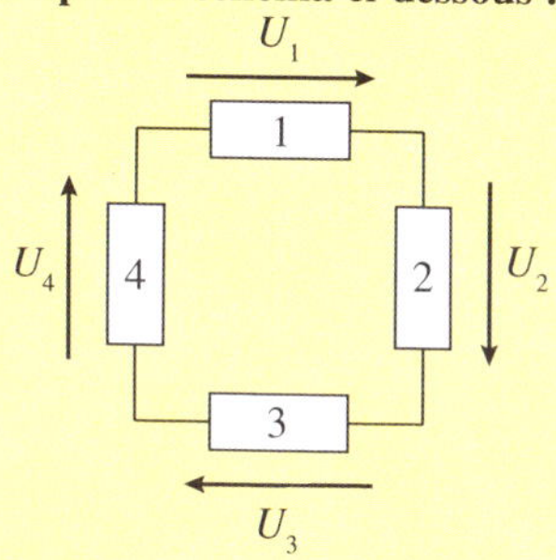 :	$U_1 - U_2 + U_3 - U_4 = 0$	$U_1 + U_2 + U_3 + U_4 = 0$	$U_1 + U_3 = U_2 + U_4$
5. Le circuit schématisé ci-dessous contient 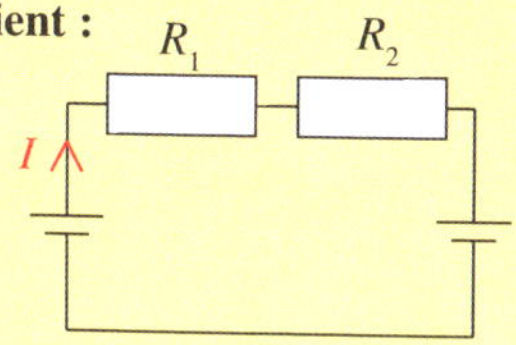 :	deux mailles	trois mailles	une seule maille
6. Dans le circuit schématisé ci-dessous 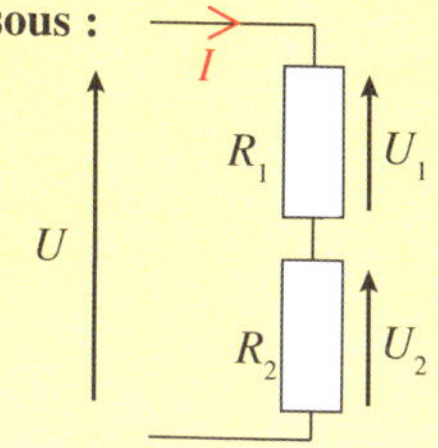 :	$U_1 = U_2$	$U = U_1 + U_2$	$U + U_1 + U_2 = 0 \text{ V}$

→ *Corrigé p. 310*

4 ⏱ **5** min Loi d'Ohm

	A	B	C
1. En notant U la tension aux bornes d'un conducteur ohmique, I l'intensité du courant qui le traverse et R sa résistance, la loi d'Ohm s'écrit :	$U = R \times I$	$I = R \times U$	$U = \dfrac{R}{I}$
2. La caractéristique $U = f(I)$ d'un conducteur ohmique :	est une droite passant par l'origine du repère	est une droite ne passant pas par l'origine du repère	n'est pas une droite
3. La valeur de la résistance du conducteur ohmique, dont la caractéristique tension-intensité est représentée ci-dessous, est égale à 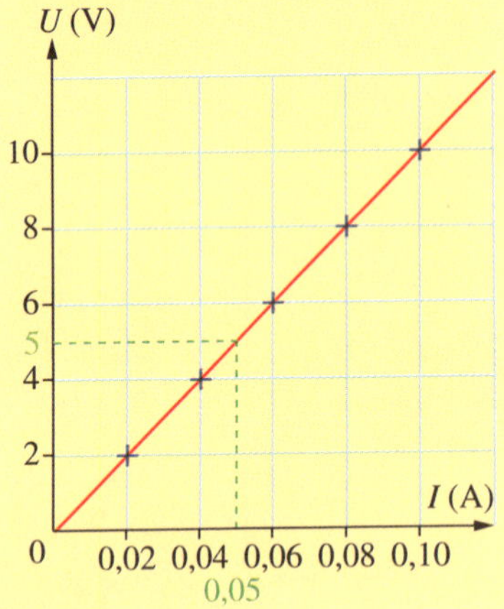 :	0,1 Ω	10 Ω	100 Ω

➔ Corrigé p. 310

5 ⏱ **5** min Capteurs

	A	B	C
1. La courbe tracée ci-dessous 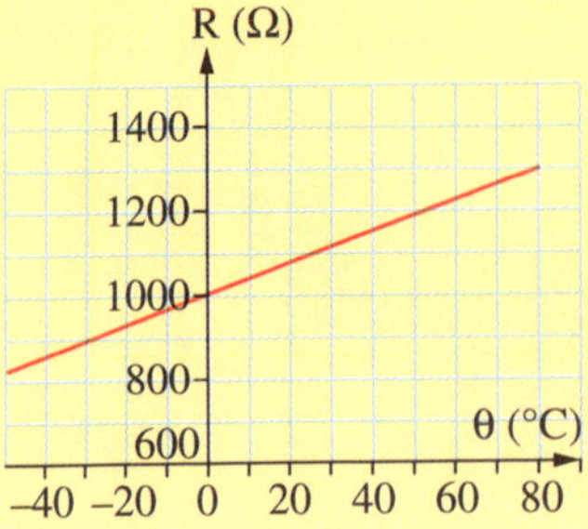 :	correspond à celle d'un capteur de température	correspond à celle d'un capteur de pression	indiquent les variations de la résistance d'un capteur en fonction de la température

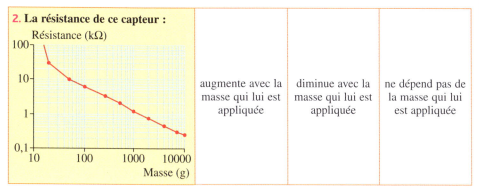

2. La résistance de ce capteur :

	augmente avec la masse qui lui est appliquée	diminue avec la masse qui lui est appliquée	ne dépend pas de la masse qui lui est appliquée

→ *Corrigé p. 310*

Appliquer le cours et les savoir-faire

6  **10** min ★ → COMMENT FAIRE **1**

On considère le circuit schématisé ci-contre :
1. Identifier les différents dipôles qui composent ce circuit.
2. Identifier les dipôles associés en série et les dipôles associés en dérivation.
3. Reproduire le schéma puis représenter le sens conventionnel du courant dans chacune des branches du circuit.
4. Insérer un ampèremètre permettant de mesurer l'intensité du courant électrique qui traverse la lampe et la diode.

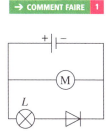

→ *Corrigé p. 310*

7  **10** min ★ → COMMENT FAIRE **2**

On considère le circuit schématisé ci-contre.
1. Calculer l'intensité du courant qui traverse le conducteur ohmique sachant que le générateur délivre un courant d'intensité $I = 100$ mA et que la lampe est traversée par un courant électrique d'intensité 20 mA.
2. Calculer la tension électrique entre les bornes du conducteur ohmique sachant que sa résistance R est égale à 50 Ω.

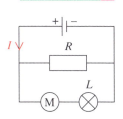

→ *Corrigé p. 310*

→ COMMENT FAIRE 3

8 ⏱ **10** min ★★

On considère le montage schématisé ci-dessous pour lequel :
$U_{AB} = 4$ V, $U_{ED} = -3$ V, $U_{BC} = 2$ V et $U_{CD} = 5$ V.

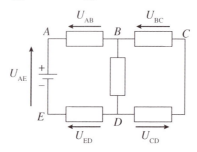

1. Calculer les tensions U_{AE} et U_{BD}.
2. Représenter les branchements d'un voltmètre permettant de mesurer U_{BD}.

→ Corrigé p. 311

→ COMMENT FAIRE 4

9 ⏱ **15** min ★

On réalise le montage dont le schéma est proposé ci-dessous :

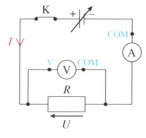

Les mesures suivantes ont été réalisées :

U (V)	0	2,4	5,0	7,1	10
I (A)	0	0,024	0,051	0,072	0,099

1. Tracer la caractéristique tension-intensité $U = f(I)$ de ce conducteur ohmique.
2. En déduire la valeur de sa résistance.
3. Déterminer la valeur de la tension entre ses bornes s'il est traversé par un courant d'intensité $I = 125$ mA.

→ Corrigé p. 311

10 ⏱ **10 min** ★

→ **COMMENT FAIRE** 5

Le graphe ci-dessous est fourni par un fabricant de capteurs résistifs.

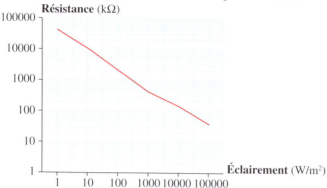

1. Quelle grandeur physique ce capteur permet-il de mesurer ?

2. Comment varie la résistance de ce capteur en fonction de la grandeur mesurée ?

3. Déterminer la valeur de la résistance de ce capteur lorsqu'il est soumis à un éclairement de 100 W.m⁻².

4. En déduire la valeur de la tension électrique entre ses bornes s'il est parcouru par un courant d'intensité $I = 10$ mA.

→ *Corrigé p. 312*

S'entraîner au raisonnement

11 ⏱ **15 min** ★★★

On considère le dispositif schématisé ci-dessous pour lequel :
$U_1 = 9{,}0$ V ; $U_2 = 2{,}0$ V ; $R_1 = R_2 = 47$ Ω et $R_3 = 10$ Ω . On appelle I_1 l'intensité du courant traversant le conducteur ohmique R_1, I_2 l'intensité du courant traversant le conducteur ohmique R_2 et I_3 celle traversant les conducteurs ohmiques R_3 et R_4.

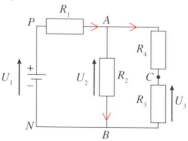

Calculer les valeurs des intensités I_1, I_2 et I_3 puis celle de la résistance R_4.

→ *Corrigé p. 312*

Les LDR (*Light Dépendant Resistor*) sont utilisées dans la conception des détecteurs de lumière. Des mesures ont été effectuées pour étudier les variations de la résistance d'une LDR en fonction de l'éclairement E.

Les résultats suivants ont été obtenus :

E (lux)	90	200	410	850	980	1800	2 700	3 800	4 500
R (Ω)	3 500	1 700	900	500	470	270	210	170	140

1. Représenter le graphe $E = f(R)$.

2. Commenter les variations de la résistance de cette cellule.

3. Dans le dispositif électronique qui commande un détecteur de lumière, cette LDR est soumise à une tension de 10 V. Calculer l'intensité du courant qui la traverse lorsqu'elle est soumise à un éclairement de 2 000 lux.

→ *Corrigé p. 313*

Exercice ⏱ **15 min** **10 points**

On considère le circuit schématisé ci-dessous. Le dipôle *DE* est un capteur de température.

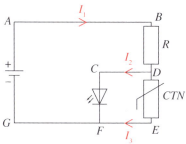

Données : $U_{AG} = 5$ V, $R = 100$ Ω.

	C 3	A 5	R 2	10 points
1. Comment se nomme la loi qui relie les intensités des courants électriques dans chaque branche du circuit ?	×			/ 1
2. Identifier les différents nœuds du circuit.	×			/ 2
3. Représenter les tensions électriques U_{AG}, U_{BD}, U_{CF} et U_{DE}.		×		/ 2
4. En utilisant la loi des mailles, calculer la valeur de la tension U_{BD} lorsque $U_{CF} = 1,5$ V.		×		/ 2
5. En déduire la valeur de l'intensité du courant délivré par le générateur.		×		/ 1
6. Calculer la résistance du capteur en admettant que dans ces conditions, l'intensité du courant qui traverse la diode électroluminescente est égale à 25 mA.			×	/ 2

➜ Corrigé p. 314

CORRIGÉS

1 → *Énoncé p. 302*

1. C ; **2.** A & C

2 → *Énoncé p. 302*

1. A ; **2.** A & C ; **3.** B ; **4.** B & C

3 → *Énoncé p. 303*

1. A & C ; **2.** A ; **3.** A ; **4.** B ; **5.** C ; **6.** B

4 → *Énoncé p. 304*

1. A ; **2.** A ; **3.** C

5 → *Énoncé p. 304*

1. A & C ; **2.** B

6 → *Énoncé p. 305*

1. Ce circuit est composé d'un **générateur**, d'un **moteur**, d'une **lampe**, d'une **diode** et de **fils de connexion.**
2. La lampe et la diode sont les seuls dipôles en série.
Le moteur et le générateur sont en dérivation.
L'association lampe/diode est en dérivation avec le moteur et le générateur.
3. et **4.**

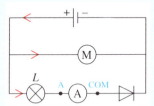

> ▶ **Remarque**
> Le moteur est en dérivation avec l'association série constituée par la diode et la lampe. Il est en dérivation avec le générateur.

7 → *Énoncé p. 305*

1. Soit I_1 l'intensité qui traverse le conducteur ohmique et I_2 celle qui traverse la lampe et le moteur (voir schéma ci-contre). D'après la loi des nœuds au point A, on peut écrire : $I = I_1 + I_2$.
Soit : $I_1 = I - I_2 = 100 - 20$;
$I_1 = \textbf{80 mA.}$
2. D'après la loi d'Ohm : $U = R \times I_1 = 50 \times 0{,}080$; $U = \textbf{4,0 V.}$

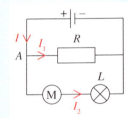

8 → *Énoncé p. 306*

1. En parcourant les mailles *ABDEA* et *BCDB* dans le sens indiqué sur le schéma ci-dessous, on peut établir les équations de mailles ci-dessous :

• $U_{AE} - U_{AB} - U_{BD} + U_{ED} = 0$ V.

• $U_{BD} - U_{BC} - U_{CD} = 0$ V.

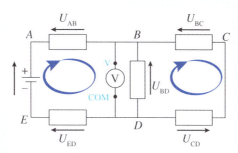

On peut ainsi calculer U_{BD} et U_{AE}.

$U_{BD} = U_{BC} + U_{CD} = 2 + 5$; $\mathbf{U_{BD} = 7\ V}$.

$U_{AE} = U_{AB} + U_{BD} - U_{ED} = 4 + 7 - (-3)$; $\mathbf{U_{AE} = 14\ V}$.

2. Voir schéma ci-dessus. Le voltmètre doit être branché en dérivation.

9 → *Énoncé p. 306*

1. Soit $U = f(I)$:

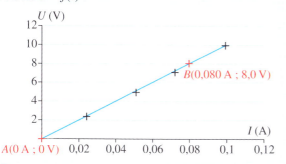

Remarque

Exceptionnellement, le point expérimental (0,0) a été pris pour déterminer la valeur du coefficient directeur ; c'est le seul point dont on est sûr de la valeur.

2. La résistance de ce conducteur ohmique correspond au coefficient directeur de la droite obtenue. En choisissant deux points *A* et *B* de la caractéristique :

$R = \dfrac{U_B - U_A}{I_B - I_A} = \dfrac{8,0 - 0}{0,080 - 0}$; $\mathbf{R = 1,0 \times 10^2\ \Omega}$.

Point Maths

Pour calculer le coefficient directeur *a* d'une droite, il faut choisir deux points *A* et *B* sur la droite :

$$a = \dfrac{y_B - y_A}{x_B - x_A}$$

3. Si l'intensité du courant qui traverse ce conducteur ohmique $I = 125$ mA $= 0,125$ A, alors la tension électrique entre ses bornes est $U = R \times I = 0,125 \times 1,0 \times 10^2$; $\mathbf{U = 13\ V}$.

10 → *Énoncé p. 307*

1. Il s'agit d'un **capteur sensible à l'éclairement**.

2. **La résistance de ce capteur diminue** lorsque l'éclairement augmente.

3. Les axes ne sont pas gradués avec des échelles linéaires. Il y a cependant 10 graduations entre chaque valeur sur l'axe des ordonnées. La résistance de ce capteur aura pour valeur $R = 2\,000\ \Omega$ **lorsque l'éclairement est de 100 W.m^{-2}.**

> ⚠ **Conseil**
> Convertir les intensités en A :
> 1 mA = 10^{-3} A.

4. En appliquant la loi d'Ohm, la tension entre ses bornes a pour valeur :
$U = R \times I = 2\,000 \times 0{,}010$; $U = 20\ \text{V.}$

11 → *Énoncé p. 307*

En parcourant la maille *PABNP* dans le sens indiqué sur le schéma ci-dessous, on peut établir la relation suivante : $U_{PN} + U_{AP} + U_{BA} + U_{NB} = 0$
Soit : $U_1 - U_{PA} - U_2 = 0\ \text{V}.$

$U_{PN} = U_1$
$U_{BA} = -U_2$

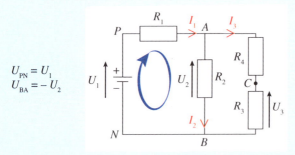

> ⚠ **Conseil**
> Attribuer des lettres sur le schéma du circuit.

Cela permet de calculer $U_{PA} = U_1 - U_2 = 9{,}0 - 2{,}0$; $U_{PA} = 7{,}0\ \text{V.}$

En appliquant la loi d'Ohm au conducteur ohmique R_1 placé entre les points *P* et *A* :

$U_{PA} = R_1 \times I_1$ soit : $I_1 = \dfrac{U_{PA}}{R_1} = \dfrac{7{,}0}{47}$; $I_1 = 0{,}15\ \text{A.}$

De la même façon pour le conducteur ohmique R_2 :

$I_2 = \dfrac{U_2}{R_2} = \dfrac{2{,}0}{47}$; $I_2 = 0{,}042\ \text{A}.$

En appliquant la loi des nœuds au point *A* : $I_1 = I_2 + I_3$;
On a donc : $I_3 = I_1 - I_2 = 0{,}15 - 0{,}042$; $I_3 = 0{,}11\ \text{A}.$

D'après la loi d'Ohm appliquée au conducteur ohmique R_3 :
$U_3 = R_3 \times I_3 = 10 \times 0{,}11$; $U_3 = 1{,}1\ \text{V.}$

En parcourant la maille *BACB* dans le même sens que la question précédente, on peut écrire : $U_{AB} + U_{CA} + U_{BC} = 0\ \text{V}$ (voir schéma ci-dessus).

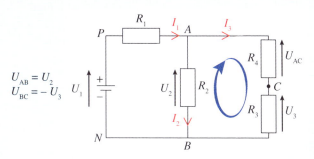

Soit : $U_2 - U_{AC} - U_3 = 0$ V. D'où $U_{AC} = U_2 - U_3 = 2{,}0 - 1{,}1$;
$U_{AC} = \textbf{0,9 V}$.

D'après la loi d'Ohm appliquée au conducteur ohmique R_4 placé entre les points A et C :

$R_4 = \dfrac{U_{AC}}{I_3} = \dfrac{0{,}9}{0{,}11}$;
$\textbf{\textit{R}}_4 = \textbf{8 } \Omega$.

12 → *Énoncé p. 307*

1. Soit $E = f(R)$:

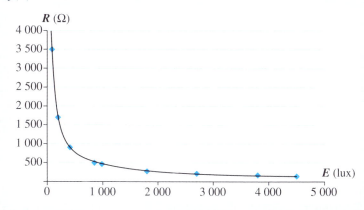

2. La résistance diminue lorsque l'éclairement augmente.

3. Graphiquement, lorsque l'éclairement est de 2 000 lux, $\textbf{\textit{R}} = \textbf{250 } \Omega$.
D'après la loi d'Ohm :

$U = R \times I$ soit $I = \dfrac{U}{R} = \dfrac{10}{2{,}5 \times 10^2}$;

$= \textbf{0,040 A}$.

Exercice → *Énoncé p. 309*

1. Il s'agit de **la loi des nœuds**.

2. Ce circuit possède deux nœuds : **les points D et F**.

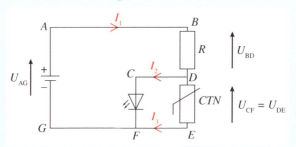

3. Voir schéma ci-dessus.

4. Dans la maille $ABDEGA$: $U_{AG} - U_{BD} - U_{DE} = 0$ V.

Avec $U_{DE} = U_{CF}$ puisque la *DEL* et la *CTN* sont associées en dérivation.
On a donc : $U_{BD} = U_{AG} - U_{DE} = 5 - 1,5$;
$U_{BD} = \mathbf{3,5}$ **V**.

5. D'après la loi d'Ohm : $I_1 = \dfrac{U_{BD}}{R} = \dfrac{3,5}{100}$;
$I_1 = \mathbf{0,035}$ **A**.

6. D'après la loi des nœuds appliquée au point D :
$I_1 = I_2 + I_3$.
$I_2 = 25$ mA $= 0,025$ A
donc $I_3 = I_1 - I_2 = 0,035 - 0,025$;
$I_3 = \mathbf{0,010}$ **A**.

On a donc : $R_{CTN} = \dfrac{U_{DE}}{I_3} = \dfrac{1,5}{0,010}$;
$R_{CTN} = \mathbf{1,5 \times 10^2 \ \Omega}$.

Remarque
La valeur de la résistance est trouvée avec deux chiffres significatifs ; on n'écrit donc pas 150 Ω.

PRODUITS CHIMIQUES : SAVOIR DÉCODER LES ÉTIQUETTES

Les **pictogrammes de danger** sont au nombre de neuf :

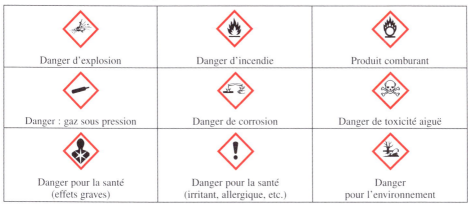

Danger d'explosion	Danger d'incendie	Produit comburant
Danger : gaz sous pression	Danger de corrosion	Danger de toxicité aiguë
Danger pour la santé (effets graves)	Danger pour la santé (irritant, allergique, etc.)	Danger pour l'environnement

■ Les **mentions de danger** sont des phrases qui décrivent la nature et le degré du danger que constitue un produit chimique. Elles sont codifiées dans la réglementation par une lettre **H** suivie de trois chiffres.

■ Les **conseils de prudence** décrivent comment stocker, manipuler ou éliminer un produit chimique et que faire en cas d'accident. Ils sont codifiés par une lettre **P** suivie de trois chiffres.

■ Des **informations additionnelles** sont ajoutées pour préciser certains dangers. Elles sont codifiées par trois lettres **EUH** suivies de trois chiffres.

■ L'**étiquette** d'un produit chimique permet d'identifier la nature des dangers que présente un produit chimique.

Les pictogrammes de danger

Les mentions de danger (codification : H)

Les conseils de prudence (codification : P)

Les informations additionnelles (codification : EUH)

LES CHIFFRES SIGNIFICATIFS

■ Pour une longueur :
– l'écriture **27 cm** signifie que l'on a mesuré la longueur au centimètre près. Elle comporte **deux chiffres significatifs** : 2 et 7.
– l'écriture **27,0 cm** signifie que l'on a mesuré la longueur au millimètre près. Elle comporte **trois chiffres significatifs** : 2, 7 et 0.
Ces deux écritures ne sont donc pas équivalentes.

■ Les **zéros écrits en fin d'un nombre sont significatifs** car ils indiquent la précision avec laquelle la mesure a été faite L'écriture **27,0 cm** comporte **trois** chiffres significatifs : 2, 7 et 0.

■ Les **zéros écrits au début d'un nombre ne sont pas significatifs**. L'écriture **0,27 m** comporte **deux** chiffres significatifs : 2 et 7. Ce nombre peut s'écrire **$2,7 \times 10^{-1}$ m**.

EXPRIMER UN RÉSULTAT LORS DE CALCULS

Lors d'un calcul, les données sont souvent fournies avec des nombres de chiffres significatifs différents.

■ Cas d'une addition ou d'une soustraction
Le résultat ne doit pas avoir plus de décimales que le nombre qui en comporte le moins et doit être arrondi en conséquence.

Exemples :
– si L = 27 cm et l = 4,8 cm, alors **$L + l$ = 27 + 4,8 = 32 cm** et non : 31,8 cm ;
– si L = 27,0 cm et l = 4,8 cm, alors **$L + l$ = 27,0 + 4,8 = 31,8 cm.**

■ Cas d'une multiplication ou d'une division
Le résultat ne doit pas comporter plus de chiffres significatifs que la donnée qui en comporte le moins.

Exemples :
– si L = 27,0 cm et l = 4,8 cm, alors **$L \times l$ = 27,0 × 4,8 = $1,3 \times 10^{2}$ cm²** et non : 129,6 cm² car : nombre à **3** chiffres significatifs × nombre à **2** chiffres significatifs ⇒ résultat à **2** chiffres significatifs ;
– si L = 27,0 cm et l = 4,80 cm, alors **$L \times l$ = 27,0 × 4,80 = $1,30 \times 10^{2}$ cm²** car : nombre à **3** chiffres significatifs × nombre à **3** chiffres significatifs ⇒ résultat à **3** chiffres significatifs.

NOTATION SCIENTIFIQUE ET ORDRE DE GRANDEUR

La **notation scientifique** permet de simplifier l'écriture d'un nombre et de faciliter la comparaison des nombres entre eux.

Écrire un nombre en notation scientifique, c'est l'écrire sous la forme :

$$a \times 10^n$$

où a est un nombre décimal : $1 \leqslant a < 10$ (le premier chiffre avant la virgule est donc forcément différent de 0) ;
et n est un nombre entier positif ou négatif.

Exemple : les nombres $8,65 \times 10^3$ et $1,6 \times 10^{-19}$ sont notés en écriture scientifique.

PROPRIÉTÉS DES PUISSANCES DE 10

$$10^a \times 10^b = 10^{a+b} \; ; \; \frac{10^a}{10^b} = 10^{a-b} \; ; \; \frac{1}{10^a} = 10^{-a} \; ; \; (10^a)^b = 10^{a \times b}.$$

MÉTHODE POUR ÉCRIRE UN NOMBRE SOUS FORME SCIENTIFIQUE

La méthode est décrite à partir de deux exemples.

Exemple 1 : écriture scientifique du nombre 0,0023
Pour écrire 0,0023 sous la forme $a \times 10^n$, on **décale la virgule de 3 rangs vers la droite** pour avoir $1 \leqslant a < 10$ et on met une puissance de 10 avec un **exposant négatif égal à – 3**.
La notation scientifique du nombre 0,0023 est donc $2,3 \times 10^{-3}$.

Exemple 2 : écriture scientifique du nombre 835
Pour écrire 835 sous la forme $a \times 10^n$, on écrit une virgule après le chiffre des unités : 835**,**
On **décale la virgule de 2 rangs vers la gauche** pour avoir $1 \leqslant a < 10$ et on met une puissance de 10 avec un **exposant positif égal à 2**.
La notation scientifique du nombre 835 est donc $8,35 \times 10^2$.

> Pour écrire un nombre sous la forme $a \times 10^n$:
> – décaler la virgule de manière à avoir $1 \leqslant a < 10$;
> – si la virgule est décalée de n rangs vers la gauche, alors l'exposant n est positif ;
> – si la virgule est décalée de n rangs vers la droite, alors l'exposant n est négatif.

ORDRE DE GRANDEUR

L'ordre de grandeur d'un nombre est la **puissance de 10 la plus proche de ce nombre.**
La détermination d'un ordre de grandeur d'une valeur permet de vérifier rapidement que le résultat d'un calcul est cohérent. Il permet également de comparer deux valeurs.
Exemple : les nombres 10^3 et 10^{-19} sont des ordres de grandeur.

■ La méthode est décrite à partir de deux exemples.
Les nombres doivent être écrits en notation scientifique sous la forme $a \times 10^n$.

Exemple 1 : ordre de grandeur du nombre $2,3 \times 10^{-3}$
Le nombre décimal $a = 2,3$ est **inférieur à 5**. Il est remplacé par **1** : l'ordre de grandeur du nombre est donc **1** $\times 10^{-3} = 10^{-3}$, soit **10^{-3}**.

Exemple 2 : ordre de grandeur du nombre $8,65 \times 10^2$
Le nombre décimal $a = 8,65$ est **supérieur à 5**. Il est remplacé par **10** : l'ordre de grandeur du nombre est donc **10** $\times 10^2 = 10^{1+2}$, soit **10^3**.

> Pour déterminer l'ordre de grandeur d'un nombre :
> – écrire le nombre sous forme scientifique $a \times 10^n$;
> – analyser la valeur de a :
>   si $a < 5$, l'ordre de grandeur est : 10^n
>   si $a \geqslant 5$, l'ordre de grandeur est : 10^{n+1}

Des conversions d'unités sont parfois nécessaires.
Dans l'exemple traité ci-dessous, l'unité choisie est le mètre avec ses multiples et sous-multiples. Les conversions réalisées restent valables pour d'autres unités.

■ **Les sous-multiples du mètre**

femto mètre fm	pico mètre pm	nano mètre nm	micro mètre μm	milli mètre mm	centi mètre cm	déci mètre dm	mètre m
$10^{-15}\ m$	$10^{-12}\ m$	$10^{-9}\ m$	$10^{-6}\ m$	$10^{-3}\ m$	$10^{-2}\ m$	$10^{-1}\ m$	$1\ m$

■ **Les multiples du mètre**

mètre m	déca mètre dam	hecto mètre hm	kilo mètre km	méga mètre Mm	giga mètre Gm	téra mètre Tm
$1\ m$	$10^1\ m$	$10^2\ m$	$10^3\ m$	$10^6\ m$	$10^9\ m$	$10^{12}\ m$

La méthode est décrite à partir de deux exemples.

Exemple 1 : conversion de 335 km en m
On commence par identifier le **préfixe** associé au mètre ; préfixe **k**, soit **kilo**.
On donne son équivalence en puissance 10, soit **k est équivalent à 10^3.**
On multiplie ensuite le nombre 335 par 10^3.
Ainsi 335 km = 335×10^3 m, soit en notation scientifique **$3,35 \times 10^5$ m.**

Exemple 2 : conversion de 0,18 nm en m
On commence par identifier le **préfixe** associé au mètre ; préfixe **n**, soit **nano**.
On donne son équivalence en puissance 10, soit **n est équivalent à 10^{-9}.**
On multiplie ensuite le nombre 0,18 par 10^{-9}.
Ainsi 0,18 nm = $0,18 \times 10^{-9}$ m, soit en notation scientifique **$1,8 \times 10^{-10}$ m.**

CONSTANTES FONDAMENTALES ET GRANDEURS PHYSIQUES

■ **Constantes fondamentales**

Vitesse de la lumière dans le vide	c = 299 792 458 m.s^{-1} (valeur exacte)
Charge élémentaire	e = 1,602 177 33 × 10^{-19} C
Constante d'Avogadro	N_A = 6,022 136 7 × 10^{23} mol^{-1}
Constante de gravitation universelle	G = 6,67 × 10^{-11} m^3.kg^{-1}.s^{-2} (ou N.m^2.kg^{-2})

■ **Valeurs utiles**

Masse de l'électron	m_e = 9,109 389 7 × 10^{-31} kg
Masse du proton	m_p = 1,672 623 1 × 10^{-27} kg
Masse du neutron	m_n = 1,674 928 6 × 10^{-27} kg
Intensité de la pesanteur (à Paris)	g = 9,81 N.kg^{-1}

■ **Grandeurs physiques utilisées dans le cours**

Grandeur physique	Symbole	Unité	Symbole
Masse	m	kilogramme	kg
Longueur	ℓ	mètre	m
Temps	t	seconde	s
Volume	V	mètre cube au litre	m^3 ou L
Vitesse	ϑ	mètre par seconde	m·s^{-1}
Fréquence	f ou υ	hertz	Hz
Force	F	newton	N
Indice de réfraction	n	sans unité	
Quantité de matière	n	mole	mol
Masse molaire	M	gramme par mole	g.mol^{-1}
Concentration en masse	t	gramme par litre	g.L^{-1}
Masse volumique	ρ	kilogramme par mètre cube (ou gramme par millilitre)	kg.m^{-3} (ou g.mL^{-1})
Énergie	Q	joule	J
Résistance	R	ohm	Ω

CLASSIFICATION PÉRIODIQUE DES ÉLÉMENTS

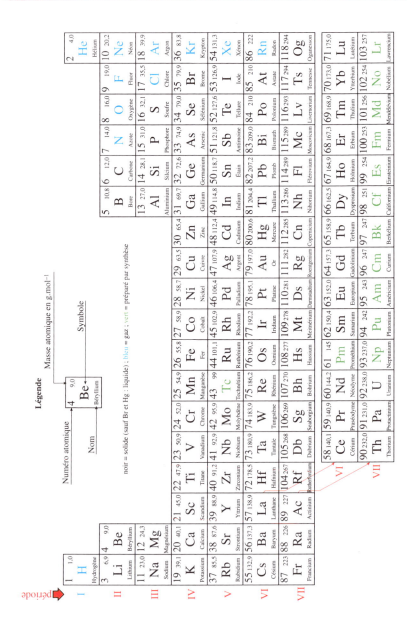

Légende

Masse atomique en g.mol⁻¹

Numéro atomique — 4 9,0
Nom — Be ← Symbole
Béryllium

noir = solide (sauf Br et Hg : liquide) ; bleu = gaz ; vert = préparé par synthèse

Achevé d'imprimer en Juin 2020 en Slovaquie par Polygraf
Dépôt légal : Juillet 2019 - Édition : 02
18/0421/4